见识城邦

更新知识地图　拓展认知边界

刘刚 李冬君
-著-

文化的江山

04

中国轴心期

中信出版集团 | 北京

图书在版编目（CIP）数据

文化的江山 . 4, 中国轴心期 / 刘刚 , 李冬君著 . --
北京 : 中信出版社 , 2019.10（2024.1 重印）
ISBN 978-7-5217-0752-6

Ⅰ . ①文… Ⅱ . ①刘… ②李… Ⅲ . ①中国历史 – 研
究 – 春秋战国时代 Ⅳ . ① K207

中国版本图书馆 CIP 数据核字 (2019) 第 122964 号

本书仅限中国大陆地区发行销售

文化的江山 04：中国轴心期

著　　者：刘　刚　李冬君
出版发行：中信出版集团股份有限公司
（北京市朝阳区东三环北路 27 号嘉铭中心　邮编　100020）
承 印 者：北京尚唐印刷包装有限公司

开　　本：787mm × 1092mm　1/16　　印　　张：20.25　　字　　数：272 千字
版　　次：2019 年 10 月第 1 版　　印　　次：2024 年 1 月第 2 次印刷
广告经营许可证：京朝工商广字第 8087 号
书　　号：ISBN 978-7-5217-0752-6
定　　价：68.00 元

目　录

第3章　诸子时代大结局

引 言

发现文化的江山

历史上，其实有两种中国史观。

一个是二十五史里的中国，叫作王朝中国。

一个是贯穿了所有王朝的中国，叫作文化中国。

所有王朝，都在兴亡交替中，短则数十年，长则二三百年，都难逃一亡；唯有文化中国越千年，历百世，还在发展，凝然而成文化的江山。

江山自然生成，人居其中，文而化之，而成国家。

英雄行走大地，人与山川相映发，而使文明开化。

英雄从远古走来，从神话走向历史，留下一个传说时代，被结集在《山海经》里，无论成书于何时，它都留下了初民用文明初曙之眼看到的世界。

《山海经》之所在，是个自由的世界，而非大一统的世界，是英雄的世界，而非神的世界，其主体为人，是表现为形形色色的文明图式的万物之灵，而非神。

《山海经》的世界，不仅在传说中存在，还通过考古发掘出来。

在考古学的框架里，它被归纳为几个相互作用的文化区系，每一区系，都拥有一大批文化遗址，这些遗址，如满天星斗，覆盖天南地北，不仅存在于大河上下，按流域分布，还从山到海，从昆仑到蓬莱。文明的存在，对应了那个《山海经》世界。

初民都相信，文明的种子来自天上，所以，先要在高山上生长。昆仑是最高的山，不光是天下水源地，更是文明起源地。然后，文明还要顺着河流下山去，流域所至，择其要处，或为村落，或为城市，或为国家，唯有国家，才能使文明长大。

文明在全新世大暖期里生长，度过了人类最美好的一段时光。

在江南河姆渡文化里，我们看到了有别于《圣经·创世记》伊甸园的中国式天道伊甸园，我们相信，《庄子》里说的那些比炎黄还要古老的人物，就应该在这里出现，不能像史官文化那样将它们当作荒诞的寓言。还有仰韶文化，分布在黄河中上游，从那天真烂漫的彩陶上，我们看到了文化中国的起源。而良渚文化则在“从东南往西北”的历史运势线上，开辟了一条玉石之路，贯穿了长江与黄河两大流域，用玉文化融合了两大文化区系，就在以玉为标志的制度文明——礼制的产床上，一个“审美的国度”——文化中国诞生。

人类在全新世开启了一个新时代，那就是考古学上的新石器时代。从新石器时代走向青铜时代，这是世界文明史的通例。但中国却有一个例外，那就是，当西方文明正走向青铜时代时，中国文明则顺着新石器文明的惯性，进入一个审美的玉器时代。西方文明史视野下的古代国家起源于青铜时代，而中国文明史视野下的古代国家则起源于玉器时代，这是我们在研究中的一个重要发现，以此而有了不同于西方文明的国家观念。青铜文化的国家与玉文化的国家有不同的文明属性：青铜国家的本质，有着明显的暴力认同的特征；而玉制的国家，就如同玉本身，不具有青铜那样的暴力属性，呈现出文化认同的特性。

《山海经》的世界，就包含了青铜时代和玉器时代。考古学认为，《山海经》反映的世界，处于金石并用时期，还把玉器当作新石器的一部分。这显然是不够的，因为，玉器与石器的差异不在于材质，而在于功能。玉虽被称作“美石”，但其材质显然已不重要，重要的是那个“美”字，它强调了玉器的审美功能，以区别于石器的实用性。所以，我们更倾向于用审美的方式来称呼那个时代，不是称作“金石并用”，而是称为“金声玉振”。

相比之下，在《山海经》里，是“金声”初起，而“玉振”已大作，明显有一个玉文化的体系存在，叶舒宪在《山海经的文化寻踪》中谈到，在夏商周还没有开始，汉字也还没有出现的时候，在中国境内已经有八个文化是崇拜玉礼器的，中国在四千年前已经被玉文化先统一了。我们举双手同意他的这一说法，但他接着又说了一句，就是那时中国还没有，整个东亚这块已经被玉文化统一了。为什么要说“中国还没有”呢？那时，没有王朝中国，还有文化中国呀，那被玉文化统一了的不就是文化中国？好在还有我们认领。

用王朝中国的史官文化来看，《山海经》无非“怪力乱神”而已；从文化中国的角度来看，《山海经》的世界则是一座史前文化的江山，是文化中国赖以成长的摇篮。我们重读中国历史，尤其是文化中国的历史，要从《山海经》开始，《山海经》可以说是一部玉器时代流传下来的文化中国图志，虽为历代王朝所屏蔽，却被文化中国不断重启。

王朝中国是青铜时代的产物，代表着“金”，文化中国是玉器时代的产物，其本为“玉”，可以说，文化中国是礼玉文明的一个政治成果。以良渚文化遗址所反映的国家样式为例，我们似可确认，那是一个信仰与审美的国度，也有权威，但基于文化认同。

这样“文化中国”与“王朝中国”，就从根本上区分开了。因为，王朝中国是由文化中国“西化”而成的文明古国的改良版，所以，青铜时代的世界体系，终于在“金玉良缘”的王朝中国画上了完满的句号。四大文明古国中的三大古国相继消亡以后，继之而起的王朝中国，在与文化中国的互动中，又将文明古国的国脉延长了约三千年。

作为四大文明古国之一，中国的历史应该有五千年。可甲骨文的发现和殷墟考古，证明了孔子引用的“惟殷先人有册有典”（《尚书·周书·多士》），有文字记载的历史只有三千多年。但殷墟不是起点，而是高峰。那么，起点在哪里？孔子还说过“祖述尧舜”和“殷因于夏礼”，说明殷的前面还有个夏，说殷人继承了夏的礼仪制度，那就是已经把夏当作一个世袭制的王朝国家。夏的前面，还有尧和舜，他们的国家有可能是个尚贤与禅让的方国联盟。孔子追溯历史的起点到此为止，他不像古希腊人那样用神话作为历史开头，而是正相反——“不语怪力乱神”。到了太史公写《史记》时，其眼光超越孔子，将历史的起点追溯到炎黄，以黄帝为首，为炎黄子孙的历史开了个头，形成了帝王世系的历史和王朝史观的叙述方式。

夏在哪里？良渚文化用礼器——玉琮、玉璧、玉钺等所代表的一整套用玉制度为夏提供了中国最早的礼制文明的样式和古代国家起源的原型，而龙山文化则代表了正在发生的技术革命和文化转型，使文化中国向着青铜时代迈进。传说中，禹铸九鼎定九州，就标志着文化转型的完成，将良渚文化的陶鼎转变为二里头文化——夏墟的铜鼎，从此开始了问“鼎”中原。《易传》曰“革物者莫若鼎，故受之以鼎”，“革去故，鼎取新”。

二里头三期出土了青铜鼎，它是青铜时代到来的文化革命的象征，而最早将“鼎革”用于改朝换代的政治革命的，便是《易传》“汤武革命”里的那个“汤”。

就在夏墟不远处，距二里头遗址约六公里，又出土了一座偃师商城，属于商早期的二里岗文化，是“汤”以革命取代夏墟的硕果。有人说，它就是商都西亳，也可以这么说，它的地位，就像周人的东都，东都是克商以后建的。如果《尚书》所言不虚，那么《汤诰》有可能就是汤在偃师商城发布的革命宣言和战争动员令。与偃师商城同时，还有一座更大的郑州商城，相比之下，偃师商城更加军事化，实用性较强，神圣性和庄严感不足，缺少国之重器，尤其是缺了古代国家政权象征的鼎，如何“率民以事神”成为政治中心？

而郑州商城，不仅规模更大、规格更高，而且出土的国之重器多而配套，能充分满足首都对于神圣性和庄严感的要求，这是首都之所以成为首都的一个必要条件。我们假设一下，汤革命成功以后，要举行一次盛大的国家庆典，祭祀他的祖先和“帝”，当时有郑州商城和偃师商城两地可供选择，他会选择哪里？是在作为前线的偃师商城、原来的夏墟附近，还是在殷人发祥地、作为礼制文明中心的郑州商城——亳墟？回答无疑是后者。

为什么说郑州商城是礼制文明的中心呢？以文物论，这里出土了青铜礼器二百余件，尤其是那两只巨型方鼎，大的高达一米，它们成双成对，不言自威，有冲天霸气，不是一般贵族能用的，非王莫属！这样两只鼎，出现在约三千五百年前，别说在中国，就是放到全世界，也是罕见。这是两只见证过汤的开国典礼并且承担过“率民以事神”历史使命的鼎，或许我们能从它们身上听到早已凝固的庆典的欢呼声和“神化革命”的历史回音。这声音，从后来安阳殷墟的“后母戊”大鼎里消失了，尽管“后母戊”鼎看起来更有分量、更为辉煌，更加显示了帝国的气魄和力量，但革命精神却已荡然无存，我们从中再也听不到革命庆典的欢呼声，它早已丢失了杜岭方鼎的灵魂，因为那时一个王朝中国已经形成。

殷墟，形成了一个标准的王朝国家，那是一个与世界文明古国接轨的国家，它的出现，标志着青铜时代的世界体系的完成。这一历史进程，就如同近代以来的工业革命，当其在英国出现以后，就开足了工业革命的世界化马力，两次世界大战以后，美国接力而起，继以工业革命的全球化体系，而当下中国工业革命，又从美国那里传承全球化的工业革命的火炬，预告着工业革命的世界体系就要在中国完成。它使我们又联想起殷墟时期在中国发生的青铜时代的那一次金石革命，那也是先在西亚兴起，在中亚，从黑海到里海之间的南俄罗斯草原，经由雅利安人接力，以国家与革命的方式传递，世界三大文明古国古巴比伦、古埃及、古印度随之解体，文化中国亦随之“西化”，从玉器时代转向青铜时代。这么一转，不仅催生了王朝中国，而且使得随着青铜时代到来的世界体系最后也在中国完成。

从殷墟开始，中国历史便走上了王朝中国之路，且与文化中国互动，治乱循环，双轨同运。儒以道统与政统划分：道统出自文化中国，以孔孟之道为代表，政统出自王朝中国，以周秦之制为代表。又有“阳儒阴法”一说，以为道统反映儒家思想，而政统则基于法家思想，这也就是所谓“霸王道杂之”。还有两家——墨子与杨朱，一个主张兼爱，一个主张为我，不与王朝中国合作，孟子骂他们“无君无父”，但他们却影响了文化中国。

儒家道统只是文化中国的一条线索，还有墨子一线，以侠义精神和会党政治贯穿，成为民本与民间运动的源泉；有杨朱一线，他那“为我”一声吼，便是中国最早的“个人权利”的宣言；有庄禅一线，以回归自然的审美和思辨开拓着中国艺术的空间，这一线，从山海图到桃花源，从东篱到东坡，从山阴道上人与山川相映发到山水诗到山水画……

王朝虽然赫赫，不过历史表象，江山何其默默，实乃历史本体。表象如波易逝，一代王朝，不过命运的一出戏，帝王将相跑龙套，跑完了就要下台去，天命如此，他们不过刍狗而已。改朝换代，但江山不改，家国兴衰，还有文化主宰，文化的江山还在。

“秦时明月汉时关”，秦汉两朝已去，可关山依旧，明月依然。这关山啊，就是文化的江山！命运诗意地栖居于江山，我们知天命以诗。重读中国历史，要把历史放到江山中读，不要放在王朝里读。要用诗性的眼光读，不要用“资治”的眼光读，以诗性之眼，能读取文化的江山，用“资治”的眼光，只能围绕王朝打转，把历史读成阴谋诡计。

“春风又绿江南岸，明月何时照我还”，王安石用了诗性的眼来创作，诗中有“我”，“我”在选择，选择了“还”，他放下王朝，抱住江南——那诗性的江山。陈寅恪“以诗证史”，一部《柳如是别传》，还是在江南——那“独立之精神，自由之思想”的江南。

“臣心一片磁针石，不指南方不肯休”，那“南方”，就是文天祥魂归之、魄寓之、命托之的江南，宋朝不在了，可江南还在，他的乡愁还在。中原与江南，一个是王朝中国的地理根据，一个是文化中国的人文始基，北宋亡时，中原成为南宋的乡愁，南宋亡时，江南成为他的乡愁，那是他为之披肝沥胆、为之刻骨铭心的来自文化中国的乡愁。

我们再来看看盛唐，盛唐气象，并非那些帝王将相，而是唐诗的江山。

试问有唐一代，有多少帝王？翻一下二十五史里的《唐书》就知道了。

他们从字里行间，列队而出，向我们走来，除了李世民、武则天，我们还认识谁？还有一位李隆基。对不起，我们知道他是因为杨贵妃，一首《长恨歌》便盖过了他的本纪。他是王朝的太阳，光芒万丈，可在《长恨歌》里，美是太阳，集中在杨贵妃身上，留一点落日余晖，让他来分享。还有滕王阁的滕王，谁知道他的名字？而一篇《滕王阁序》，都知道是王勃作的，久而久之，滕王消失了，一提起滕王阁，人们就说王勃，这是为什么？放大了说，那就是滕王属于王朝中国，王勃属于文化中国，套用歌德的话来说：王朝总是灰色的，文化中国之树常青。而王勃，就是文化中国之树盛开不败的诗性的花朵。

文化的江山里，没有统治者的位置，要坐文化的江山，帝王也要写诗。

然而，诗性是天命和灵魂的吟唱，诗的灵感，并不特别钟情于帝王。

据说，乾隆皇帝爱写诗，一生写了四万多首，他一个人写的诗的数量快赶上《全唐诗》了，可有哪一首诗能流传至今？大鱼大肉的四万多首诗，还抵不过李白清清淡淡的一首。

月光下，摇篮旁，母亲在吟唱："床前明月光，疑是地上霜。举头望明月，低头思故乡。"就这样，唱了一千多年，至今还在唱，那一缕缕诗性的光芒，照亮了婴儿的脸庞，温暖了孩子们的心房，文化中国的公民们就这样成长，我们从中看到了希望。

中国是诗性的国度，唐诗的江山虽然灿烂，但再怎么辉煌，也还是不及先秦时代的诸子诗性在天。当诗性，以天命和天道的意味呈现在我们眼前，我们怎么还敢说中国不曾有过哲学的诗篇？老子的《道德经》，难道不是一首最好的形而上学之诗？还有《孙子兵法》，岂非世上最美的兵法？天地人总体战，生与死的美学，当以诗性表达。

当年，王国维作《人间词话》，以诗话体行文，却写了一篇关于唐宋词的论著，我们自问，能否也诗意地栖居于历史，去写一部诗性的文化中国的通史呢？我们这样想了，也这样做了，做的成果，就在我们的《文化的江山》里。历史的精神，追随陈寅恪，其美学形式，则取之于王国维，加上我们的思想与文字，形成本书的风格与宗旨。

历来写史，都以王朝为本位，以帝王为中心，写王朝史，表达王权主义，即以宫廷政治和帝王权谋为主线，写来写去，也都是些改朝换代和开国皇帝的故事，那根线，历史的主线，还捏在王权的手心里，被王朝史观牵引着，进入王朝中国的历史。

然而，还在20世纪初期时，不就有新文化运动，开始"反封建"了吗？反了近一个世纪，为什么还反不出王朝史观呢？中国的思想者们，究竟在哪里失足了呢？

如今反思，这才发现，"反封建"在反到"人民"与"革命"这两个最为神圣的观念时，就停下了，连鲁迅面对黄包车夫尚且要"榨出皮袍下面藏着的'小'来"，他对"国民性"的批判，也就停留在

“文化人民性”的重建上，未有“文化个体性”的自觉。

马克思说过，他是在批判旧世界中发现新世界。他在批判中，发现了什么呢？他发现了“人”，发现了近代意义的自由平等的“社会性的人”，他的“剩余价值论”，就是强调社会人的价值，不光是社会人的经济学价值，更是社会人的政治哲学价值。

反封建，还要反王权；要对封建主义做社会形态的批判，以确立人的社会性；还要对王权主义做文化性质的批判，以确立人的文化个体性。这是基于人性三段论。

我们认为，人性的发展，经历了三个阶段：第一阶段是人对于自然的自觉，而有类意识，我们称之为“人类性”阶段；第二阶段是人对于他人的自觉，而有群意识，我们称之为“社会性”阶段；第三阶段是人对于自我的自觉，而有自我意识，我们称之为“个体性”阶段。个体性之道德一维，我们称之为“个体人格”；个体性之政治一维，我们称之为“个人权利”；对于“个体性”的文化认同，亦即文化一维，我们称之为“文化个体性”。

从“文化个体性”出发，我们走向文化中国，重读中国历史，就是以自我意识对历史做选择。历史上有两个中国，王朝中国和文化中国，我们选择了文化中国。

文化中国，不一定非要呈现某种既定的国家形态，在与王朝中国互动中，它以文化的江山表现出来，即便在当下民族国家的世界之林里，它依然漂洋过海，以全球化的天下观的方式存在，就像《山海经》世界那样。文化的江山，开启了“海外经”时代。

第1章

诸子时代：春秋

01

一次民主政治尝试

中国并不都是王权主义，也曾有过类似民主政治的尝试。

在中国思想史上，子产是孔子的先驱，还是时代的先知。

《左传》开篇，从郑国说起，“郑伯克段于鄢”，以世袭制问题，揭示周礼危机。那时的郑国，得风气先，不光地理上为政治枢纽，观念上也成为新政发动机。

孔子谈仁政，就以子产新政为样板，赞美子产“有君子之道四焉：其行己也恭，其事上也敬，其养民也惠，其使民也义”，比较好地处理了君与民的关系。

孔子最想成为周公那样的人，辅明王而行王道；其次，则如管仲之遇桓公，能以霸业渐进，转入王道。但切合实际的，还是像子产那样治理一个千乘之国。

张荫麟在《中国史纲》里说，当时郑之于鲁，子产之于孔子，都是样板，因为鲁国的地位与郑国相似，故孔子行政也与子产相近，而子产则是孔子的先驱。

《左传》昭公六年，子产“铸刑书”，晋国政治家叔向对此批评道：为防民争，先王设法尚且难防，而你却要立刑书，有了刑书作为依据，民知争端，礼就没有用了，郑国就要乱了。对叔向的批评，子产并不认可，他的回答是：“吾以救世也！”子产并非不懂“礼”，而是对“礼”有不同看法。叔向在晋国执政，晋国是法家的根据地，因此，叔向说的“礼”与法家的“法”略有相似，而与子产说的“天之经也，地之义也，民之行也”的礼不同。

“天经地义”的“礼”，同孔子说的“道”相似，都是一以贯之。

不过，孔子以“王”贯之，而子产以“民之行也”贯之。

子产以礼立国，就是立于民；以法救世，即“民之行也”。

子产执政头一年，国人对他不理解，恨得咬牙切齿：“计算我家财产来收费，丈量我家土地来收税，有谁来杀死他？我也要加入！”三年以后，国人都改了口，说：“我有子弟，子产替我教诲；我有土地，子产教我开垦。子产如果死了，还有谁能继承他呢？”

《左传》襄公三十一年，郑人游于乡校，对子产品头论足。有人要毁了乡校。子产说：为什么要这样做呢？让大家言论自由吧！“其所善者，吾则行之；其所恶者，吾则改之，是吾师也。”孔子听了这番话，说：“以是观之，人谓子产不仁，吾不信也。”

还有人用天象来警示他，说：大火星出现了，郑国就要发大火！

铸刑书，不就是一把火吗？以火灾来攻击新政，这就是搞恐吓了。对小国来说，火灾是很严重的事情，一场火灾，很可能毁灭一个国家。《春秋》里，有不少火灾的记载都对应着某种天象，因此，对天象作解，往往涉及一国的政治状况。

铸刑书这一年，果然，郑国起了一场火，但影响似乎并不大。

冬天，有彗星出现，又有人预言了火灾，郑国祝官禆灶对子产说：“宋、卫、陈、郑，将同日起火，若我用宝玉禳祭，郑国能免。”子产没听他的，这几国都来告火。禆灶说：“不用吾言，郑国还要起火。”郑人请用宝玉救火，子产不可。子大叔说：“以之救国，你为什么不舍？”子产听了，这样回答说：“天道远，人道迩，禅灶之流哪里懂什么天道！”

灾前，有人请迁国，子产说：“迁国我不能决定，救火我可以安排。”他从容部署，有救火者，有救灾者，还派兵守城，以防乱起及变生不测。然后，又派使者通告诸侯，宋、卫两国也仿效之。可陈国不救火，许国不救灾，人们以为这两国就要灭亡了。

子产新政，有守成和进取两面。在守成方面，子产提出，要“安大”“安众”。“大”，指大族，“众”，指卿大夫。他说，安国必先“安大”，争取大族支持；治国则要“安众”，争取卿大夫支持。等这两方面都“安”定以后，他才开始进取，出台新政。当时，郑国有七个大族，号称“七穆”，子产居其一。子产执政，由六穆推举，主要是得到了“七穆”中最有势力的罕氏的支持，而其手下的卿大夫，也各自代表“七穆”的利益。

子产新政，如作沟洫、作丘赋、立乡校、铸刑书等，一个个出台。这些新政策，反映了他在制度方面的创新，作沟洫是土地制度，作丘赋是财政制度，立乡校是教育制度，铸刑书是法律制度，而贯穿所有制度的一个根本精神，那就是“民之行也”。

子产的每一项新政策，当其开始实施时，几乎都遇到过国人的反对。

作沟洫时，国人皆曰可杀；作丘赋时，又有人诅咒他是蝎子尾巴长不了；立乡校和铸刑书，就更是议论纷纷了，言谤政者有之，言乱世者有之，言亡国者有之。

子产的地位，很有些像梭伦改革之前的希腊城邦首席执政官，颇有贵族寡头味道，其上虽有公室，但已被“七穆”架空。只因在宗法制度下，那公室即便是个空架子，其名分也仍然有其实际的政治意义，正如他们对外还要利用周天子的名义一样。

在子产面前，本来有两条道路可以选择，一条是顺应时势，如齐之田氏、鲁之三桓、晋之三家，利用执政权力，兼并其余各家。另一条路，是继续维持公室，“安大”“安众”，形成贵族民主制，以此为前提，引导国人参政、议政，使新政具有全民性。子产选择第二条路，在这条路上，他迈出了民主化的第一步，张远山在《寓言的密码》一书中指出，这是“中国古代历史上唯一的一次民主尝试”，这“尝试”在孔子看来，也就是仁政。

子产时代，与古希腊僭主庇西特拉图大约同时，略早于克利斯提尼。

子产“铸刑书”二十六年后，克利斯提尼才发动政变，从庇西特拉图的儿子手里夺取了政权。和同一时期的希腊雅典城邦民主制改革相比，子产的“民行”新政，虽然不如梭伦开辟新元，也难与克利斯提尼并论，但称之为“一次民主尝试”，还不算过分。

论地理条件，郑国也不同于希腊，地无山海可依，处于晋、楚之间，成为“南夷与北狄”的交点。依山傍海如雅典，是民主诞生的地理条件，而一马平川的大平原，一望无际地展开于大河两岸，民主之婴，在郑国——大河流域的中原“寤”生……

公元前 1068 年，多利亚人入侵阿提卡半岛，一次短暂的冲突，改变了雅典的命运；一次偶然的死亡，启动了雅典的民主化进程，雅典国王科德洛斯为反抗多利亚人入侵而英勇献身。阿提卡贵族认为，再也没有人能继承他了，从此，废除国王而选举执政官。后来，雅典执政官由终身制改为十年任期，从十年任期，又改为一年任期，行政权力也由一人执政改为九人，而且从一开始，就确立了行政、祭祀和军事三权分立的原则。

作为科德洛斯王的后裔，梭伦乃世袭贵族，不光具有王族血统，更具有人类情怀，著名的《梭伦法典》就挑战了贵族的世袭地位，将贵族权利向各阶层开放。

贵族反对贵族，就这样产生了民主。《法典》规定：中等阶级，可以进入四百人会议，成为议事会员；下等阶级，能在公民大会中参政，从而拥有公民权；还要组建最高法庭，法官要通过普选产生，面向全体公民；所有自由人在法律面前一律平等。

可忌妒啊，那是人的天性，在这一点上，民主制尤甚。民主制，不仅反映了人性的优点，也暴露了人性的弱点，一旦创建了民主，伟人就必须退出。于是，高贵的梭伦，带着诗人的忧郁，离开了他的雅典。在幼稚的民主制里，忌妒产生僭主，平等导致专政，群众的自由往往培育出独裁者。梭伦走了，他的堂兄庇西特拉图成为雅典第一位僭主。

这位僭主，把公民召集到广场，统统解除武装，要求代表他们行使政治权力。他与梭伦一样，本来有着民主的思想，但这使他的独裁看起来就像法兰西革命时期的雅各宾党，采取了激进的人民民主专政的立场。雅典人民以他为荣，接受了他的独裁，称他为仁德之君。可他的儿子继位了，这就意味着又回到了王朝世袭，民主变成了权宜之计。

雅典风土，毕竟宜于民主，贵族卷土重来，政权被克利斯提尼取代。

克氏民主化，以行政区划取代血缘亲族组织，按地区划分部族，打破以往海岸、山地或平原派的狭隘地域观念，使每一部族区域均由海岸、城市和内陆组成，要求每一部族重建宗教典礼，以新地区的古代英雄作为守护神；公民资格不再由血统决定，外邦自由人来新区定居，也可以获得公民资格；除妇女和奴隶外，每个成年男子都有着同样的政治权利，议事会也由过去的 400 人增加到了 501 人，公民大会实际上拥有了最高权力。

为了防止重蹈僭主覆辙，对有独裁野心的人，克利斯提尼还用“陶片放逐法”加以限制，任何一个被认定为对国家有危害的公民，都可以通过民意判决的方式被体面地放逐十年。克利斯提尼以革命，打倒了庇西特拉图家族，开创了民主，但他并不认为革命必然具有合法性，对革命做冷处理，并非贵族之矜持，而是深谋远虑。作为革命者，他以革命扬弃革命；作为独裁者，他以独裁反对独裁。雅典人是幸运的，因为他们不仅拥有纯粹的立法者梭伦，还有真正的革命者克氏，为了民主而放逐了革命，为了合法性而放逐了独裁者的野心。

这与儒家以革命为顺天应人不同，君主制与民主制的差异，也许就在这里。君主制是王朝政治，王朝更替，以革命行之；民主制是议会政治，政府换届，以选举行之。革命产生人民信托的政权，而选举则产生公民契约的政府；人民信托是国家正义的基础，而公民契约则是民主制合法性的根源。革命性与合法性，在中西文明里，各有各的遗传。

而子产的合法性试验，除有贵族反对，还有平民挑战，与“安大”“安众”相对应，还有“两然”“两可”，因为，“安大”未必能“安众”，“大”与“众”两立。

与子产同时代，有一位辩者邓析，此人行径，颇类古希腊智者，用“两然”“两可”法教民争讼，民从之“学讼者不可胜数”。何谓“两然”“两可”？如辩中正、反方，要从正、反两面，都说出行与不行、对与不对的道理来，正亦然，反亦然，谓之“两然”，正亦可，反亦可，谓之“两可”。在《吕氏春秋·离谓》里，讲过一个这样的故事：

新郑境内，有一条河，叫作洧水。有一年，这条河发了大水，有人渡河时，落水淹死，尸体被人打捞上来，捞者以为奇货可居，就开始做交易。死者的家人着急，便去请教邓析。邓析对来者说：“一文钱赎金也别多出！放心吧，对方只能把这具尸体卖给你，除了你，没有人会要这具尸体，还怕他不卖给你？尸体不能长期存放，只要你等着，自然会降价的。”死者的家人一听，觉得有理，就耐心等着，不急了。可这一等，捞者急了。捞者一急，也来找邓析出主意，邓析对来者说：“赎金，一文钱也别降低！”他告诉来者，对方只能从他这里买到那具尸体，在别处是买不到的。捞者一听，觉得有理，也不急了。

结果呢？那尸体的结局也就可想而知，当事人双方，都没能达到目的。

只有邓析这个出主意的人，看起来在为当事人的利益最大化考虑，实际上没有解决问题。

邓析是讼师，以诉讼为业，当然要收费，他“与民之有讼者约，大狱一衣，小狱襦裤”。这应该就是他的收费标准了，据说，“民之献衣襦袴而学讼者，不可胜数”。

对此，有人以现代职业律师的能事视之，把他当作中国律师的祖师。可当他以“两然”“两可”来对付子产的“铸刑书”时，有人以为他是个来自民间代表民众的民权斗士。其实，这是天大的误会。律师可以代表原告，也可以代表被告，“两然”“两可”，仅此而已，但决不能以此来解构法律。法律不合理，可以重议，但法的精神要肃立。邓析造《竹刑》，“数难子产之法”，也许他的《竹刑》，在法理上具有思辨的优势，或在量刑上更加准确、更为合理，但他所为却放任于术，钻法律的空子，是对法的精神的叛逆。

或曰《竹刑》为民法，因其与铸刑鼎异。鼎为国之重器，铸刑书于鼎，便是由国家颁布国法，而《竹刑》，则将刑书刻于竹简，虽然来自民间，但却不是民法。

无论鼎刑，还是竹刑，都属于刑法，而非民法。刑法是针对犯罪行为的量刑原则和判罚标准，而民法则是国民权利的确立及其法律表达，刑法恪守着以法治国的法律底线，而民法则昭示着以法为立国之本的国民权利正当性以及国家权力的合法性来源。

当时，子产与邓析对于法的理解，都还在刑法的范畴内。因为，在西方作为民法的那些因素，如民本、民权等，在中国都不同程度地包含在礼制文明的等级形态中，通过与君权的互动，形成“天之经也，地之义也”的对应关系，表现出人民价值论和圣人革命观那样的正当性，而未能以法治和法权的形式来肯定，因其立国之本在于礼治。礼分等级，法求平等，我们可以说王子犯法与庶民同罪，但庶民岂能与王子同礼？礼的精神，是在等级之中确立融合尊卑贵贱的政治伦理——仁义，而法的精神，则是表达个人权利。

据说，子产对邓析，不胜其辩，故“执而戮之”，战国时已有此说。然而，据钱穆《先秦诸子纪年·邓析考》所言，驷歂杀邓析而用其《竹刑》，事在《左传·定公九年》，此时，离子产之死，已有二十一年。可见，子产还是容忍了邓析，一如其“不毁乡校”。

邓析具有辩者和治者两面，作为辩者，他用“两然”“两可”，揭露刑书矛盾，击中了这次“民主尝试”的要害，作为治者，他要解决的问题，就是消除“两然”“两可”。本来，子产铸刑书带来的“两然”性，使刑法含有了民主因素，诸如平等性和公开性等，而邓析对此一击。当叔向批评子产新政“乱世”时，邓析已在拨“乱”反正了。然而，邓析拨“乱”反正，却是以犯上作“乱”的方式进行的，当驷歂废了子产刑书，改用其《竹刑》时，那点民主因素就消失了，而邓析本人，也就死到临头了，所谓“作法自毙”，这就是。

汉代刘向说，对于邓析，可以“用其道不弃其人”，但这行不通，因为，正是刑书“两然”，使其言论自由有了合法性，一旦“两然”被解决了，他也就该死了。

刑与人，岂能“两可”？用其刑必弃其人！不是驷歂要杀他，是他的《竹刑》要杀他，明代王世贞《邓子序》说：“孰谓驷歂失刑哉！”邓析之死，是治者邓析，杀了辩者邓析，是以辩者邓析的头颅，祭了治者邓析的刑法。作为辩者的邓析，若要活下去，只能活在“两然”“两可”里，而作为治者的邓析，若要贯彻其治国的思想和意志，就必须终结“两然”“两可”，主张“民一于君，事断于法”，为此，他不惜用自己的头颅做了投名状。

子产死后，邓析还活着，新政遗产，实质已变。所以，晋铸刑鼎时，孔子斥之，态度与当年叔向相似。同样是铸刑书，何以对子产称赞，于晋铸则斥责呢？是两种刑书本来就不同，还是这前后孔子有了变化？子产留下两大遗产，刑书和乡校，刑书废，表明“民主的尝试”在法治上的失败，而乡校兴，则表明“民主的尝试”在教育领域还依然存在。

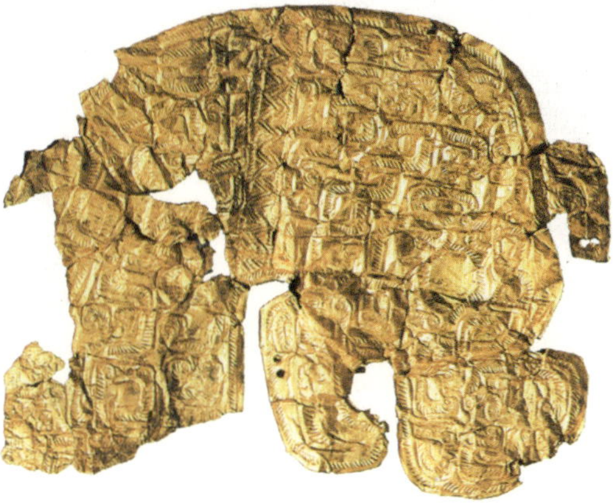

蟠螭纹兽首残金饰片，残高 15 厘米，残宽 11.5 厘米，重 1.34 千克，兽面，张口怒目，通体蟠螭纹，与蟠螭纹青铜鼎纹饰一致，河南新郑李家楼郑公大墓出土

蟠螭纹铜盖鼎，通高 50.5 厘米，口径 40.6 厘米，河南新郑李家楼郑公大墓出土

变形蟠螭纹青铜礼器，河南新郑郑韩故城出土

蟠龙纹青铜方壶，河南新郑郑韩故城出土

河南新郑李家楼郑公大墓于1923年出土新郑彝器一百多件，有礼器、乐器、兵器、车马器等，青铜器从造型到纹饰都突破了商周以来的狞厉与凝重，纹饰多突出蟠螭纹或变形蟠螭纹，开始追求线条流畅。其中莲鹤方壶，壶底双兽负壶奔走，壶身伏龙欲飞回顾，壶盖莲瓣层叠怒放，壶顶有一只鹤，展翅欲飞，在整体造型的艺术追求中，展示了自由的氛围，是一种春秋姿态，与奔放自由的郑声形成呼应。1996年到1998年发掘出春秋青铜礼器坑17个，马坑45个，348件郑国宫室青铜礼乐器等，大牢（祭祖礼最高级别）九鼎5套、206件编钟并钟架，超过曾侯乙之编钟，年代也早于曾侯乙墓二百多年，证实了郑国春秋时期与正统雅乐相对的野乐的盛况，如今成语“郑卫之音”仍是民间音乐的代名词。

新郑遗存中还有发达的手工业作坊遗址，从中可见郑国经济的繁荣，它们是青铜、制骨、制陶、铸铁作坊。出土有熔铜炉、鼓风管、陶范、炼铁炉等，铁器有镢、锄、铲、锛、刀等。看来，作为生产工具，铁器已被普遍使用。

此外，地下还有大批宫殿建筑遗址，而地上古城墙犹在，联系起来，可以俯视当年的生活景象——繁忙而有序。

郑韩故城 2 号青铜礼器坑

学界普遍认为这应该是一座春秋中期或中晚期的郑国国君大墓，可究竟是哪位国君的呢？争论各有主张，推出五六位君主，其中就有学者认为是“郑简公”墓葬。郑简公当政时，任用子产为相，是郑国最为强盛的时期。

郑简公为郑国第十七代君主，公元前 565 年即位，卒于前 530 年，应该在春秋中晚期。

郑国共经历 25 位君主，封国始建于公元前 806 年，始祖姬友是周厉王的儿子、周宣王的小弟，封于郑（今陕西华县东），号郑桓公，为郑国第一代诸侯王。

公元前 771 年郑桓公的侄子姬宫涅（周宣王的儿子周幽王）烽火戏诸侯，太子宜臼（后被拥立为周平王）引戎狄入镐京，杀死幽王，郑桓公为天子战死捐躯。其子掘突袭位，为郑武公。因宜臼毕竟有弑父之名，周礼难容，许多诸侯坐观，郑武公作为三公之一护送宜臼东迁洛阳，得到宜臼的信任，赐新封地，郑国才得以从陕西向东迁徙，在溱水和洧水之间建封国，为区别陕西旧郑，改国名新郑。直到公元前 375 年郑康公主政时为战国时期的韩国所灭，韩国以此为都城。两国都一城，故被称为郑韩故城。

康侯方鼎，高 27.8 厘米，口径 20.4 厘米 ×15.5 厘米，台北故宫博物院藏

康侯方鼎腹内壁铸有两行六字铭文“康侯封做宝尊”。封是周文王第九子、武王最小的弟弟，武王克商后封小弟弟于“康”地，称“康侯”，武王崩后，“三监”叛乱，平叛后，成王改封叔父康侯于“卫”，建都“朝歌”，永久监管商纣王的老巢以及殷商王都一带的殷民，周公旦还教导康侯要“启以商政，疆以周索”。春秋时期，郑国迁国新郑，与卫国分居原殷商之地。春秋时郑卫之俗皆有殷商遗存，尤其吟诗之风，保留了前朝遗音，所以人们常用“郑卫之音”抗衡渐衰的周朝雅乐。不过，卫国是姬姓诸侯国中最后一个灭亡的，公元前 209 年卫角君被秦二世废为庶人，具有九百多年历史的卫国最终灭亡，不能不说是个奇迹。

陶片放逐法使用的陶片

雅典投票箱

在新郑，子产铸刑鼎。几乎同时期的雅典城邦，公民也在选择他们的城邦民主制模式。这件陶片，也许属于某一位雅典公民。他们用陶片投票，决定哪位领导者将被放逐，因为那位将被放逐的领导者权势日隆，有独裁的可能。于是，雅典人聚集在一起，每人带一块陶片，将那位领导者的名字刻在上面，进行投票。那件大一点的陶片上刻着执政官伯里克利的名字，小的陶片上刻着修昔底德的名字。

这是一只赤陶烧制的选票箱，出土于雅典集市遗址。出土时里面还有六张青铜铸造的选票，据说雅典陪审团用其进行有无罪责的判定。对于被告，陪审员投以空心钮的青铜票，表明有罪判定；投以实心钮的则表明无罪判定。

02

历史之王

——素王

进入古典时代，东西方文明就各自开始了新的飞奔。

此时，大约在公元前800—前200年，此前，为古代时期。从古代到古典的过程，包含了古典意识的滥觞期、古典思想的生长期和古典文明的形成期。

这一时期，出现了两个标志：一个是周孔之教，即从周公到孔子，源于文化中国的礼教精神在王朝中国得到发展；另一个是周秦之制，也就是王朝中国自身从封建制向着中央集权的郡县制发展。而古典的终结，则出现在秦汉大一统时期。

大一统的实现，在思想上，经历了从“焚书坑儒”到“罢黜百家”的过程，实现“独尊儒术”的圣王大一统，在政治上，汉承秦制，实现帝王大一统。

古典精神至此，便告衰竭，王朝中国在兼容了文化中国那部分以后，向着文明古国的本质回归，古典精神的理性花朵，尚未结成政治文明的果，就已凋落。在现实的制度安排里，理想并未成为种子，在国家体制里生长，而是像涂料，刷出古国新模样。

古典精神，只有在春秋战国时期，在先秦诸子那里，才显示了勃勃生机，才具有改造世界的能力。诚如雅斯贝斯所言，那是人类文明的轴心期，理性的太阳，同时照亮了东西方，希腊哲人和先秦诸子并世而立，人类还没有哪一个时期比这个时期壮丽。

公元前 500 年左右，人类文明在转型，在飞升，尤其人类精神，如电火行空，迸发出天道和天命的理性之光，穿透神话思维的屏障，将人类的历史意识猛然照亮。

人类的历史意识觉醒于古典时期，然而追根溯源，却要从荷马与周公谈起。荷马有史诗，希腊方式——城邦制就在“史诗”的摇篮里诞生，而周公有“诗史”，中国方式——封建制则在“祭祖歌”的赞礼——“诗史”中分娩，历史意识之始是文明初曙的诗。

“史诗”，是一个民族的集体记忆，民族精神在“英雄的故事”里奠基。荷马就是古希腊民族的集体记忆的代表，他的说唱，赋予一个海洋文明英雄主义的理想。

而“诗史”则不同，它是一代王朝的宗庙记忆，以家族为根底，以“祭祖歌”的形式，使宗庙祭仪转化为宫廷礼仪，在对祖宗的颂唱中，追求帝祖合一、帝王合一。

史诗和诗史，或与神话交错，或为祭祖乐诗，严格说来，它们皆非历史。

历史意识的完全自觉，从客观上来说，应该从对历史的纪年开始。纪年，是以人为尺度来测量时间，它意味着人类行为，剪断了神话的脐带，从神话转化为历史。

在神话思维中无足轻重的人类，在历史意识中成了活动的主体。

历史意识，在东方和西方同时醒来，照亮西方的是命运的逻各斯，而照亮东方的是王。孔子以王纪年，为王纪事，代王立言，那天、地、人之王，就是孔子的理想。

纪年，是一个民族对于历史的自觉。中国历史，虽以“共和纪年”开头，但它还是自发的，带有一定的偶然性，更何况，它并非以“王”纪年，不能代表王朝史观。

中国历史纪年，始于西周“共和”，然而，“共和”伊始，就是“共和者”的墓志铭，从“共和”中自觉的那一点历史意识，如火花灿然一现，很快又回到了起点。

西周“共和”，是周公和召公面对暴君和暴民而做的一个临时性的政治路线的选择，并非带有根本性的国家制度安排，其历史意识的突然觉醒，缘起于要对列祖列宗有所交代的忧虑，所谓“纪年”，就其肇始者召公、周公而言，乃是对与自身密切相关的非常性事件——“共和”行政的记录和确认，以此告诫后人，他们共同执政，既非“革命”，亦非“僭取”，而是以“共和”等待新君，迎接新的天命莅临，有如周初时周公旦的处境。

在这里，需要说明的是，“周召共和”的周公，并非西周初年的周公旦。

周、召二公，将他们的“忧”，记录在历史的年表上，这便是“纪年”。以“忧”纪年，决定了中国历史的一个基本面，那就是对于“共和”及其未来的忧患意识。

而西方的历史纪年，却始于古希腊奥林匹克运动会，那是一场“神人之际”的盛会，是溥天之下全人类共同分享的庆典。古希腊人的历史意识，凭借对奥林匹斯山诸神的共同信仰和对人体美的理想，在被圣火点燃而由体育运动带来的集体欢腾中觉醒了。

中国历史纪年，比古希腊早了半个多世纪，与此相应，此前周公比荷马，此后孔子比苏格拉底，也都早半个多世纪，它赋予中国文明一种少年老成的矜持和沉郁。

周公“立于礼”的理智似乎比荷马的英雄主义的诗性更加实惠，孔子的国家化伦理比苏格拉底的思辨性真理更富于人情，自有一番与古希腊文明异样的中国精神。

从西周“诗史”，到春秋各国的“国别史”，史官文化不绝如缕，但它们却还没有获得清晰的历史形式，还缺乏一种真正的、对于历史的自我意识。宗庙之诗，乃一族之史，而非国史；各国史记，乃诸侯之史，而非“王”史；“王”史的觉醒，从孔子开始。

所谓“王史”，乃全民之史，非一族之史；乃天下之史，非一国之史。孔子著《春秋》，即以王为根据，以王为主体，来写王的历史。古希腊哲人趋于“哲人王”，而孔子则追求“历史之王”；古希腊哲人以哲学代神立言，而孔子则以历史代王立言。

哲学，从发现自然开始。古希腊人的理性之眼，由外而内，从自然出发回到人自身，从寻找自然的始基（本原）到发现人的灵魂，这一思想历程，从泰勒斯到赫拉克利特，从毕达哥拉斯到巴门尼德，从苏格拉底到柏拉图，再到亚里士多德，不是哪一个民族都会如此幸运地产生哲学，并出现一个“哲人共和国”，它是神的世界、人的世界和自然界的统一。

孔子的人本宇宙观，与其说是统一的，毋宁说是大一统，因为，统一是先分离，再联系在一起，而大一统则自始至终都维系着整体，追求绝对的统一。

在中国古代神话中，神的世界发展得并不充分，与人关系较为密切的，是以鬼神的形式出现的祖灵，而祖灵，既是神的，又是人的，就其在天之灵而言，它属于神，就其作为祖先而言，它无疑又属于人。作为神，由于血缘纽带的束缚，它未能超越生死获得独立的发展形式；作为人，它又只能以鬼神的形式存在，人性的因素在鬼神的形式中得不到充分发展。

孔子对作为鬼神的祖灵敬而远之，对祖先之灵，则以历史来安顿。

他没有把人和神的世界分开，未剪断人和神的脐带，而是将他们一体化。

其于自然，亦复如是，以人为自然产物，立于天地，可以实现天人合一。

天地生万物，原型为父母；始基生万物，因逻各斯而转化。因此，天地之自然，是个生物性的存在；而始基之自然，则是个物理化的世界。作为生物性的存在，人与天地万物为一体；作为物理性的存在，人与自然各成一世界。与自然为一体者，理性习于顺应自然，常以自然为法；与自然相对而两立者，理性惯于支配自然，多为自然立法。

希腊神话有三个世界，分别由三位神来主宰，但最高的统治者却是命运。

希腊哲学也有三个世界，在神的世界与人的世界之外，哲学又发现了自然界。在自然界里，神让位于始基——水与火等物质元素，而命运也退位，被逻各斯取代。

而中国史官文化，从孔子到司马迁，都没有分为三个世界，他们都认为三者统一，人与自然的统一性在于“究天人之际”，人与神的统一性在于“通古今之变”。

沿着孔子将神话解释为历史的思路，司马迁据传说作《五帝本纪》。

神话中，黄帝“四面”以观四方，孔子释为黄帝命四人分治四方；《山海经》里“夔一足”，到了《尚书·尧典》中，经孔子一解释，就变成了像“夔”这样的人，有一个就足够了。神话因素，就这样被常识消解，“所过者化，所存者神”，这就是历史。

或曰，《春秋》“微言大义”，所谓“大义”，其实，不过“尊王”而已。

或曰，《春秋》大一统，“统”何谓也？一言以蔽之，即“尊王”而已。

大一统的世界，是“王”的世界。时间，以“王”来标记，纪年，纪月，纪春秋——“通古今之变”；空间，以“王”为中心，参天地，化万物——“究天人之际”。

孔子和司马迁，皆以一己之学修史，以私学取代官学，皆以非官方立场立言，以个体代表王制。孔子向往周公摄王政、行王权，梦寐以求，司马迁则仿效孔子作《春秋》而著《史记》。孔子不是从行动上，而是在思想上自命为王，以平民身份代王立言，以学者志趣来行王道，这就难免要将自己王化，所以，他这样说道：“知我者，其惟春秋乎；罪我者，其惟春秋乎！”

因为，孔子就是那个隐于《春秋》背后的“历史之王”，他在《春秋》隐微处，发出“微言”，阐明他以王者自居的“大义”。司马迁亦如此，当《史记》完成时，他竟然也忍不住要表明一下自己的心迹，但他不像孔子那样“微言”，而是敢作“豪语”，他说自己“究天人之际，通古今之变，成一家之言”，这岂不就道出了他也有以王者自居的豪情？

秦汉儒者以圣为王，就是以孔子为王。陆贾一扫自荀子以来儒家“圣人之不得势者”的自卑心情，他言必称孔子，主张“法圣人”，认定孔子的使命，非据乱世为王，而是为汉家立法，作为“王”的万世师表——“素王”，虽非现实之王，却是理念之王，所有的现实之王，都要向他看齐，因为，他为现实之王建立了王的范式和标准——王道。

所有现实之王，都是相对的，都有偶然性，在五行中，相生相克，唯有理念之王是绝对的，能超越五行相生相克的变化，成为永恒之王，这样的王，只能是“素王”。

“素王”一词，最早出自《庄子·天道》，在《天道》篇里，庄子指出，“道”有两种，一种是“处上”的，叫“帝王天子之道”，另一种是“处下”的，称“玄圣素王之道”。

对此，成玄英疏曰：“夫有其道而无其爵者，所谓玄圣素王，自贵者也。”

这句话，有三点是我们要注意的，一是“有道”，二是“素王”，三是“自贵”。

由此可见，“道”是对“王”的本质性的规定，是衡量王之所以为王的尺度。

“有道”为王，无道则非王。“王”分上下，“处上”则“有爵”，是为“帝王”；“处下”则“无爵”，是为“素王”。“帝王”与“素王”的差别，就在“爵”之有无，而“爵”其实就是制度安排的产物。有制度安排的“王”，便是“帝王”，未有制度安排的“王”，才是“素王”。“素王”之本，非关制度，要能“自贵”，所谓“自贵”，就是要有“王”的自我意识的觉醒，要有“自居于王者”的自觉，当然就是“以天下为己任”了。

以圣人为“素王”始于庄子，以“帝王”与“素王”相提并论也始于庄子。

“帝王”与“素王”的关系，是动与静、上与下的关系，庄子贵静而居下，尊素而贵朴，故其结语曰“朴素而天下莫能与之争美”，故“帝王”可易代，而“素王”不易。

不过，认为圣人高于“帝王”，非自庄子始，比庄子年长的孟子，早就提出“孔子贤于尧舜”，换用庄子的说法，就是“素王”高于“帝王”。再往前追述，则孔子曰“绘事后素”，子夏引申为“仁先礼后”，以之喻圣与王，则“素”为仁为圣，“绘”为礼为王，此以先后言之。若以内外言之，则内圣外王，再引申之，则内圣为“素王”，外王为“帝王”。

至东汉时，儒生又有了新的说法，说孔子“自号素王”，欲“为后世立法”。

所以，“素王”又被称为“立法之王”，所立之法，当然也就是“素王之法”。

虽说孔子著《春秋》时，有“乱臣贼子惧”一说，但汉儒们一致认为，孔子以“素王之文”，立《春秋》之法，非仅为当时而立，主要还是为后世，是为汉家而立。

孔子原是本着“春秋，天子之事也”的王道理想来作《春秋》的，可周天子式微，王官之学不修，王者之言不立，“天子之事”下移，遂变为诸侯之事，王官之学也变成诸子之学。于此转折之中，能以诸子之一人，而有此自觉者，唯孔子而已。

孔子之前，春秋诸子，无以王者自居者，孔子之后，战国诸子虽说受了孔子影响，然以王者自居者，儒门之中，亦仅有孟子一人。孟子对王神往，不仅尊孔子为王，直截了当就说“孔子贤于尧舜”，而且总结出：“五百年必有王者兴……当今之世，舍我其谁也！”

孟子之后，又有荀子弟子说老师“宜为帝王”，但荀子本人从未以王者自居。这是因为，荀子一贯主张“法后王”，把思想的重点放在制度安排上，既未能像孟子那样高扬个体人格理想，也未以独立人格为基础自命为王，孟子的儒学浪漫主义的道德洪流，在荀子那里，碰到了王制现实主义的政治高墙，阻挡了儒学内部的“我就是王”。

若以对“素”与“绘事”的看法而言，孔、孟皆以“先后观”言之，而有“绘事后素”一说，荀子则取“上下观”，以为“绘事”处上，“质朴”居下，与此相应，便是后来居上，后王优于先王，不是“绘事后素”，而是“绘事上素”，“先后”变“上下”了。

经此一变，“法后王”的“绘事”，就超越“法先王”的“质朴”之礼的局限，开出王权主义的新局面。所以，我们说，周礼至春秋与战国有两变，春秋时期，经由孔子一变，寓仁于礼，而有仁礼合一，到了战国时期，经由荀子又有一变，引法入礼，要礼法并用。

孔子之时，西周政教已然向东，发生大转移。东周“礼崩乐坏”，虽说早已开始，但还在进行中，不过，那是站在周天子的立场上来说的，对诸侯而言，则是一次大解放。作为最高的政教，礼从顶端跌落下来，天子失礼，由诸侯来奉行。礼之用，不是靠了天子的权威，而是凭着礼本身所具有的普世价值为各国所遵守，被诸侯当作国际法那样的国际关系的准则来用。天子式微，难以号令诸侯，可天子作为名义上的共主，还是得到了各国的认可，更何况周室的宗法地位还在，故天子的政教礼仪依然，只是各国的事，由各国自己去办，各国之间的事，按照周礼的要求去办，国与国之间的纠纷，天子可以协调，但再也不能主宰。

应该说，这是中国历史上的一个好时期，虽说王权的分量变轻了，王朝的格局变小了，但诸侯国却一个接着一个繁荣起来，虽说战争不可避免，但战争的规模及其暴力程度，还是受到周礼的制约，表现为有节制和有限度的冲突。周王室的地位和作用，也有点像现在的联合国，虽不能主导国际关系的发展，却能在国际利益的纠纷中，发挥协调和仲裁作用。同时，周王室还能在得到各国同意之后，对提出无礼要求的国家，以周礼为依据，做出制裁和征伐的决定。说得好听一点，就如同现在的联合国决议，说得不好听，就是“挟天子以令诸侯”。不管怎么说，这还是一个有礼可依的时代，是个拥有可以共同信守的普世价值时代。

在那个时代，除了呈现具有文明样式的礼，还兴起了能够表达国家意志的诗，因此，那时各国往来，不光行礼，还要吟诗。彬彬有礼的国际政治，在外交上要表现出优美的诗意，政治上文化化，要有诗意的栖居，由此产生了一代“不学礼，无以立；不学诗，无以言”的新人——“君子”。君子的政治，要有个审美的样子，政治虽然功利，也要不离诗意，虽有成败得失，但求成仁取义。若仅以成败论，做得失计，那便是小人政治。而君子从政，从的不但是遵从制度的政治，更是遵从人格的政治，要体现制度化的利益属性，更要表达人格化的精神属性。政治不光是制度在兑现，更是人格在行动，因此，君子的政治人格必须超越制度安排的功利性诉求，而有更高的符合历史目的论的目标。目标可以放在未来，可确立目标的依据要从历史中求，孔子“吾从周”，以“祖述尧舜，宪章文武”开出一条“法先王”的君子政治的源流，并使之从为制度提供正当性来源，转向内圣外王的政治人格的主体性建构。

孔子之时，周王室已经衰落了，而周礼却未衰微，有相沿未变且发扬光大者。随着周代礼乐文化的下移和普及，“礼不下庶人”解体了，“礼失求诸野”成了新时尚。

如果说春秋时期，诸子争鸣和诸侯争霸，还带有礼乐文化的封建气质，那么到了战国时期，周道不行，礼乐文化让位于耕战，使得百家争鸣也带有明显的兼并作风。

春秋诸子尚有周礼可依，战国之世，周礼也被打破，礼制转向法术势。

孔子生平，约在春秋中晚期，他之前，王官之学已分解，产生了诸子。

司马迁在《史记·仲尼弟子列传》中说道："孔子之所严事：于周则老子；于卫，蘧伯玉；于齐，晏平仲；于楚，老莱子；于郑，子产；于鲁，孟公绰。数称臧文仲、柳下惠、铜鞮伯华、介山子然，孔子皆后之，不并世。" 这些人，或与孔子有过交往，或远在他出生之前就已成为历史，在二百四十多年的时间里，王官之学分化为百家之言。"其生也晚"的孔子，从百家之言脱颖而出，成为一座分水岭。此前，百家出于王官，经他转化，而归于儒家；此后，儒家由分化而异化，产生了新百家，百家殊途，同归于"中国"圣化。

孔子自称"吾少也贱"，当他还在鲁国做小吏时，子产、晏婴早已叱咤风云。对于霸政时代，齐桓、管仲"尊王攘夷"，他没有亲历，却神往不已。他说"微管仲，吾其披发左衽矣"，没有齐桓、管仲"立于礼"，"天下攘攘"必归于夷，"吾从周"又从何谈起？

"从周"，是文化选择，也是理想自白；是总结古史，也是寄托未来。

其所"从"者，非周之以往，乃周之所往，所往者何？乃圣化大趋势也。

周公辅成王画像石，高 61.5 厘米，宽 74.5 厘米，山东嘉祥县蔡氏园出土

周公辅成王画像石，原石高 76 厘米，宽 67 厘米，山东嘉祥县宋山村出土

人类进入轴心期，所形成的理性气质各有不同。从文王演周易到周公制礼作乐，我们见识了中国历史上从理性觉醒到建立制度的第一次思想创举。《尚书》说，周公摄政七年，救乱克殷，分封建卫，营建东都，制礼作乐，辅佐成王，每年都要完成一个壮举，直到把殷商的神本位转向西周的民本位，正如王国维先生所说，这是一次社会巨变，是一次社会转型。而从老子、孔子到春秋诸子以及先秦诸子，这些思想上的巨子，几乎把所有的思想能量都用于思考一个主题，那就是人性或人心与权力无穷无尽的博弈关系，他们各自的高见在传播中，形成中国文化里的依附性基因以及政治世俗化的胎记。“天听自我民听”与“天生民作之君”，形成了君民相互依附的文化性格。

周公辅佐成王，东汉画像砖，山东嘉祥汉墓出土，讲述周公辅佐成王的故事

周召共和

周厉王姬胡想独裁，被民围攻，仓皇出逃，病死在外。太子静藏匿在召穆公家里，暴动的国人一不做二不休，必欲得而杀之，召穆公只好献出自己的儿子。暴君必致暴民。公元前841年，西周朝政无主，召穆公与周公暂时共同执政，史称周召共和，并以此作为中国历史纪年的开始。此前甲骨文或青铜铭文，仅记载当下某事，并无将每天所发生的重要事件记录成历史的自觉。

周公并非周初的周公旦，而是周定公，据《史记·周本纪》载，定公为周公旦直系之裔。召穆公名叫“虎”，又称“召虎”，是召公奭的后代，他这一支承袭了召公奭的爵位，为天子卿士，继续在周朝掌管国家政事，还为周家天下献出了自己的儿子。

宗周钟，高 65.6 厘米，口径 35.2 厘米，台北故宫博物院藏

宗周钟是周天子亲自铸造的青铜礼器，截至目前，为唯一所见。在西周十三位天子中，与幽王姬宫涅下场一样凄惨的周厉王姬胡，为什么要自铸青铜礼钟？因为他要向祖先和天下宣喻他的一件大功绩；为什么是钟而不是其他青铜礼器呢？因为钟要陈于宗庙奏乐祭祀，在向先王汇报中请先祖保佑并降福子孙，所以他才铸此“宗周宝钟”，以记功勋。

他在铭文中记载了一场战争。南方有一濮国，国君率军来犯，厉王亲征，率领他的“赳赳武夫”，追到濮国都城，迫使濮君开城门投降，表示臣服。因此天威，同时来朝覲的还有南方、东方二十六个邦国。

对这位对外战争屡战屡败的厉王来说，这么大的胜利，当然要亲铸礼钟，感谢祖先保佑，故名之为宗周钟，或“㝬钟”。但是，周厉王仍然没有逃脱失败君王的命运，中国历史却因他的独裁开始了纪元。

毛公鼎，陕西岐山周原出土，高 53.8 厘米，口径 47 厘米，台北故宫博物院藏

毛公鼎腹内铸铭文三十二行，五百多字，是目前已知青铜器上最长的铭文。1814 年前后出土于陕西岐山周原，从此毛公鼎的经历起伏跌宕。抗战时险些落入日本人之手，据说收藏者铸造一件同款假鼎冒充，才得以保全真藏。抗战胜利后，富商巨贾陈永仁献赠中央博物院，现藏台北故宫博物院。

毛公鼎铭文

周召共和十四年后，太子静于公元前827年即天子位，是为周宣王。宣王即位之初，对内任用贤能辅佐朝政，对外依靠诸侯靖边保民，出现了“宣王中兴”的局面。作为宣王叔父，毛公为鼎臣之一，内外一干大小政务皆有赖于他，宣王赐嘱“勤公无私”，并命服厚赏。毛公铸鼎以谢天子，铭记宣王的训话，如：“父歆，丕显文武，皇天引厌阙德，配我有周，膺受大命。”意思是，老天很满意文武王的德行，我周邦配得上皇天后土。铭文最后，毛公祈望永保子孙享此荣耀。

散氏盘，清乾隆年间出土于陕西凤翔县，高 20.6 厘米，口径 54.3 厘米，台北故宫博物院藏

据考证，散氏盘铸于周厉王时期，内有铭文十九行三百五十七字，记述夨人付给散氏田地之事，被学界认为是具有契约形式的文书，且书法精美。

在周原（陕西宝鸡）附近有两个小国——散国与夨国，夙有通婚之姻，却也纷争不断，掠地扰边之事也常有发生。散氏盘铭文首句，即指责夨国偷袭散国城池田邑，造成散国的损失，要求夨国割地二区作为赔偿。铭文详细记录了参与勘测者以及双方见证人的名字，然后是割地盟誓立契约，确定守约后，再将所割土地绘图，一份交由夨王执守，一份交由官派史官执存。两国武力争夺的过程不得而知，但外交斡旋最后和平落幕，并确立契约，是有“铜证”的。散氏盘提供了珍贵的史料。

孔子击磬于卫画像砖，山东嘉祥出土

公元前 841 年中国有了自觉的历史纪年，不过，这纪年似乎是为周天子举行葬礼仪典而出现的，虽然有“宣王中兴”，但无法阻挡天子式微的惯性，周幽王出，结束了西周天子统治时代。平王东迁，开启春秋时代，孔子出世，虽无王位，却以平民身份周游列国，宣喻传播周礼之王政。春秋诸侯争霸，还以“尊王”的名义，争到战国时代，诸侯要自己称帝了。与此同时，理性觉醒，从春秋诸子反观人性民心，到战国诸子纷纷出山为称帝者出谋划策。

孔子击磬于卫，出自山东嘉祥汉画像砖。画像讲述孔子游至卫国，击磬奏乐，有隐士听之，并借隐士议论，传达孔子的礼乐情怀。不过在反叛的新生代即将成为主流的时代，他开始怀念春秋时代的王侯贵族们了，因为他们还在行周礼。比如管仲、齐桓公。

管仲射齐桓公画像石，山东嘉祥县武氏祠左石室第四石

管仲射齐桓公画像石，山东嘉祥县宋山村出土

齐襄公有两个弟弟，公子纠与公子小白，两位弟弟各有名师左侧，管仲辅教公子纠，鲍叔牙辅教公子小白，两位师傅也是至交好友。齐襄公无道，管仲陪公子纠逃到鲁国，鲍叔牙伴小白逃到莒国。后齐襄公被杀，君位虚待，齐国大夫们想请公子纠即君位，因为公子纠稍长公子小白，不过，小白不让。于是，兄弟两人在各自师傅的帮助下，日夜兼程赶回齐国临淄，管仲为阻止小白先到临淄，中道埋伏射小白一箭，小白腿中一箭，佯装倒地。管仲以为小白已死，谁知当他护送公子纠到临淄时，小白已经抢先即位了，是为齐桓公。鲍叔牙说服齐桓公任管仲为相，管仲辅佐齐桓公成为春秋五霸之一，齐桓公称管仲为“仲父”。

素王的标志

孔子虽是殷人之后，但他表示“吾从周”。

真正文化意义上的对历史的自觉，从他开始。

他把周公的天命观引入历史，让历史向天命走去。

他为这一点自觉，找到了一个文化的标志——麟。

他将“西狩获麟”一事载入《春秋》，《春秋》由此绝笔。

左丘明为《春秋》作传详述了此事：哀公十四年春，西狩于大野泽地，叔孙氏家臣钼商获麟——鹿身、牛尾、马蹄，头上有一肉角，叔孙氏以为不祥，杀而弃之。又派人告诉孔子，仲尼观之，说这是仁兽，名麟。

孔子观之，掩面而泣。子贡问夫子：“为什么哭啊？”孔子说：“麒麟出现，天该降明君圣主于世。自尧至今，麒麟出现两次，一次是周之将兴，凤鸣岐山，有麟出现。但如今时势未成，麒麟出而非其时，必死于非命。”机缘巧合，孔子著完《春秋》，时年七十一岁，不再著书，所谓“获麟绝笔”也。

据说，当年孔子的母亲祷于尼山，遇一麒麟而孕生孔子。

获麟绝笔两年后，孔子长逝了，此后麟成为圣王之嘉瑞。

西狩获麟之地山东巨野有麒麟寺，也成为历代修葺的嘉地。

孔子内宅大门上的麒麟图，祥瑞洋洋，便是素王的标志。

03

圣化

——从民心到人性

王国维说，殷周之际的革命，是一次最为深刻的革命。

此次革命，不光是王朝政治革命，还是思想文化革命。

政治革命，在西周初年就已完成，那是表层的易姓革命，而文化革命——从神化到圣化，则是深层的革命。从政权更迭深入文化转型，要到春秋时期，才得以完成。当文化革命在春秋圣化大趋势里完成，中国传统政治文化就已基本定型。

殷人“率民以事神”，在神与民的对待性中，要求神化，而周人文化转向以民为本，民心民意被高扬起来与天命相对应，而有“圣人革命观”与“人民价值论”。

那一“观”一“论”，成为文、武、周公以来的圣化两核心。

民，相对于国而言，要反映国的政治属性。但人之所以为人的人格属性，则非国家本质所能完成，也非其政治属性所能确定，它不但取决于国家神祇——“帝”，向国家人格——圣王的转型，更取决于作为个体的人对于自身的反思和反省。在反思中确立人的认知主体性，在反省中确立人的伦理主体性，由此而实现个体性的人格向着普遍性的人性的上升，由此实现君子人格向着国家人格的上升，这就是孔子开启的圣化历程。圣化，就是做圣人。孟子说“人皆可以为尧舜”，尧舜就是圣人，圣人具有全民性，“六亿神州尽舜尧”就是全民性的国家人格的集中反映，而尧舜就成了国家人格的代表，“致君尧舜上”就是要让国君向尧舜看齐，不光作为国家权力的代表，也要成为国家人格的代表。

但圣，还有连尧舜都未能企及的一面，孔子说“尧舜其犹病诸”。

在孔子看来，做圣人，仅仅做到国家人格那一层是不够的，还有一种超越国家人格的人格，那就是来自人本性的人格。如果说国家人格还是一种“绘事”，那么来自人本身人本性的人格就是“素”；如果说礼是国家人格的制度化样式——“绘事”，那么仁就是来自人本身人本性的人格本体——“素”，而孔子就是人格本体的代表。

“绘事后素”——人格本体“素”先于国家人格“绘事”，因此，作为人格本体的仁，也就先于标志国家“绘事”的礼了。先仁后礼，仁为体，礼为用，先圣后王，圣主内，王治外，虽说体用不二、内外一致，但毕竟还要分个轻重、先后、主次……

当然，这也就是孟子为什么要说“孔子高于尧舜”了，它反映了孔、孟以来儒家圣化的基本面，但圣化并非始于孔子，而是从殷周之际革命时就已开始，到了春秋时期，也就是孔子之前的春秋诸子时，圣化已然成了风气，而孔子本人，便是从这一风气中成长起来的，孔子的贡献在于，他把一个时代的风气，放到个体人格的主体性上升华了。

春秋圣化，是由民本主义开启，向人性论进发，以战争来推动的。

在人性论到来之前，思想活跃的春秋诸子们，已将周公以来的民本主义推到了极致，这主要表现在他们对民、神关系的评价和取舍上。《左传·桓公六年》记录，有楚师入侵隋国，季梁对隋侯说：“夫民，神之主也。是以圣王先成民而后致力于神。”在民与神的关系上，以民为主，此虽源于西周初年“天听自我民听”的主张，但如此旗帜鲜明地表达出来，则是春秋人的独立之精神。抉择于祀神与修政之间，春秋人毫不含糊：修政！

随侯听取了季梁的那一番话，“惧而修政”，果然，“楚不敢伐”。

一句话，说出一种观念，而一个观念，居然就改变了一场战争。

这不仅是季梁思想的力量，时代共识的力量更为重要。

还有更激进的，《左传·庄公三十二年》，虢国史嚣这样说道：“国将兴，听于民；将亡，听于神。”这就把对民与神的抉择，上升到了国家存亡的高度，对“听于民”还是“听于神”所做的判断，让我们仿佛提前一千多年，就看到了文艺复兴的情景。

我们知道，开启西方近代之门的文艺复兴，首先要面对的，也是人与神的关系问题。神权国家，当然要先神而后民，民本国家则反之，要先民而后神，更有甚者，以至于无神。本来，一切国家都是民本国家，无民不成国，这是常识，但反映在国家观念上，落实在国家制度上，往往就变了，从民本的国家，变成神权国家、君权国家，后来者居上，民本反而被压在底下，被遮蔽了，找不着了。要等到神权不灵了，君权不行了，民本才会被找出来，被扣上国家兴亡的帽子。春秋时代，就是这么一个神权不灵、君权不行的时代。

春秋诸子所思，回归殷周之际，重启汤武革命的民本主义的话题，再配以天命的砝码，民就有了绝对的价值。民贵君轻，先民后神，一股脑儿地推出来，虽然推得很高，却未能在制度安排上落实，未与君权、神权鼎足而三，推出个民权来，也未能在国家观念上推出一个以个人权利为目标的民主来，唯以“民心、民意、民力”，作为君权和神权复兴的老底子，刷新本已式微的家国与天下，使之以新的面貌、新的姿态、新的作为而满血复活。

不过，对照近代化，春秋诸子，还是有了个文艺复兴的样子，并且摆开了启蒙运动的架势，也许有人会问：春秋人有那么超前吗？其实，这不应令人感到惊奇，因为那时是人类文明的轴心期，迄今为止，人类有关文明的所有话题，都能从中找到依据。

在民与君的关系上，民的地位，被置于君主之上，这也很像近代民主思想。《左传·僖公五年》记录，邾文公卜问迁都邑于绎之事，史官卜曰："利于民而不利于君。"

没想到，作为君主的邾文公，却是这样说的："如果迁都对人民有利，那就是对我有利，'天生民'，还要为人民树立一个君主，就是为了对人民有利，而不是对君主自己有利，只要对人民有利，我就这么做了。"他身旁的人提醒他，他的命是可以延长的，为什么不为自己的生命考虑一下呢？他回答说："我是为人民而生的，至于生命短长，是死是活，让时间来决定，只要对人民有利，就是大吉大利。"于是，他把个人生死放下，决定迁都了。这样的君主，很像黄宗羲在《明夷待访录》里写的"原君"。"原君"不是君主，而是君客，是"天下为主君为客"里的"君客"，这样的"君客论"思想，岂不就是民主观念的先驱？

像邾文公那样的一国之君，要是把他放到一个有宗教信仰的国家去，他的言行，岂不就是一个救世主的言行？或是像摩西那样的宗教先知？但在中国的历史叙事里，邾文公却是一个小到不能再小、小得很少有人知道的小国之君，但他的人格却很伟大。很可惜，中国的历史，没有按照邾文公的想法发展下去，要不然中国也许老早就发展出民主制。不过，你要是满世界去寻找民主思想的源头，我们认为，他也可以算作一个开始。

到了战国时期，儒家里面，有个孟子问世，他就很想找一个像邾文公那样的君主，来做他的仁政实验，可时代已经不同了，战国诸子的思想，已多从民主转向君主，而那些君主，也就自以为是，向着君主专制前进了，哪里还会有邾文公那样开明的君主呢？

孟子和邾文公，这两人都是生不逢时，要是他们能相遇，是否就能以"仁政"的名义，开出中国民主政治初曙的新局面呢？看来，没那么容易。事实上，我们早已知道，这样的事情，从来就不曾发生，也根本不可能发生，但我们的心情还是难免遗憾。

郏文公本人在迁都以后，没过多久，就告别人世，这是一个时代要结束的标志。因为此后的春秋诸子，已开始对民心、民意产生怀疑。昭公四年，子产作丘赋，国人谤之，子宽担心地说：政治取决于民心，然而“民各有心”，你用什么去主导他们呢？

正是对“民各有心”的担忧，人性问题被诸子提了出来。民心复杂多变，君对之如临歧路，而有亡羊补牢之政，而遭灭国之祸。人性论的提出，就是要从复杂多变的民心中求得统一性。民心如目，人性似纲，君主执纲，纲举而目张。人性论一登场，就没有引导人们通往自我意识的觉醒，而是成为运载民心从民主向君主过渡的观念形态的桥梁。

人性论从对人的本质的考察入手，探究在难测人心的背后，有没有相对稳定的人的本质？又如何从人的本质里抓住人性？人性与民心，正如古希腊哲学家如赫拉克利特所说的“一是一切”和“一切是一”，人性，便是那个“一”，而民心，则是“一切”，只要人性“定于一”，民心那“一切”也就搞定了。人性好利，凡属人类，概莫能外，然，民心趋利，则多歧途，必使之利出一孔，因势而利导之，而后能使万众一心，使各行其是者同归一路。

《国语·周语》最早提出了“人性”一说，周卿单襄公说：“夫人性，陵上者也，不可盖也。”所谓“陵上”，就人的本能而言，是一种向上的冲动，在等级化的政治阶梯上，则表现为“往上爬”的进步，当乱世来临而天命未知时，那便是“犯上作乱”，当革命来临时，那就是为了“应天命”而斗争。总之，人性向上，顺之则昌，逆之则亡。

《左传·昭公十年》里，晏子说，凡有血气，皆有争心，这就是人性。人性可化，但不能高压，因为斗争是绝对的，君主要因其性而利导之，将斗争性引入等级与国家之间，而圣化，就是从民心出发走向人性，以斗争性通往圣人革命，在斗争中实现圣王合一的历程。

《诗经·周颂·清庙之什图卷》，（南宋）马和之绘，辽宁省博物馆藏

周人是在刻骨铭心的天命忧患中，走进历史的。

历史，是时间对生命的拷问，是命运对人的拣选。《诗经·周颂》，是周人祭祖时的吟唱，子孙们颂扬祖先有德，以民为本，才能成为天命的选民。

殷人也祭祖，但他们有鬼神意识，没有历史意识。

他们自以为搞定了天上的鬼神，从来不问历史的经验教训。

所以，死到临头了，纣王还在问：我生不有命在天？

王国维看到了周人与殷人最大的不同，周人把他们对文武之德的颂词铸进青铜里，由孔子发扬，成为后世的治世理想。南宋画家马和之画《诗经·周颂·清庙之什图卷》，表现东都洛邑告成，周公率群臣祭文武之王，颂歌祖先之德，祈求保佑子孙永享天命。想必马和之以此劝勉宋高宗，以德治国。

邾公华钟，通高36厘米，舞纵11.1厘米，舞横14.2厘米，重6.87千克，春秋时期，山东邹县出土，山东博物馆藏

邾文公，曹姓，名籧篨，子爵。邾文公为邾国第十任君主，适逢春秋争霸，邾国夹在齐、楚、宋、鲁之间，亦不示弱，战争频繁。因北与鲁国接壤，长期为鲁国附庸。不过，邾文公对邾国的最大贡献还是迁都。迁都有利于民，他便毅然将国都由訾娄迁至峄山之阳。果然，迁都不利于君，虽是巧合，但邾文公不久真的病死了。但峄山之阳地理形势优越，易守难攻，周围河湖交错，适于农业生产，加上战争减少，邾国人民也的确得到了稳定实惠。后人多有颂扬邾文公迁都的诗篇，并在峄山建了邾文公祠。如今峄山之阳尚存邾国故城遗址，城内有窑址、房基、土冢、灰坑、瓦砾、陶片等，故城内出土各类文物四百余件。

邾公华为邾国第十五任君主邾悼公。邾公华钟，上有铭文九十三个字，记载铸钟用以祭祀盟祀，娱乐大夫，宴飨士庶。

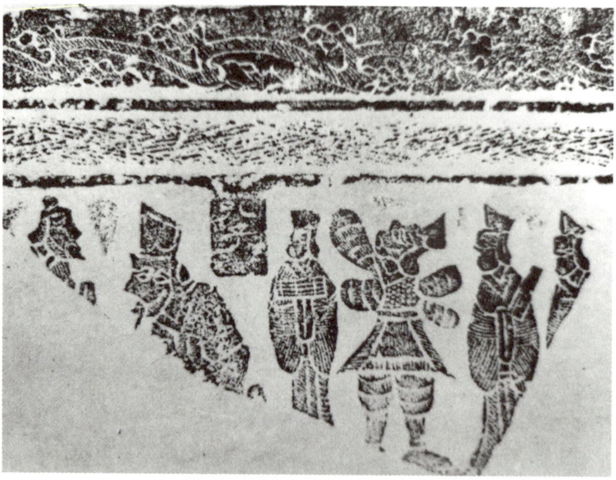

汉画像砖残片上的孔子，山东滕州出土

孔子与南子同辇

春天的花开在秋天里

中国的青春期在春秋，那是自由化的春天，也带有秋天的肃杀。孔子生逢其时，他的思想，既有自由化的春之仁，也带有老成的王权政治的秋之杀。但他毕竟生活在轴心期，那时全世界都沐浴在自由之春中，孔子有幸！

他说，我没有见过好德如好色者。这是在人性觉醒的春天里，才会有的自诩，生活在老成的秋之杀中的人们，走出了“轴心期”的人们，哪里能体会出孔子那一番春天里的扬扬得意呢？

他的言外之意是，只有我自己才能够、才有资格好德如好色，最明显的例子，就是子见南子。卫灵公夫人南子如春天里的花朵，但她也有秋之杀气。她好王权，又好圣人，春风得意时，她忽然想起了孔子，想看看圣人是什么样，还想用圣人的标签给自己化妆。

于是，她请孔子来卫国小住。居月余，卫灵公与南子同乘，招摇过市，并邀孔子相伴。“子见南子”，连弟子都没读懂，后人更是误读不已。

还是多情的明人有想象力，他们不仅创作了因情而死、因情而复活的《牡丹亭》，还干脆把孔子和南子同辇入画，他们懂得人性好色如春天爱花。

04

圣化

—— 从有德到有道

“德”，在西周政教中居于核心地位，故有“德政”一说。

相对于殷帝王作为神的化身而言，周天子则以“德”配天。

然而，到了“王命不行”的春秋时代，“德”也开始游离于王权之外，不再被王权束缚，这样反倒使它在摄取了新的伦理要素之后获得了普遍性，超越王权而有了独立品格。在“德”与传统权威分离后，普通的生命个体也来分享它的不朽。

《左传·襄公二十四年》里，范宣子问穆叔：“什么是‘不朽’？”

穆叔回答说：“太上有立德；其次有立功；其次有立言。”

这样的回答，在流传了两千多年以后，居然还作为座右铭，不仅出现在连绵不断的历史叙述里，而且被列入指导人生的便携式格言里，不光用来评价历史，还用来立足于现实。仅凭一句话，就穿透了国家、民族和历史，一言兴邦，莫过于此！这位穆子，给我们留下的不过寥寥数语，但一句顶一万句还不止，我们甚至可以这样说，一部廿五史，就为此“三不朽”而立，接下来的当代史，也还是在向这“三不朽”看齐。

穆子还说：“禄之大者，不可谓不朽。”官当得大，不能算作“不朽”，保着一家一姓世不绝祀，也不能算作“不朽”，说明“不朽”与官本位和家族无关。

追求“不朽”，跟人性有关，跟做圣人有关，跟人之所以为人有关。人性并非全然“不朽”，人的肉体性、物质性和功利性都会腐朽，但穆子高扬了人性那“不朽”的维度——精神性、事业性和思想性，只有这三方面的成就，才能达到“不朽”。

立德，是精神性的“不朽”；立功，是事业性的“不朽”；立言，是思想性的“不朽”。在“不朽”的维度上，立德位于首列，在“三不朽”的并立中，昂然具有最高的价值。当德从国家人格的德政转变为个体人格的德行，那就是立德；若发以为言论，则为立言；发以为事情，即为立功。由此看来，立德为根本，立功和立言便是发枝散叶。

然而，“德者，得也”（《管子》），“得”什么？周人“为政以德”，当然是“得”天命，那属于天子一人，迄于春秋，天命作为天子“余一人”的特殊性已然式微，正在兴起的诸侯们还能从这式微中分“得”什么？天命只能独有，不能分享，因此，要有一个能够取代天命，向着诸侯们的普遍性的追求转化的最高存在，于是，“天道”接着“天命”出现了。

此时，若向诸子和诸侯再问“立德”要“得”什么？那便是要“得”道，要“得”天道。到了战国晚期，等到韩非子的“君道同体”出现时，天道又开始被专制君主独占。不过，当其方兴之时，天道有如春风明月，是人人可以分享的。在分享之中，诸子意识到，道所具有的普遍性，揭示了一种远在“德”之上的强大力量在推动着政治大变动。春秋初期，道虽多用，却不离德，其义，仍以德行为主，得道以立德。中期以后，已知有德与无德，都要接受天道检验，天道，以其客观性成为普遍法则，如果说礼是制度性权威，德是伦理性权威，那么道就是规律性权威，道对德的超越，是春秋人对周文化的整体提升。

《左传·昭公三十二年》里，赵简子问史默，何以鲁国的季氏，赶走了他的国君，而人民却服从于他？史默就用天道来回答，说：“国家无常，君臣无常，天道从来就是这样。”什么都在变，国家在变，君臣在变，民心在变，只有变永恒不变，变就是天道。

一切都是无常，天命无常，国运无常，民意无常，唯天道有常。所以，仅仅有德还不够，还要有道。有德，不能保证不变，因为在德之上，还有不断变化着的道。

得道，就是顺着道的规律而变化，从变化中寻求不变之道——规律。

平衡打破了，静止动摇了，秩序解体了，连原来具有必然性的天命都变得无常了。天命靠不住，还有什么靠谱？只有一条路，那就是跟着天道走，同天道一起变。

在顺应天道方面，人民比君主更为自然，更加方便，这倒不是人民有什么优先权，而是因为民心思变，天然就是变化着的道的载体，而君主们大都希望守着自己的家国追求永恒，对君主而言，不变当然是最好的，不得不变时，才有所谓“变法”出现。

所以，韩非子就指出，君主与其被动地应付变，倒不如主动地追求变，以君道同体的身份，从天道那里，获得变化的能动性，掌握变化的规律性。当变化来临时，君主不能仅仅作为变化的终端，跟着人民去变，还要成为变化的起点，率领人民一起变，从春秋来看，能变的家国，都变成了王国和帝国，不能变的，就出现了三家分晋、田氏代齐。

从有德到有道，是西周政治思想向着春秋时期的历史性的发展。

从有道到有德，是春秋人按照理性的政治原则所做的逻辑安排。

历史形态的因果与逻辑形态的因果有所不同。历史的因果，是以时间的先后顺序排列的，故德为因，道为果。而逻辑的因果，是按照概念的属性来划分的。以体用言之，道为体，德为用；以本末言之，道为本，德为末；以因果言之，道为因，德为果。

这样的划分，是以道为最高本体，为普遍法则，为根本之因，以得道的过程为圣化，以有道的主体为圣人，将立德、立功、立言这“三不朽”都纳入圣化之中。

法天道，立人道，使春秋人确立了人类理性的权威和尊严，在与王权的“相生相克”中，形成了政治文明的道统观念，王朝更迭不已，王统难免打断，而由人类理性建立的道，却在一代代思想者的努力下流传，无论是在多么厚颜无耻的年代，经历多么艰难困苦的岁月，“天道”总是以其独特的“中国方式”诠释着人的理性——自由之精神，这是春秋诸子的一大贡献。王权失落了，理性益显其尊严，从有德到有道，开创历史新局面。

曾伯陭壶，通高 41.2 厘米，重 9.355 千克，台北故宫博物院藏

曾伯陭壶是西周末期春秋早期的青铜壶，壶上铭文之意为曾伯陭选用精美上乘的铜料，铸造一件盛满甜酒的丰壶，用来宴飨宾客，祈求为德无瑕疵，配享宗庙，追孝先人，保佑子孙。在春秋早期，人们依然非常重视修养“德行”，要用最好的金属铸造最美的礼器，祭祀祖先，祈求祖先保佑后人德无瑕疵。如此精美的青铜酒壶，与其被有些评论家评为透出一个王朝末年的颓风，倒不如说用一种新精神之美为春秋开篇。

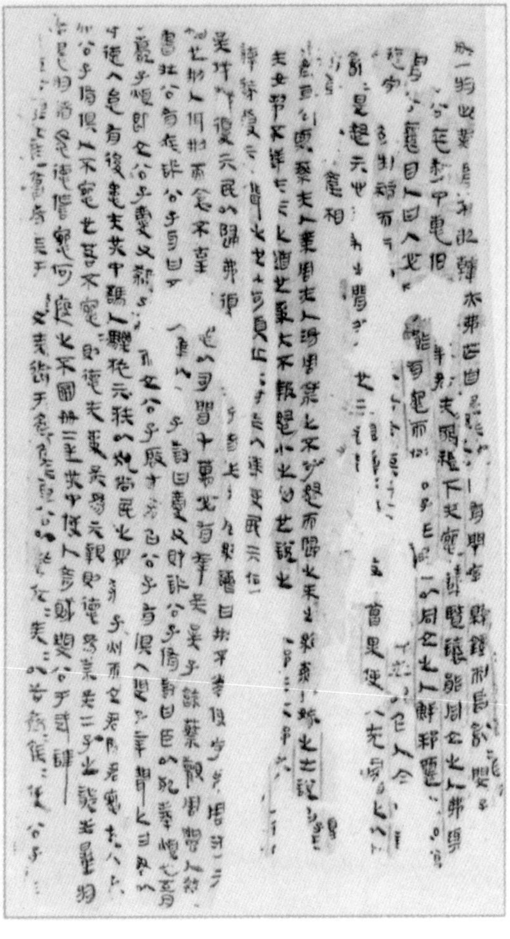

帛书《春秋事语》（局部），纵约 74 厘米，湖南长沙马王堆汉墓 3 号墓出土，湖南省博物馆藏

长沙马王堆汉墓出土了半幅帛书，上面抄写了《春秋事语》，主要记载公元前 712 年到前 453 年各诸侯国的历史事件，共十六章，两千多字，每章各记一事，没有区分国别，也没有编年。从鲁隐公被杀到三家灭智氏分晋，可以与《左传》互证，但文风与《左传》不同，抄写年代大概在秦末汉初，类似家庭教科书。可见春秋时代的历史转型对后世的影响。

05

圣化

—— 从礼义到仁义

春秋“礼崩乐坏”，似为古今学者之共识。

为此言者，皆以“共主衰微，王命不行”为非礼。

如果我们超越周王室与王命的局限来看当时的礼，就会发现，春秋时期，有一种新的礼兴起，在“王命不行”时，它超越王权，使诸侯们各自为政。

诸侯复兴之礼，沿着两个路径发展下去，一是由形式化的路径，发展出一套仪式化规范的礼仪，另一是由道德化的路径，发展出一套行为准则的礼义。

礼仪，是对人的举止的规范和仪式，而礼义则出自内心，是人性之于道德律的审美诉求，并以礼仪恰当地表达出来，如屈原诗云之“内美”与“修能”。

“内美”属于礼义，“修能”属于礼仪，君子人格，就是“内美”与“修能”的统一。礼义其内，礼仪其外，其根本还是个“礼”字，要“立于礼”。

国家人格，也有“内美”与“修能”两面，也要“立于礼”。

国之“内美”，也就是国家的正当性来源，今人称之为“国家正义”，在春秋人那里则被称为“礼义”；国之“修能”，也就是国家正义转化为国家制度，其神圣与崇高的内质，要以和谐与优美的形式表达，那形式，便是礼仪——国家制度的样式。

对春秋人来说，国家的正当性来源，经历了两个时期才最终确定。

一是殷商以来的君权神授时期，国家正义，由神赋予，国家主权人——君，作为神的代理人，“率民以事神”；另一是西周以来的天命与民心时期，国家正义，来自天命，基于民心，国家主权人——天子，作为天的代表，“天听民听”，“敬德保民”。

殷周之际，虽说革命，但周人之于殷人的国家正义，并未推翻，而是在原来的基础上维新，紧跟着君权神授的步伐，又追加了“敬德保民”的呼声，所以，在国家正义的来源上，周人拥有了神与民两个核心，而春秋人之于民与神，便有了谁先谁后、孰轻孰重的那一问。那一问，就问出了天道，问出了人性，以此而有了新的“国家正义论”。

礼与天道相遇，成了天经地义，礼与人性相遇，从礼义变为仁义。

这一变，从孔子开始，“克己复礼为仁”，是以个体人格复兴礼。建立在人性之上的仁政，开启了新的国家正义论，它不仅突破了基于亲亲原则的宗法制，还超越基于民本原则的天下观，在普遍人性的基础上，开通了从个体通往国体的圣化通道。这一通道，也就是我们常说的“内圣外王”，个体属于“内圣”，国体属于“外王”，内圣之格物、致知当为认识论，而诚意、正心便是道德沦，修、齐、治、平四项，都属于实践论。

内圣，含有认识论和道德论两部分，外王，也就是实践论，而修身则连接着内圣与外王，既启动了个体人格的内圣起点，同时又向着家国天下的外王实践论展开。这是孔子以后儒家思孟学派那一套主张，在《礼记·大学》里集中反映出来，是仁义学说的个体人格表现和仁政思想的国家人格实践，无论个体还是国体，总之都是人格在行动。

使人以个体形式而非以民本身份进入国体，可以说是儒家人性论的成功，但儒家的问题是，当个体进入国体以后，个人的主体性就消失了，个体人格的追求，并未获得个人权利的成果，自我意识的追求，却反其道而行之，竟然走向“无我”。人性论的觉悟，在新的国家观念和政治思想上，还不如民本主义之于殷周之际尚能结一个“国家正义”的果。

我们是在两千多年以后才这样来评说，而孔子当时怎能知道两千年来中国会发生什么以及发生了什么？他那时对于人性和仁政真可谓信心满满，他自信有一种新的国家正义将从对个体人格的追求中诞生，这样的一个政治文化景观，乃尧舜所未见。

所以，他说“尧舜其犹病诸”。可是，连尧舜都没做过的事，他能做到吗？对此，他难免存疑，故曰“道之不行，吾将乘桴浮于海”。这一叹，提醒我们，他有那么一点悲观，虽已抱定“不可为而为之”，但他还是感到了问题，却未察觉问题出在哪里。

从个体人格到国家人格的圣化导向，反映了孔子把国家当作君子人格共同体的奋斗目标，颇有理想国的色彩，然而，国家的本质是利益共同体，除了反映个体人格的追求，更看重表达个人权利。我们认为，孔子的问题，就出在这里，他在国家观念中，有自我意识的觉醒和对个体人格的追求，却没有落实为权力意志的表达与对个人权利的拥有。

当然，这是我们在今天用世界历史的眼光来看，才能看出的问题。

先秦诸子对孔子多有批评，但都未涉及这方面的问题，因为，他们与孔子同在一个语境里，在孔子身上出现的问题，他们也有，可孔子对自己还有反思，还知道自己的主张有所缺，仅靠周游列国的所见所闻还不足以弥补，所以，还存了“浮于海”的念头。

孔子欲“浮于海”，显然与秦皇、汉武之游仙迥异，也不同于李白之流“直挂云帆济沧海”。孔子要去“问道”，说起来，倒有点像近代曾国藩向海外派留学生，如郭嵩焘辈之出使西欧。孔子毕竟伟大，他那喟然一叹，竟然为两千年后的中国指明了一条出路。

认识孔子，要知其有所不足以及他在哪里失足，还要回头去看他从哪里起步，他起步时的高蹈，也许就导致了他后来的失足。孔子从礼起步，行走在高处，由礼而仁，迈出人性一步。这一步的起点在哪里？我们发现，就在《左传·昭公二十五年》里。

据说，就在《左传》记述这一年，赵简子曾问子太叔："与人交往怎样行礼？"

子太叔回答说："你说的那些，都是仪，不是礼。"问："那么什么是'礼'？"对曰："天之经，地之义，民之行。"天经地义具有自然法的性质，从自然法里引申民法，就是礼。

礼因此而为"普遍原则"，而具"绝对价值"，而有"博施于众"的实践理性。孔子"立于礼"，除了立于"天之经，地之义，民之行"，他还加了一条"人之性"。

立于"人之性"，那就是"仁"，发以为政，即为仁政。其贡献在于，在民本的立场上，他强调了个体人格的历史主动性，以及在国家观念中个体人格的能动性。

关于"礼"的起源，除了"礼与天地并生"说，《左传·桓公二年》还有"义以出礼"说。与礼相比，春秋人对"义"的解释更为精彩，他们将"义"注入礼，使礼新生。

他们并不过于看重礼的起源，更加强调礼的政治伦理意义——礼义。

《左传·昭公二十六年》记载了齐景公与晏子的对话。晏子向齐景公反映了陈氏放贷粮食"大斗出，小斗入"以收买民心的问题，齐景公问对策，晏子对曰："要以礼治，将放贷行为纳入礼制规范。"齐景公听了很高兴，说："我才知道，礼还可以治国。"晏子接着就讲了一番关于礼的大道理，他说："礼被用来治国已经很久了，它与天地一同出现。"这就是从"天之经，地之义”的分别性和对待性上来说的，礼在天地之间，分上下，立尊卑，定贵贱，“君令臣共，父慈子孝，兄爱弟敬，夫和妻柔，姑慈妇听，礼也”。

晏子说的“礼”，是春秋人的共识，不光要以礼治国，还要以礼处理国与国的关系。礼在国与国的关系中的仲裁作用，主要是基于王权与主权相结合的礼义原则，不光在自己的国家当君主要懂礼，在国际上做霸主，协调各国，号召天下，更要懂礼。《国语·周语》中，谈到晋文公一定能成就霸业，原因是“晋侯其能礼矣”，这里说的不是能行礼仪，而是能“成礼义”。礼义是衡量德的一个标准，能“成礼义”，就能“德以导诸侯”，而使“诸侯必归之”。

还有民意，也很重要。霸政时代，民心所向，是礼的一个重要指标，国际制裁，常受民意引导，君无道于其民，而使民怨沸腾，就不光是本国的内政问题，还涉及普世性的民本问题。 霸主应代行王道，伸张国际正义——民本主义，率诸侯声讨，并征伐之。

《左传》里记载的此类事情甚多，例如，楚王听说蛮氏动乱和蛮子没有信用，于是出兵杀之，占领蛮氏之国，然后“复立其子”，世人誉之，以此为“礼也”。

懂礼不懂礼，要从国家信用和国家行为上来看，而不能局限于某个人的举止。昭公五年，鲁侯赴晋国，一路上，全无失礼处。晋侯问女叔齐：“鲁侯很懂礼吧？”对曰：“鲁侯哪里懂礼！”公曰：“为什么要这样说呢？他的行为都合于礼呀！”答曰：“那是仪呀，不是礼。”女叔齐对礼与仪的区分，显然是以国家为本位的，他在国家本位的立场上，扬弃了表现个人行为外表的“仪”，将新的时代精神“义”——国家正义，当作“礼”，这也就是“礼”的正义。

只有孔子，“克己复礼”，重新回到个体，不是回到个人外表的“仪”，而是回归个体人格的“礼”，那也就是“仁”的起点了。孔子从此迈出新的一步，从礼义走向仁义。如果说从礼仪到礼义，是以个人行为表达国家正义，那么从礼义到仁义，就是以个体人格确立国家人格。如果说原来的国家观念所表达的是个民心所向的民意共同体，那么孔子的新的国家观念就是个以仁为己任的人格共同体。这两个共同体，不是一个取代另一个，而是合二为一，形成新的统一的共同体，那既是民意乌托邦，又是君子理想国，但它们有一个共同的前提，那就是礼治。如果前提变了，变成了法治，个体人格就要向个人权利转型了。

桓子孟姜壶，高 32.1 厘米，口径 13.4 厘米，底径 18.6 厘米，
重 5.8 千克，春秋后期，上海博物馆藏

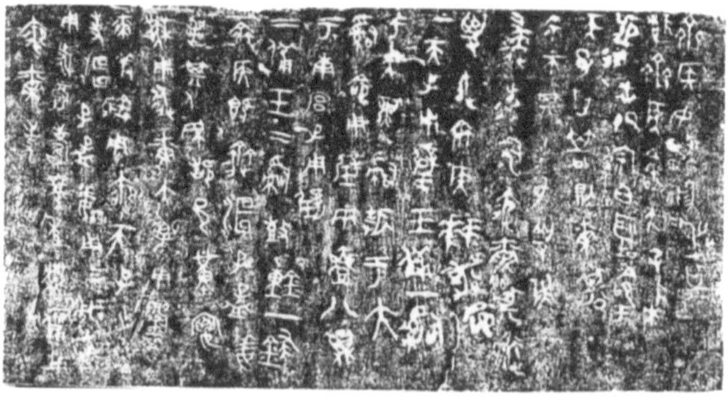

桓子孟姜壶铭文

夔纹禁，西周时期，高 23 厘米，长 126 厘米，宽 46.6 厘米，天津博物馆藏

夔纹禁是西周礼器，是贵族在祭祀或宴飨礼的过程中，摆放卣、尊等盛酒器的几案，一种“承尊器”。

桓子孟姜壶又叫齐侯罍，为容酒器。内有铭文十九行一百一十三字，大意为：齐侯之女孟姜为田桓子之妻，因为丧其舅（夫父田文子），齐庄公要为他服丧一年，为此请示周天子，获允。于是，庄公命以玉礼器向天子、大司命等诸神行祭祀大典，并规定百姓在一年内节制宴会，停止纵乐。田桓子与孟姜感恩齐庄公，合铸此壶以作纪念。

田桓子，名田无宇。公元前672年，陈宣公杀死太子御寇，陈完见异母弟被杀，担心祸及自身，偕家族奔齐，当时齐国正是齐桓公在位，古音陈田同音，于是改姓田。田桓子为田氏家族在齐第五代掌门人，历仕齐灵公、齐庄公、齐景公三代齐公。齐庄公时愈发得宠，齐景公时以大斗出小斗进获得民心。公元前547年，崔杼杀害齐庄公，公子杵臼即位，为齐景公。两年后，庆封灭崔氏家族，掌控齐国，专齐政。第二年，齐国望族栾、高、田、鲍四族攻庆封和庆舍，庆封奔吴国。田无宇施惠于民，民皆归陈田氏，陈田氏因而强大。公元前532年，田无宇联合鲍氏攻栾氏、高氏，栾施、高强奔鲁。其后，晏婴执政，辅佐齐景公。田无宇在暗中发展自己的势力。田无宇死后，儿子田武子田开袭位。

田无宇妻是齐灵公与穆孟姬的女儿，齐景公的姐姐。穆孟姬是鲁国叔孙乔如之女。在春秋末期，田桓子夫妇如此隆礼尊仪，是展现自己有施仁义的实力。

晏子见齐景公画像石，河南唐河县南关出土

这块画像石出自汉人之手，刻画晏子见齐景公，齐景公的醉态跃然。

齐景公在位五十多年，享受父辈积攒下来的政治、经济红利，夜夜笙歌，出言不逊，行为颇不合国君之礼。晏子又叫晏婴，字仲平，夷维（山东高密）人，与田桓子一样历仕齐灵公、齐庄公、齐景公，他个子矮小，但是一位智者与辩者。他不仅劝谏齐景公勤政戒色，还劝齐景公加强礼制，来解决田氏私家“大斗出小斗进”带来的政治危机。与公家争民心是大忌，齐景公却无奈坐视，看来田氏势力此时可与公室比肩了。

《晏子春秋》讲了一则晏子使楚的故事。晏子使楚，楚人因晏子矮小而鄙视，开小门以迎，晏子不入，说“使狗国者，从狗门入”，楚人无奈，开大门迎进。楚王一见晏子便说：“齐无人耶？”晏子立即回答：临淄城人多至“张袂成阴，挥汗成雨，比肩继踵而在，何为无人”，只不过齐国派使者各有所主，贤者使于贤国，不贤不肖者使于不贤不肖之国，晏子不肖，故直使楚国。

06

孔子之道一以贯之

春秋诸子，大抵述而不作，要言不烦，多以片言只语传世。

其后学弟子，则记述而成书，与战国诸子刻意著书有所不同。

他们上承周公，下启孔子，种下六经之树，开出圣化之泉，到了孔子之时，恰好瓜熟蒂落，水到渠成，于是，屈身拾起金苹果，孔子成为“集大成者”。

所以，孟子说孔子是“圣之时者”，是一个时代的成果造就的圣人。后来，儒、道为显学，是因为有了“作”的意识。老子退隐时，“作”了一部《道德经》；孔子临终前，“作”了一部《春秋》。孟子说：“王者之迹熄而诗亡，诗亡然后《春秋》作。”

礼的火炬，春秋时仅存一息，诸子注入义，礼又重新燃起，化为诗——义的火花，诗将熄，而后有史继之，孔子“作”《春秋》，“笔则笔，削则削”，皆由其心裁，“子夏之徒不能赞一辞”，而《论语》则是“述”，由弟子记述而成，秦汉以后才结集。

问题是，孔子为什么偏要自称为“述”，而不自命为“作”呢？

这就与时代有关了。春秋诸子，皆在孔子之前，作为先知和先行，对孔子来说，他们的思想，都表现为“述”。他们“述”《易》，“述”《礼》，“述”

《诗》，“述”《书》，“述”《乐》，不仅以“我述故我在”确认自己，还以“我述故王在”承载历史。《左传》和《国语》，记录了他们的“述”，而左丘明则在对历史的述说中，成为中国的荷马。

左氏述说国语，司马迁《报任安书》说：“左丘失明，厥为《国语》。”

《国语》，是各国的历史，它和《春秋》一样，具有世界史眼光。

盲史左氏，与孔子同时，且同在鲁国为鲁人，司马迁称他为“鲁君子”，还在《史记·十二诸侯年表序》里，说他“因孔子史记具论其语，成左氏春秋”。据说，他曾与孔子一道，“观书于周史”，孔子归而“作”《春秋》，“丘（《左传正义》用“邱”）明为之传，共为表里”。

就“述”史而言，左氏纪言、纪事都很精彩，以史论之，荷马相去甚远，因为荷马的史诗仍未脱神话的樊篱，而《左传》“述”史，早已是成熟的历史形式，而且左氏服膺孔子，没有按照史官文化的传统样式来“述”史，而是以“孔子史记”为准绳。

在圣化之中，孔子“作”了什么？一言以蔽之：他“作”了圣人。具体言之：从民心中，“作”了人性；于天命中，“作”了道；在礼义处，他“作”了仁。

春秋以前，所谓圣人者，通人也；春秋人仍沿袭此习惯用法。

诸子以“性与天道”，使圣人从“耳通为圣”进入“心明曰圣”。

子贡说“夫子之言性与天道，不可得而闻也”，“不闻”，并非夫子无言，而是说不要专用耳朵去听，要用心去思考，因为“心之官则思”，“心思”出圣人。

从“耳听”的聪明人到“心思”的思想者，圣人在圣化中转型。

然，孔子何以不言“性与天道”？此话题，之于春秋诸子已言之纷纷，孔子则因“其生也晚”“其生也贱”，自居为“野人”，故未进入“君子”们的话题，当子产高论“天道远，人道迩”时，孔子未置一词。他自信，在礼乐方面，野人超过了君子，《论语·先进》曰：“先进于礼乐，野人也；后进于礼乐，君子也。如用之，则吾从先进。”

这里所说的“君子”，非从人格上说，乃从身份上言。对身份上的“君子”，孔子不以为然，他认为，与其以身份标榜“君子”，还不如与“野人”为伍。

“存在决定意识”，作为“野人”的社会存在，导致其自我意识亦趋于“野人”，“礼失而求诸野”，礼丢失了，不要去问“君子”，而应该来问他这个“野人”。

不过他却肯定了人格上的“君子”。君子人格，是他国家观念中的一个人格化的目标，他要把“君子”放在国家观念的天平上做价值重估，实现“君子”道德转型。

转型，从根据礼制等级标准划分人群和身份，从以礼仪分别和规范人的不同身份，转向以道德为基础、从礼义起步走向仁义的个体人格的新尺度。“君子”在此一转，从等级身份转向对个体人格的确认。与“君子”相对的，不再是体制外的“野人”，而是处于道德差评体系的“小人”，“君子”与“小人”之辨，画出了政治伦理化和伦理政治化的国家人格的道德底线，一个君子国的理想——道德理性的国度，在“君子”的转型中诞生。

孔子的理想国，纯然是个道德的载体，建立在他的“吾道”上，可他并未追问天道与人道的究竟，而是自称“吾道一以贯之”。在《论语·宪问》里，他对子贡说，没人知道我呀！子贡问缘由，他说：“不怨天，不尤人。下学而上达。知我者，其天乎！”

“天”，指天道；“人”，指人道；将它们区分，还是天人相分之道，而“下学上达”，则是“下学人事，上达天命”的“一以贯之”的孔子的“吾道”。孔子言道，仅《论语》中就有六十处，但他既不言天道，也不言人道，而是“一以贯之”，言“天人合一”之道。当子产言“天道远，人道迩”时，犹有“怨天尤人”之心，其实，这是天人相分时遗留的忧患意识。春秋人动辄向天呼唤正义，天无回应，他们就既“怨”且“尤”。

而孔子的“一以贯之”，跨越了“绝地天通”以来的天人鸿沟，以天人合一的方式重新确认了天人之际的自由状态，解除了天人关系的禁令。因此，一种“天生德于予”的使命，从个体生命中升腾，当他周游列国受挫时，他开始反思，并问弟子。以之言于子路，子路直言相告，对他的道产生了怀疑；以之言于子贡，子贡劝告他，不是他的道不对，而是他的道太大，这个世界容不下，让他不妨稍稍修改一下，以适应这个世界；以之言于颜渊，颜渊也认为，他的道太大，这世界容不下，但是，要改变的不是他的道，而是这世界。孔子笑曰：“知我者，颜氏子！”庄子有“相视而笑，莫逆于心”，此真孔颜之乐也！

《论语·子罕》里，有人问：“夫子圣者与，何其多能也？”孔子自谦：“若圣与仁，则吾岂敢？”但弟子们并不这样认为，以子贡为代表，都把他当作“生民未有”的圣人。子贡在许多场合，反复强调“夫子犹天”“如日月之明”，奉之为天尊。孔子圣化，除了从“道”上重启天人之际，还提出了“性相近，习相远”的人性论，在“性与天道”之间，他还建立了“习”的圣化通道，《论语》开篇就说：“学而时习之，不亦乐乎？”

在孔子看来，“学习”就是“下学而上达”，亦即圣化。圣化从“志于学”开始，通过“立于礼”等，至“从心所欲”告终，为“不亦乐乎”做了天人合一的注解。

孔子传道授业图

这张孔子传道授业图，出自新加坡中学三年级课本《儒家伦理》，它传达了关于孔子的现代思考：孔子与现代、儒教伦理与全球化或资本主义，曾经被热捧……

五四新文化运动以后，“孔家店”这一千年老店还要不要继续开下去？

有人喜欢苏格拉底，难免对孔子说三道四；有人还要抱着“孔家店”的牌子，端着儒教的饭碗，要没完没了地吃下去。当然，饭不能越吃越少，碗不能越吃越小，所以产生了现代化与全球化、资本主义的问题，其实这些都与孔子本人无关，而与后人的饭碗有关。不要在现代社会制作一个假古董式的孔子，真正的孔子存在于春秋时期。

西方没有现代化的苏格拉底，中国又何必要搞现代化的孔子？

子路画像砖石，山东嘉祥县出土，可以看到画中的子路头戴鸡冠帽，腰挂小公猪，人物性格活灵活现

孔子率弟子见老子画像砖，原石高 56 厘米，宽 285 厘米，山东嘉祥县核桃园乡齐山村出土

东亚的儒家资本主义

谈孔家店的生意，得去找子贡——端木赐。

孔家店的大老板当然是孔子，可经理人是端木赐。

孔子周游列国，那么大的开销，谁来买单？

当然是大老板！可孔子只谈主义，谁来谈生意？端木赐。

他本属白圭、范蠡一流，可他却没有自己的财路，孔子夸他“亿则屡中”，看来他做的就是孔家店的生意。从《论语》我们可以看到，他最善于把孔子当作品牌来经营，他吹捧孔子，当然是发自内心，同时也是生意经。

孔子有两把刀，一把主义刀，一把货币刀，他两手抓，两手都很硬。孔子坚持主义第一，生意次之，所以他总是夸奖颜回，还要子贡表态。

子贡的态度很好，他的每一次表态孔子都很满意。他说，我只能举一反三，而颜回闻一知十，比我强多了。颜回是主义的标杆，这一点颜回也很知趣。

搞儒家资本主义，如果去问孔子，孔子未必会同意，如果去问子贡，他会说，没问题，只能如此。儒家摊子越铺越大，孔家店的生意也要跟上去。

不搞资本主义，生意就很难做下去，谈资本主义萌芽，为什么不从孔家店谈起？所以，他有时候也提醒孔子，不能光谈主义，还要兼顾生意。

他对孔子说，夫子的道太大，这世界放不下，能否修改一下？

颜回听了，马上接过话茬，说，要改的不是道，而是这世界。

听了这两番话，孔子会喜欢谁？孔子手下还有子路，更是原教旨主义，他比孔子还孔子，有时候连孔子都嫌他迂——谁搞修正主义，他跟谁急！履行孔子学说，子路真是完全彻底，为了扶正头上的帽子，宁肯被人砍死。

在这样的同人里，还要做生意，搞儒家资本主义，真是难为了端木赐。

第2章

诸子时代：战国

01

从行礼到用计

从西周到春秋，大约经历了五百多年。

史载春秋时代，华夏两河流域，小国林立。

孟子说“春秋无义战”，其实，那是战国时代的投影。

春秋霸业，尊王攘夷，春秋君子，以义相持，以诗相感，以礼相交，以盟相救，世风纯美，战风尚古，天子尚存，虽说王命不行，犹有周礼正音，衰而复兴。

春秋一百五十余国，你争我夺，你来我往，打了两百多年的仗。

靠战争发家的新生代，已经厌倦了国际仲裁和礼制局面的均衡，战争开拓了他们的眼界，壮大了他们的野心，使他们变得更加残忍，为了打赢战争而不择手段。

春秋时期，几十辆战车会战，已是一场像模像样的战争，到了战国时期，这样的战争规模，就是小菜一碟。动辄数十万大军厮杀，既不讲礼仪，也不讲礼义，诸如齐桓公“兴灭继绝”，晋文公“退避三舍”，那种经典的贵族式战风，早已成为历史。

更有宋襄公与楚人战，恪守战争礼仪，以至于兵败而死，令人唏嘘。

然而，正是这样一位春秋时期让人缅怀的悲剧人物，成了战国枭雄们的笑柄，直到今天，不是还有人在嘲笑宋襄公尊礼为“蠢猪式的仁义”？岂有此理！

战争，没有文化，就用兵法，兵不厌诈，唯有杀！

杀人盈城，血流郊原，一种崭新的欲望，从战争升腾。

新生代王者，不满足于春秋霸业，认为只靠小打小闹，战争永远结束不了。要战，就要“以战去战”“以杀去杀”，就要囊括四海，并吞八方，一统天下。

从春秋到战国，变化之大，堪称两个时代。可多年来，人们已习惯于用“春秋战国”统称这两个不同的时代，使它们的界限，尤其是文化上的差别变得模糊不清。

春秋时期的文化，是周代礼乐文化的下移和普及。

而战国时期的文化，则是诸侯耕战文化的崛起与扩张。

春秋诸子争鸣和诸侯争霸，仍带有礼乐文化的封建气质。

而战国诸子争鸣和诸侯争霸，则带有耕战文化的军国作风。

它们不仅理想不同，而且欲望迥异，正所谓同床异梦者。

进入战国时代，在黄河流域，以“三家分晋”“田氏代齐”为标志；在长江流域，则以吴、越之战为标志，大国之间，为灭国而战，已经开了战国先例。

自公元前510年起，吴越之战打了三十七年，最后越王勾践灭吴。

这种以灭国为目的的战争，奏响了战国时代兼并战争的序曲。

这是战国的风尚和志向，其时代意义就是战，而且是歼灭战。

战争需要战士，制胜依赖计谋，这是一个战士和策士的时代。

从吴、越战争开始，到秦始皇帝统一六国，二百五六十年间，战士和策士成了时代的主角，成了战争的主力。战争的精神，就是尚力的意志，战士的使命，就是追求力、释放力，在中国历史上，少有像战国时代那样崇尚“力”的世风。

力，是一切生物的原始密码，生命的本能冲动，它与青春相伴，却与衰老无缘。《说文》称“力，筋也，象人筋之形”，生命力的线之美，何其挺拔、灵动与舒展！

20世纪，中国战国策派的思想者们，对“力”发出由衷的赞美。

他们指出，世界各种文明中的原始岩山壁画，无不显示了人类早期对“力”的欣赏和崇拜。古希腊的人体雕塑，堪称人类崇尚“力”的完美表述，而汉字，则以极为简约的形式——“力”，高扬了人的生命线——人体之中刚柔相济的筋骨之“力”。“力”，是文化的原生态，也是社会发展的原动力。看一下汉字会意：种田以力是“男”人，有力为“劲”，少力为“劣”，生命的活力“动”字从“力”，“成功”要靠“力”，“勇气”要凭“力气”，“开劫”当然也少不了“力”，“力”在战国泛滥，“当今争于气力”，被人交口称誉。

儒家“崇德”，为春秋代表，而法家“尚力”，适应了战国需求。

法家之“力”，乃兵民合一、耕战合一，全民皆趋为耕战之士。

耕战合一，打开了农民的仕途，成为战士，使战争不再是贵族的特权，而是变成了以农民为主体的全民战争，使得农民可以通过战争之路转化成为新的军功贵族。

谁能将农民动员起来，转化为战士，谁就掌握了新的历史契机。

可农民一旦成为战士，有关战争的贵族礼义就彻底地没有了用武之地，即便让通过军功上升为贵族的农民行礼、吟诗，若不经过三代人的洗礼，也没那份雅致。

相反，他们无视贵族习气，以粗鄙的功利主义摧毁了贵族礼义。

战争，不再展示文化，不再演示实力，不再是在国际仲裁下有限度的国家格斗，而是无限地杀，是国与国之间你死我活地杀，战争全民化，战争超限化。

商鞅在秦国变法，用制度创造耕战之士，组成最有效的战争群体。

他们不需要行礼和吟诗，只要多交军赋，多斩敌首，就够了。可战争还需要战略与战术，除了力战之士，还需要“一言能兴邦，一言可丧邦”的纵横策士，如苏秦、张仪之流。往往一邦一国、一君一士，其莫测之命运，都在他们的舌头。一部《战国策》，策士奔流多彩的思，从舌苔流出，逐鹿于中原大地。以一舌之力，合六国之纵，连两强之横，捭阖悉凭之。战士与策士共举，战力与智力并用，周礼让位于兵法，用计成了新文化。

当贵族们热衷于兵法时，商鞅却在秦国变法，让农民站起来了！贵族们多半不愿意从制度上改变现状，就从兵法中寻求出路，故山东六国，多有兵家和兵法，欲用“计”胜天下，秦国没有兵法，就用“力”打造战士，用专制制度使国家军事化。

然而，战国以昔，上溯至春秋以至于西周，士人的传统，乃系于六艺——礼、乐、射、御、书、数，士集六艺于一身，躬身于事，故《说文》称：“士，事也。”

士的时代，“游于艺”，不光治国要用一整套的礼乐形式游于艺，国与国之间的外交也要游于艺，要开展文质彬彬的诗礼外交，就连战争也免不了要游于艺。中原各国会战，开战前要行礼，要等到一整套礼仪完成以后才开始交战，在战争进程中，天子要派观察员来对战争进行观察，并根据周礼对结果进行仲裁，这样一来，战争就似体育竞赛。

当然，这套礼仪，只适用于“中国”范围，放诸四夷，就改用征伐了。

征伐就不同，要经历战争的长期性和残酷性的考验，那时的士，未分化为文士和武士，他们文武双全，既劳心，又劳力，还诗意地栖居，孕育了中国最早的边塞诗。

《诗经·小雅·四牡》就是一名士，一边驾着四马之车飞驰，一边心中还耽念着王事而写的一首诗，而且他在想家——“岂不怀归？”可路遥遥，王事未了，故“我心伤悲”。这样的伤悲，有一种节制和忧郁的美，怨而不怒，此真可谓士——事矣。

一有征伐，就要出征，自备武器、干粮，“我出我车，于彼牧矣”，《诗经·小雅·采薇》是一首戍边诗，诗中，士欲归去，可一想到“我戍未定”，便“忧心烈烈”。

士尽力于王事，而起家国之思，此乃《诗经》中最美丽动人的诗：“昔我往矣，杨柳依依。今我来思，雨雪霏霏。行道迟迟，载渴载饥。我心伤悲，莫知我哀。”

这样的战士，是美的战士，别看他们吟着“我心伤悲”，一上战场，就所向披靡，因为他们是王的战士，不光守卫王土，还要行王道，即便“载渴载饥”，也无敌。

六艺，首要为礼，春秋时期，礼为显学，但礼义之中，有诗意打底子。

战国时期，士贵用计，兵法遂为显学，但《孙子兵法》也充满了诗意。当时，最会用“计”的，还不是写了兵法的孙子、吴子，而是那些神龙见首不见尾的隐士，如范蠡的老师计然，苏秦、张仪的老师鬼谷子。在范蠡看来，他的老师计然，显然要比孙子高明，计然传授他七条计，他用了五条就灭了吴国，还剩了两条，他用来发家，让自己富甲天下。

对用计如此自信，以至于迷信，这样的战国人，是老成，还是天真？

张仪被人狠揍了一顿，他一切不顾，迫不及待地问老婆，舌头还在吗？

据说，当年，孔子向老子问礼。老子用手指了指他那一张老口，他想告诉孔子：软的——舌头，还在；而硬的——牙齿，早就掉了。牙齿刚性，宛如礼；舌头柔软，好似计。老子以此隐喻，向孔子指明趋势——历史已然从行礼转向用计。

我们读史，翻开《国语》，所言皆礼，读《战国策》，则充满了用计。

孔子周游列国，囿于牙齿——礼，而未能妙用舌头——计，因而郁郁不得志。但他咬紧了牙根——礼，没有用舌头去迎合或运作形势。可他的学生子贡却舌功了得，从鲁国跑到齐国，从齐国跑到吴国，从吴国跑到越国，这一轮跑下来，存鲁，乱齐，灭吴，霸越，堪称“舌之圣者”。一计套一计，我们多少有点儿存疑，因为，它类似神话和奇迹，拿它同《荷马史诗》中的特洛伊木马计相比，木马计便显得幼稚和低级，希腊盛产哲学，却没有一部像样的兵法。

战国时期虎钮錞于，通高 45 厘米，口径 14 ~ 16 厘米，腹径 28 厘米，重 6.75 千克，贵州博物馆藏

春秋晚期人面纹錞于，通高 43 厘米，江苏丹徒出土，镇江市博物馆藏

錞于，青铜制军乐鼓，用于战争中指挥军队进退。始于春秋晚期。

国差罎，春秋中期，高 34.6 厘米，重 14.885 千克，台北故宫博物院藏

“国差”即“国佐”，春秋时齐国上卿大夫，又称国武子，历仕齐惠公、齐顷公、齐灵公三代君主。因齐顷公辱晋、鲁、曹、卫四国使臣，引四国联兵攻齐，齐败。国佐奉命出使求和，不惧人多势众，据理力争，与晋国签订了《袁娄之盟》，齐国得以转危为安。不过，他还是被齐灵公诱杀。不知在齐灵公的宫中，国佐是否与田桓子有过交往呢？而国佐制此器时，是想为齐侯祈福，求家国平安，子孙永保用之。可礼失动荡的年代，一切都不确定，唯有美是永恒的，人们在美中暂时栖息精神，暂缓一下焦虑。

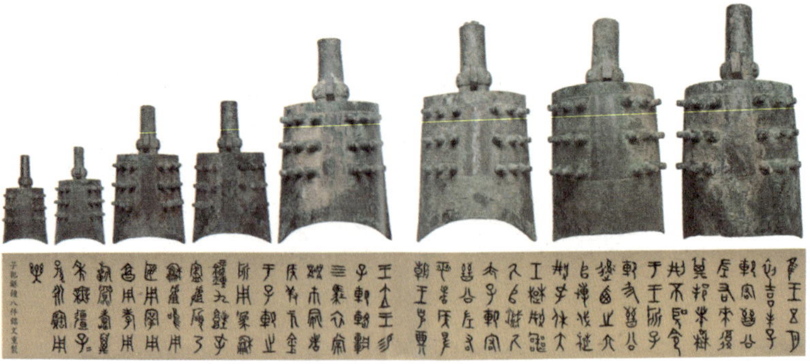

子犯龢钟，春秋中期，从左至右通高依次为26.4厘米、28.5厘米、41.2厘米、42.3厘米、61.5厘米、66.7厘米、67.6厘米、71.2厘米，重量依次为5.4千克、6.8千克、15.4千克、15.75千克、43.2千克、40.9千克、41.2千克、44.5千克

子犯龢钟共十二件，每件钟上均有铭文，铭文相互关联，连读下来，可知有八件为一组编钟，另外四件为另一组编钟。第一组前四件半套编钟铭文，记载了晋文公重耳流亡十九年后返回晋国成为国君，以及外交会盟、晋楚城濮之战等事迹。

子犯是晋文公的舅父，可与《左传》《史记·晋世家》相互印证。晋文公重耳匡扶晋国，城濮之战大败楚军，盟会诸侯，成为继齐桓公之后春秋第二霸主，皆得益于舅父子犯的鼎力襄助。春秋五霸的国际原则为“尊王攘夷”，晋文公成为周天子依赖的新靠山。天子、晋文公以及各诸侯皆另眼相看子犯，纷纷赐赠子犯大量美铜，子犯铸造青铜编钟以记之，表明春秋仍行周礼。铭文所记城濮之战，正是颂扬晋文公践守承诺，退避三舍，以信取天下的美德。

晋文公流亡时逃到楚国，受到楚成王的热情款待。公子重耳为报答楚成王收留之恩，提出他日一旦做了国君，若晋楚两国不幸交战，晋军退避楚军三舍之地以报答楚成王。果然，楚国要攻打宋国，宋国向晋国求救，外交斡旋无果，晋楚两军交战。晋文公信守诺言，退避三舍，以义战大败楚军不义之战。

战场在山东城濮，晋军有3.25万人，楚军有4.2万多人。参战国有晋、楚、齐、秦、宋、蔡、陈、许、郑等国。

〔释文〕

趙敢不閘其腹心以事其宗。而敢不盡從嘉之明；定宮平時之命。而敢或𢦏改助及奂，卑不守二宮者。而敢又志復趙尼及其孫=、兟𥧸之孫=、兟直及其孫=、趙鋥之孫=、史醜及其孫=于晋邦之地者，及群虖明者，盧君其明亟覗之，麻夷非是。

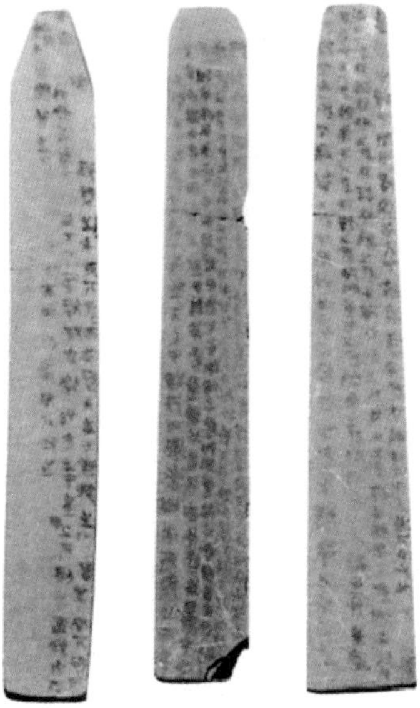

赵鞅盟书竹简和释文

1965 年，山西侯马晋国遗址，出土了大量盟书。

盟书都是用毛笔写在玉石片上的，多为朱书，少为墨书。

盟誓遗址，面积约 3 800 平方米，有 400 多个坑，坑内埋牛、马、羊和玉币，其中 41 个坑内，出土了约 5 000 余件盟书，字迹清楚的有 656 件。

这些盟书，被称为“侯马盟书”，赵鞅盟书（现藏于山西省博物馆）为其中之一。盟书内容，乃晋国贵族赵尼失势后，其族属向胜利者赵鞅立誓，誓文正背朱书，六行九十三字。

赵鞅又叫赵简子，晋国大夫，时为执政卿。在他的主持下，盟誓内容强调为盟主效力，诅咒背叛盟誓者。

有人对盟书的书法评价很高，称赞它用笔提按有致，舒展而有韵律。

盟誓还是春秋时期的做法，到了战国时期就不时兴了，赵鞅盟书是个临界点，正是战国之山雨欲来，而三家分晋之风骤起，赵鞅跃跃欲试之时矣。

阳都邑圣鞠盟之玺铜玺，高 2.2 厘米，边长 5.4 厘米，战国齐国时期，中国国家博物馆藏

右伯君权，通高 3.6 厘米，底径 3.8 厘米，重 198.4 克，中国国家博物馆藏，属于春秋末期的青铜制衡器，上有铭文“右伯君”为主造人，“西里疸”为制器匠人名字，西里是地名，在齐都临淄附近，是中国已知最早的铜权。

具有历史意味的是，田氏代齐就从破坏公家衡器的权威性下手，以大斗出小斗进，争取人民的支持和拥戴，开启了战国田氏齐国的霸业。

燕乐狩猎水陆攻战纹壶，高 40.7 厘米，宽 24.6 厘米，重 4.82 千克，故宫博物院藏

燕乐狩猎水陆攻战纹壶是战国时期的酒容器，上面的纹饰传递了非常浓烈的时代信息，反映了春秋末期至战国初期从行礼到竞力的场景。全器主体纹饰分为三段。第一段为射礼与采桑，表现春秋士大夫必须会射礼的武德，以及侯妃亲自采桑的淑德。第二段一侧为飨食礼，上为宫殿飨宴，下为钟磬鼓乐的奏乐场景；另一侧表现弋射捕鱼，以示不忘食物来源。第三段表现水陆攻战场面，一侧为攻城场景，上为城墙上的士兵阻止外敌攀登墙头，下为士卒们架云梯攻城；另一侧表现水战，两艘战船上层激战正酣，下层摇桨手奋力撑船保持船的平衡，并有士兵落入水中。

武士戏兽铜纹镜，直径 10.4 厘米，
湖北云梦睡虎地秦墓出土

商鞅戟，长 21.7 厘米，上海博物馆藏

战国之士

这件文物，出土于湖北云梦睡虎地秦墓。

铜镜上，武士挥剑，野兽奔腾，充满了动力！力，是一切生物的原始密码。

春秋时代的战士与战国时代的战士，展示了两种美。

春秋之士尚艺，礼、乐、射、御、书、数，六艺习于一身。战国之士尚智与力，或为战士，耕战合一，或为策士，以华丽之智，纵横天下矣。

春秋之士，虽为赳赳武夫，王之爪牙，然其戍边，尚有“杨柳依依”之诗意，而战国之士，除了征战厮杀，就是阴谋诡计，全无诗意。

钩刺兵器，形似戈，三面有刃。

上有铭文“十三年大良造鞅之造戟”十字。

“十三年”，应为秦孝公十三年（公元前 349 年）。《史记·秦本纪》载“孝公十年，卫鞅为大良造”，都说秦国没有兵法，但秦国却最强大。

国家强大不靠兵法，要靠国家全盘战争化。

而商鞅戟就是标志，国家变成了战争机器。

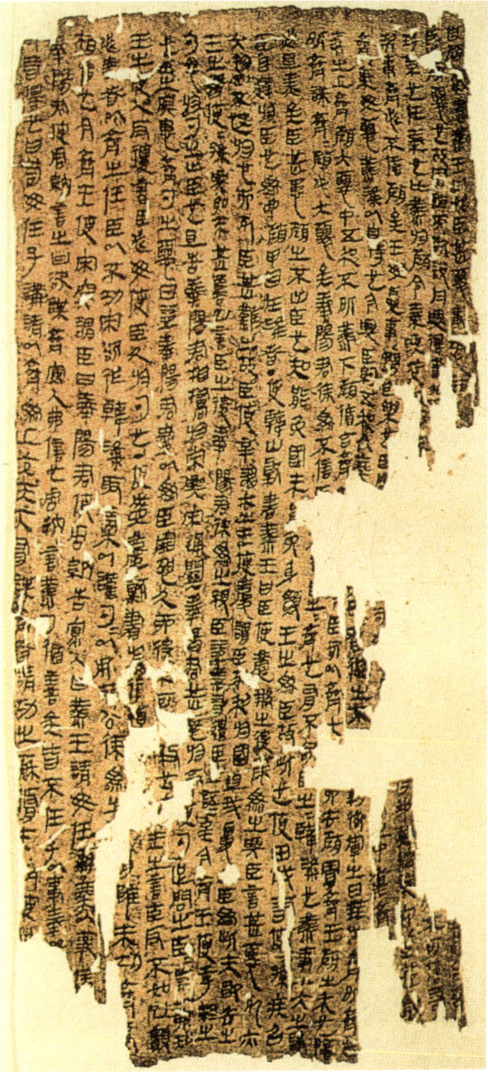

帛书《战国纵横家书》，纵19.2 厘米，湖南长沙马王堆3号汉墓出土，湖南省博物馆藏

1972 年，湖南长沙马王堆出土帛书《战国纵横家书》，类似今本《战国策》，27 篇，1.7 万多字，其中 11 篇见于今本《战国策》和《史记》，文字也大体相同，另 16 篇则为佚书，可为今本史料补正。原帛书未标书名，一般称《战国纵横家书》或帛书《战国策》，记载策士言论和主张。口舌之力，是一种智力竞赛，汉人以他们的方式将这种炫智留存下来。

02

从兵法到变法

战国初期是个兵法时代，中国几大兵法都在这一时期出现。

齐国是产生兵法的大国，兵家众多，《孙子兵法》《孙膑兵法》《司马法》《太公法》都出自齐国，尤其太公，人称姜太公，名曰吕尚，因其姜姓吕氏，而有此名称。

太公，为兵家之滥觞，用计之源头，其于殷周之际，文、武革命时，以帝师助之，革命成功后，封地于齐，遂以兵法立国，其治齐也，与周公之子伯禽治鲁迥异其趣。

鲁行礼于天下，齐用计争霸业；鲁以礼治，难于进取，齐以计行，而为首霸。然计之为用，利害并存，利之以桓公霸业，害之以田氏篡齐，以计霸天下，反被人以计夺。

田氏代齐，用了阴谋诡计，率先高举用计大旗，开了战国先机。用计文化，产生了兵法。兵法，要用战争表达，战争的发动机，除了君主的野心，还有那些兵家幽灵。

齐国之外，魏国也盛产兵法，有《吴子兵法》、《李子》（《李悝兵法》）、《尉缭子》等，靠着兵法和兵制改革，而与齐国一争高下，楚国和赵国也有兵法，越国还有《范蠡兵法》。秦于兵法时代，黯然无彩，被魏国压缩在中原主体区域外，精通兵法的魏将吴起，攻取西河之地，一举扼住秦国东进的咽喉，令秦窒息，应该说，这是兵法时代的一个辉煌战例。

秦无兵法，盖因秦居西北，与戎杂处，民风尚力尚朴，其俗耐苦，故其文化，涩于智巧，其于兵法，属于后知后觉，故其时也，“诸侯卑秦，丑莫大焉”，由此可见，秦国对兵法时代的到来，反应迟钝，而齐、魏两国，则率先以兵法展开角逐，孙、庞斗智，也就是齐国的孙膑与魏国的庞涓以兵法争胜负的故事，为战国之初兴起的兵法时代隆重剪彩。

可当变法时代来临时，情况又变了，秦民质朴，重信用，轻智巧，这样的民风，宜于变法，而齐、魏等国，其民智力过剩，智巧过度，虽然宜于兵法，但不宜于变法。

多智，不仅表现在兵法上，还表现在学术上。诸子百家争鸣，也是齐、魏领先，齐有稷下学宫，魏有西河之学，那个打败了秦国的吴起就是西河之学重镇子夏的学生。

当年子产变法，邓析一人以“两然两可”便足以乱之，如今各家各派都跑出来争鸣，那是“几然几可”？所以，齐、魏等国虽然得变法风气先，变法却反而难成。

反倒是落后的秦国，变法容易成功。商鞅从魏国跑到秦国去，玩了个“徙木立信”的小把戏，就获得了秦国人的信任，变法就能顺利进行，这就是民风淳朴的好处。如果民风尚智，立信就难了，先是怀疑动机，认为真有诚意，便来讨价还价，更有甚者，若以为此中有利可图，甚至如田氏代齐一般，以为民心可用，也来出标竞价，那还怎么个变法？不是说秦国没有人反对变法，但反对的只是利益集团，是政治上的反对派，是但凡搞政治就有的那种反对派，是统治集团内部天然的反对派，在这样的反对派里，民众没有参与进来。

商鞅本人，是兵法时代的遗产，变法时代的开山。作为兵法的遗产，

《商君书》里，就有几篇是谈兵的。但商鞅毕竟还不是孙、吴那样的兵家，其着眼点，不在用兵，而在治军，他是以治军为本，以用兵为末的。治军，涉及国家体制，要解决军队的来源、军队的主体以及军队在国家政治中的地位和作用等问题。军队来源于农民还是来源于士人，不但决定了军队的政治面貌与阶级成分，还会影响到国家体制，改变战争的性质。

若军队以士人为主体，战争就是有限的，可以用礼来节制；若以农民为主体，走向耕战合一，那就全民皆兵了，不仅战争规模扩大，而且量变引起质变，连战争的性质也要变，从有限变超限，从保持国与国的均衡走向追求统一的灭国战争，走向中央集权。

这就是商鞅治军必然要带来的一连串后果，这后果，应该是在他的预料之中，因为，我们还可以从他变法的政治思想中看出来，他的变法，就是为了适应这一转变。

治军用军法，用兵以兵法。李零在《兵以诈立》一书中指出，中国早期兵法出于军法，而最早的军法，就是齐国的《司马法》，商鞅变法，从兵法上来说，就是改变了《司马法》那一套。传统军法，是以士人为主体的战争职业化和贵族化的军法，是恪守周礼打局部战争和有限战争的军法，被商鞅改为以农民为主体的全民皆兵的军法，以灭国为目的的总体战和超限战军法。商鞅不但以军法治军，更以军法治国，而且因军法而立国法，这就使得国家目标战争化，国家机构军队化，国家治理军事化，使国家成为高效能的战争机器。

一般来说，一个好的兵家，应该既深谙军法，又精通兵法，但实际上，很难求全，带兵的人，往往不是创建军队、制定军法的人，多半只能在既定的国家体制内带兵，在多变的、不确定的战场上展示其“运用之妙，存乎一心”的奇思妙想，而创建军队、制定军法的人，又不一定经常带兵，所以，他们多半倾向于建立一支用制度做保证的常胜的军队。

国人看兵家，眼光大都投向那些善于用兵的兵法家，往往忽视治军的军法家，其实，一个好的军法家对战争的作用更大，毕竟一支战无不胜的军队要比一位常胜将军靠谱，在决定战争的胜负方面，商鞅的作用就比孙子大得多。虽然秦国文化产生不了兵法家，秦国人似乎也不太重视兵法，但这并不妨碍秦国盛产名将，并且多打胜仗。秦将白起，从来不读兵书，可他却打败了熟读兵书的赵括，说到底，就因为秦国拥有一支耕战合一、使农民向着军功贵族的目标奔跑的高效能军队——人称“虎狼之师”，这支“虎狼之师”决定着战争胜负的基本面。

有了这个基本面，兵法之于战争，就不起决定性的作用。白起与吴起，一个不读兵法打胜仗，一个能写兵法也打胜仗，这就告诉我们，打不打胜仗与读不读兵法关系不大。古希腊没有兵法，却产生了伟大的统帅亚历山大；秦国没有兵法，同样能统一天下。

商鞅初来秦国，一开始并非法家，是秦国的需要，使他成为法家。他原来学过儒术，可能还学过道术，他第一次游说秦孝公，谈的就是帝道——道术，第二次谈的是王道——儒术，这两次，秦孝公都不感兴趣，第三次谈了霸道——法术，秦孝公才听入迷。学儒者之术，其实很容易向法家转化，在商鞅之前有吴起、李悝，之后有李斯、韩非，都是学儒术而转向法家，更早还有孔子的弟子冉求，冉求是孔门之中最早向法家转变的人物。《论语·颜渊》有子贡问政，子曰：“足食，足兵，民信之矣。”“足食”是耕，“足兵”是战，而“民信之”，在孔子是“立于礼”，在商鞅则是立法，商鞅“徙木立信”，立的就是法。

战国之士，思想不拘，如开杂货铺，各家货色都有，售于帝王家，帝王各取所需，就如同孝公，货比三家，最后买了法家。卖什么吆喝什么，商鞅卖了法家，就吆喝法家，将杂货铺关了，摇身一变，自称法家。其法家货色，在秦国也是独家，被他垄断了，其法家主张，也非一家之药，实为各家思想的混合，其中，也含有孔子的思想，但把儒术法家化了，“足食”“足兵”“民信”是孔子立下的政治原则，商鞅把这些原则在国体上落实了。

比如说，“足食”，在商鞅那里，是与一系列具体政策联系在一起的。

农业文明，以土地为财富之本，增加财富的基本手段，就是拥有土地，开垦土地。因此“足食”首先就要开荒，商鞅奖励开荒，与奖励军功一样。先是国家以战争开荒——开疆拓土，然后以“授田制”方式，把土地分给耕战之士。这与西周时期“授民授疆土”的封建制迥异，王权一竿子插到底，牢牢地把农民抓在自己的手里。国家把土地直接分给农民，将农民从封建贵族的领地里解放出来，变成国家的战士，这也就是“足兵”了。

《史记》说，商鞅“为田开阡陌封疆，而赋税平”，“开阡陌”，就是把过去的田界拆毁，“封疆”，原指一百亩围一个大田界。周制百步为亩，鞅法改为二百四十步为一亩。周制百亩给一夫，鞅法依旧，但田界却扩大了，农民在“开阡陌”中，成了地主。

鞅法还规定，民田可以买卖，但禁私自移动田界，视私动为“盗徙之”，严格维护土地所有者的地权。同时，鞅法还按户、人口征收军赋，为了多征军赋，鞅法规定，男子成年，要向政府登记，分家立户，缴纳户赋。民家二男以上，若不分居，则一人缴纳两份户赋，以此行之，既增加了国家的赋税收入，又革除了戎狄父子、兄弟同室居住的旧俗。

鞅法还定军功二十等爵制，以杀敌多少赐爵，斩敌甲士首级一颗，赐爵一级，任以五十石俸禄之官，宗室国戚，若无军功护持，则难免除籍。不论出身贵贱，唯以耕战之功，定爵秩，分田宅，立家第，有功者显荣，无功者虽富贵而不显赫，使民只知耕战。

20 世纪有人还在争论，谁最懂中国农民？舍毛泽东其谁也！毛为农家子，对农民的认识，既来自他本人的亲历，也因为他熟读中国历史，少时曾作《商鞅徙木立信论》，晚年重启儒法斗争，商鞅贯穿了他的一生。他在《商鞅徙木立信论》中说道：“商鞅之法，良法也。今试一披吾国四千余年之纪（记）载，而求其利国福民伟大之政治家，商鞅不首屈一指乎？”

我们今日谈中国农民问题，还要回到商鞅去，因为，直到商鞅时，王朝中国才开始了以农为本，以农立国。当然，作为其先导，还有李悝的《法经》和“尽地力之教”，但李悝没有触及国家的本质，而商鞅却把解决农民问题，放到了国家的本质里。

农民的野心和欲望，被商鞅发动起来，并赋予了合法性，以耕战结合的方式，为农民开辟了一条通往军功贵族的道路，通过制度安排在农民中培育军功贵族和地主。

变法初行时，无人响应，商鞅悬赏五十金，请人搬一木头，此即所谓“徙木立信”，致使少年毛泽东“知吾国国民之愚也”，人性好利也，商鞅以利立信，乃愚民也。

立信以后，对言法不便者，或怂恿太子阻挠者，一概严惩无赦。《史记》说商鞅变法“行之十年，秦民大说，道不拾遗，山无盗贼，家给人足。民勇于公战，怯于私斗，乡邑大治”。当初反对变法者又都来支持，可商鞅却不领情，说他们是“乱化之民”，“尽迁之于边城”。总之，反对不行，支持也不行，商鞅讨厌有人参政、议政。

不久，孝公逝，惠王起，商鞅相秦十年，已筑成帝业之基，但惠王却以谋反罪，车裂了商鞅，用其法而灭其人。这一回，没有人来表示反对和支持，任其作法自毙。

有人说，秦国就是东方的斯巴达，此言，看似貌合，实则神离。从表面看，秦与斯巴达都是好战之国，但一琢磨就发现它们的立国基础迥异。秦以农立国，耕战合一，农民成为战士，而斯巴达耕战分离，耕者皆为奴隶，因此，秦国能做大，而斯巴达做不大。秦能统一中国，成为一个雄视天下的大帝国，而斯巴达却不能统一希腊成为真正的王者。谈到对文明的贡献，斯巴达就更是可怜。秦亡以后，汉承秦制，遂使两千年来，立国之本及其制度化文明，皆秦制也！而斯巴达灭亡以后，除了传说中的英雄故事，都不值一提。

罗马人占领了雅典，却以做雅典人的学生而自豪，罗马人也统治了斯巴达，不惜把斯巴达人踩在脚下。秦文明也有很多人都在骂，但谁也不能把它踩在脚下。

一个伟大的国家，不光要强大，还要对文明有所贡献，一个伟大的历史人物，同样如此。我们今天来看商鞅的历史地位，也应该着眼于这两点，至于他过于强势的性格，这本就是英雄的通病，何况他已为此献出了他及其九族的生命，历史已给了他报应，无须再来批评。商鞅本来就是策士，可他在秦国却否定了策士。他在排斥了别人的同时，也扼杀了自己，“履霜坚冰至”，应知祸患之来，非由一朝一夕。

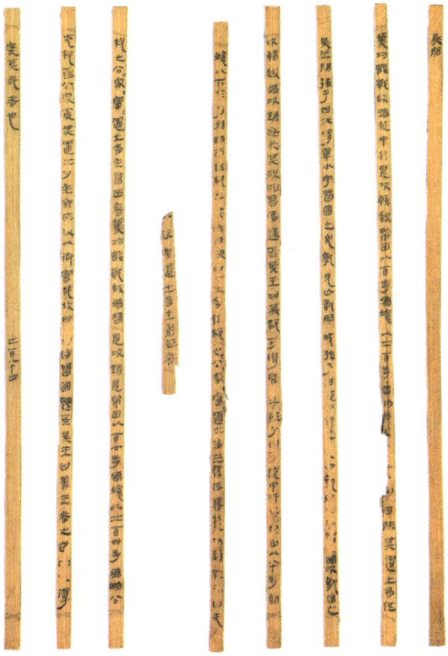

国内所见最早版本的竹简《孙子兵法》，山东临沂银雀山 1 号墓出土

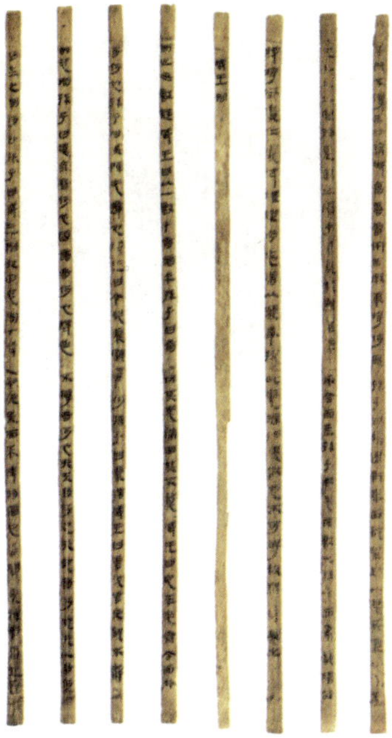

竹简《孙膑兵法》，山东临沂银雀山 1 号墓出土

春秋末期到战国时期有两位著名军事家皆称孙子，一位是侍奉吴国的孙武，一位是侍奉齐国的孙膑。两人各自著有兵法流传于世，但唐宋以来，却流传一部兵法，究竟为谁所著，一时难以分辨。1972 年山东临沂银雀山发掘两座汉墓，发现大批竹简，竹简上为毛笔隶书，内容多为先秦古籍及古佚书。其中就有《孙子兵法》与《孙膑兵法》，解决了千年来的悬案。原来传世的是《孙子兵法》，而《孙膑兵法》则入土 1 700 多年后重现，可见其价值。同时出土的还有《六韬》《尉缭子》《晏子》等，也都是兵法书。

齐国盛产兵法，孙武是齐国人，孙膑是孙武后人，《六韬》就是《太公法》，又叫《太公六韬》，还有《司马法》，据说是齐国始祖姜太公所著，晏子亦为齐国智者，而尉缭子虽为魏惠王时隐士，但其兵法承袭太公《六韬》。

公豆陶量，战国时齐国都城临淄出土，高 11.85 厘米，
口径 14.9 厘米，容量 1 300 毫升

廪陶量，山东邹县（战国时期鲁地）出土，内
有一戳印“廪”字，容量相当于齐国的“釜”

这件公豆陶量表面有浅饰瓦楞纹，腹部下有戳印“公豆”与“繇鄙南陶里”。“豆”是齐国的一种量器，四升为一豆。“公豆”，指官方标准的量器。“繇鄙南陶里”是制陶地名。现藏于中国历史博物馆。战国时期，田氏家族在齐国的势力与日俱增，就是用自家制作的大于官方标准的量器借贷给贫人，而贫人还给田家粮食时再用小于官方标准的量器，施恩施惠给小民，以换得人民的支持和拥戴的。

子坴子鍴铜玺，出土于临淄，高 2.3 厘米，边长 5.2 厘米，为齐国玺印，中国国家博物馆藏

王戎兵器铜玺

子坴子鍴铜玺上凿朱文“子坴子鍴”，“子坴子”是人名，以子某子称呼，在战国卿大夫中间很流行，齐国更为常见。称“玺”为“鍴”是齐国的官语特征，这种玺是专门用来钤封陶量器的官印。子坴子在当时应该很显赫，印上刻字遒劲、厚朴、尊贵，印体之大较其他官印异出，藏于中国国家博物馆。

王戎兵器铜玺被认为是春秋时期秦国官玺，上铸有阳文四字“王戎兵器”，意思是王军军旅所用兵器，大概加盖于兵器库发放兵器的文书。

兽面纹玉带钩，长 8.3 厘米，宽 6.8 厘米，山东曲阜鲁国故城墓葬出土

龙纹玉璧，径 31 厘米，孔径 10.7 厘米，厚 0.6 厘米，山东曲阜鲁国故城墓葬出土

谷纹玉佩，璧径 5.2 厘米，枣核长 4.5 厘米，径 1.4 厘米，圆柱其中长者长 4.6 厘米，径 1.3 厘米，短者长 3.3 厘米，径 1.5 厘米，扁圆形管长 4.9 厘米，夔龙长 11 厘米，宽 4.3 厘米，山东曲阜鲁国故城墓葬出土

战国鲁国故城出土了不少玉器，诸如谷纹玉佩、龙纹玉璧，皆为君子佩带的礼器。齐鲁自西周天子封国开始，各以俗异，直到战国风格基本未变。齐以霸，鲁以礼。

商鞅方升，高 2.32 厘米，通长 18.7 厘米，内壁平均长 6.97 厘米，内壁平均宽 12.48 厘米，容量 202.15 毫升，上海博物馆藏

商鞅方升外侧有铭文三十二个字，记秦孝公十八年、齐威王十三年（前 344 年），齐国卿大夫访问团来秦国进行国事访问。

历史进入了战国中期，群雄争霸如走马灯，你方唱罢我登场，魏国于这一年登场了。时魏惠王二十六年，魏国最强，于这一年率先称王，秦国在秦孝公的治理下也开始崛起，蚕食韩、赵、魏，并西南，图谋巴蜀、汉中。齐威王韬光养晦，合纵连横以待时机。

同年，孟子在齐国临淄的稷下学宫与淳于髡辩“礼”，为淳于髡嘲讽。而亚历山大正式拜亚里士多德为老师。庞涓被孙膑设计，魏国二十万大军全君覆没，庞涓死于马陵道上。魏惠王则忙于称王，并企图连横诸多小国攻打秦国，商鞅以为秦国综合实力尚难与争锋，建议秦公佯尊魏为王，劝为王不如先行王服，然后灭齐、楚。魏惠王果然中缓兵之计，不攻秦国去称王。“广公宫，制丹衣柱，建九旌，从七星之旟”，“乘夏车，称夏王”，俨然天子，约集宋、卫、邹、鲁等小国到逢泽（今河南开封市南）会盟，所谓“逢泽之遇”，秦国也派公子少官前往参加。

争取到时机，秦孝公支持商鞅改革，首先下令统一本国度量衡。商鞅规定全国度量必须统一进位制度，尺、丈、升、斗、权、衡必须按照新的标准统一，还规定六尺为一步，二百四十步为一亩。同时，大良造卫鞅以十六又五分之一寸（即 16.2 立方寸）为一升，并铸造统一的度量衡标准器青铜方升，发到全国各地。方升前端有“重泉”两字，表明出产地。此为秦国实行改革的重要内容之一，后来秦始皇统一全国度量衡便以此方升为基准。

03

诸侯与诸子：西河之学

孔子死后，其思想和人格在新时代投下了身影。

这身影，正如颜回喟然一叹："瞻焉在前，忽焉在后。"

哲人虽萎，而思想永恒；权威已逝，分化已成必然。孔子不再有，其弟子及门人，便纷纷自立门户，各居其思想之一域，执其学说之一端，而发扬之。

儒学因之而分化，儒家亦因此而异派，《韩非子·显学》云："自孔子之死也，有子张之儒，有子思之儒，有颜氏之儒，有孟氏之儒，有漆雕氏之儒，有仲良氏之儒，有孙氏之儒，有乐正氏之儒。"这就是"儒分为八"，开了战国诸子百家先河。

后来的诸子之学，多由儒术分化或异化而来。起初，儒门还想维持其统一性，孔子死后，弟子思慕先师，有若貌似孔子，同门拥戴，视如孔子，欲以之为纽带，维系儒家共同体，故有若极力主张"礼之用，和为贵"，高举一个"和"字，勉强维持统一。

但不久，有若就被攻而去，以其貌合神离，越看越不像孔子。

这就意味着儒家分化的开始，同学们各说各的孔子，这才发现，原来他们各自的孔子，差异那么大，或为孔子因材施教，采取个性化的教育方式的结果。

孔子直传弟子，代表人物除上述子张、子思、颜氏外，还有《荀子·非十二子》中批判的子夏氏和子游氏，以及《吕氏春秋·当染》中提到的子贡。如果我们把《汉书·艺文志·诸子略》中所列的有关人物都算进去，那么至少还要加上如下几位：曾子、宓子、公孙尼子。他们聚徒讲学，在孔子生前就已开始。

“门人”，是弟子的弟子，“弟子三千焉”，应当包括了门人。

这一批人在孔子门下，或因分科不同，或因追随孔子时间有先后，加上孔子因材施教，不拘一格，使他们对孔子之道各有不同的理解，因而分化，进而异化。

孔子再传弟子，也就是那些门人中，著称于世者，有田子方（学于子贡）、段干木（学于子夏）、吴起（学于曾子）。再晚一些，有子思（学于孟子），漆雕开之后漆雕氏。

还有楚人仲良氏，即孟子所说的“悦周公仲尼之道”的陈良。

《汉书·艺文志》还录有景子、世子、魏文侯、李悝、毕子。

再传弟子中，后来以弘扬孔子名世者，皆知有孟子。可实际情形是，孟子在当时虽然有一些影响力，但他还不能够开风气，使儒学风靡于世。

真正使儒家成为显学的人物，是魏国的君主魏文侯，名魏斯。

梁启超在《论中国学术思想变迁之大势》一文中说道：“当孔子之在世，其学未见重于时君也。及魏文侯受经子夏，继以段干木、田子方，于是儒教始大行于西河。”

魏斯以儒者为师，是奉行儒教，并用以治国的第一位王者。

身为一国之君而师事子夏，礼敬田子方、段干木，同时，又重用兵家和法家，促使儒家向兵家和法家转化。李悝就是从儒家向兵家和法家转化之人。

《汉书·艺文志》在儒家门下，著录有《李悝》七篇，在法家和兵权谋家，也著录有《李子》三十二篇和《李子》十篇，这些著作，也有可能都出于李悝。

清人崔适《史记探源》指出，李克乃李悝之异名，二者为同一人。

吴起，也出于儒家，先是曾子的弟子，后来投在子夏的门下。

吴起在鲁国时，曾杀妻求将，率鲁军大败齐兵，却被人谗以不祥，遂转至魏国。魏文侯询诸李悝，李悝说，此人贪婪但善于用兵，连司马穰苴也不如他。

其时，魏文侯正经略秦国的西河之地，闻此言，就派吴起去了。当年，三家分晋，赵国不仅占有了晋北大片土地，还向东越过太行山，占据了中牟、邯郸，而魏国则被紧紧地裹在了晋东南的一个小角落，其地势，核心为运城谷地，北部是吕梁山，南部是中条山，东部是太行、王屋二山，更有黄河大拐角，如天堑，包住了魏国的西南。

这样的地势，虽有四塞之固，易守，但也容易受压迫，易被封锁。

赵国踞北边，压着脑门；韩国侧东南，拽着胳膊；往西去，同秦国仅一河之隔；往南，越过中条山和黄河，便进入兵家必争之地——陕地，昔为关中平原。

吴起率魏军，突入陕地，破函谷关，扑向秦国的粮仓渭河平原，与秦军决战，秦败，退到洛水以西，魏沿洛水东岸修筑长城，将秦压迫在洛水西边，独擅关东之利，也就不再长驱直入，去取秦雍都了。魏文侯以为，秦人多戎狄之后，其俗尚武，虽战败，但决不在武力上屈服，就想用儒学来行教化，于是，礼聘大儒子夏，来西河讲学。

还有一说，乃钱穆《先秦诸子系年》中《魏文侯礼贤考》所言，以为魏文侯以大夫僭国，故以礼贤下士，收买人望，邀誉诸侯，招揽游士，开了养士风气。

子夏是孔子的学生，名卜商，比孔子小四十四岁，他来西河时的年龄，究竟有多大？宋人洪迈《容斋随笔》指出，根据《史记》的记载来推算的话，那时子夏已有一百零三岁了，洪迈问道："这可能吗？"这么一问，就问出钱穆的"子夏居西河，为魏文侯师"来。钱穆说道，魏斯即位初，子夏年已六十二，魏斯始称文侯时，子夏年已八十四。似此年龄，已是高寿，行将就木时，开了西河学派——这样的说法，大致可信。

可西河在哪里呢？这本来不是个问题，郑玄注《礼记·檀弓》时就说过，西河在"自龙门至华阴之地"，后世学者皆从此说。但钱穆却指出，孔子弟子，不出鲁、卫、齐、宋之间，孔子死，而子贡居齐、卫，子游、子张、曾子在鲁，为什么唯独子夏要跑到黄河以西，龙门附近去呢？他断言，西河不在黄河以西，而在东土黄河与济水之间，其活动范围，就在鲁西南和豫东北一带。钱穆此说，虽亦成理，但还不足以推翻历来之说。

例如，钱穆凭什么说孔子弟子不出鲁、卫、齐、宋之间？

须知西行入秦，孔子曾有此念，子夏居西河，也就相当于入秦了。

至于《礼记·檀弓》里曾子说的"吾与汝事夫子于洙、泗之间，退而老于西河之上，使西河之民，疑汝于夫子，尔罪一也"，则颇为含混。这位与子夏一起"退而老于西河之上"的曾子，显然不是孔子说的"吾与点"那位曾点，而是曾点的儿子曾参。曾参比子夏要小两岁，两人刚好一起退。来见子夏的曾子，不是曾参，而是曾参的儿子曾申。

这位曾子，便是吴起在鲁国的老师，他带来了父亲的遗言。

钱穆说，曾子来西河慰问，岂能以残年之躯，跑去龙门？这样提问，似乎没有错。但是，对老人来说，千里迢迢不行，百里匆匆恐怕也不行，曾子不能前往龙门，难道就能奔赴河、济？能行五十步，就能行百步，不能行百步，又岂能行五十步？

钱穆所言，是以五十步笑百步，聊备一说尚可，以先贤为"妄说"则不可。若是曾申前来吊唁，转达他父亲的遗言，则较为合理。子夏兴西河之学时，曾参还在，至子夏丧子时，曾参早已去世，不可能前往吊唁，钱穆未见于此，而过度考证之。

如以钱穆所言为是，则子夏悲于丧子，哭瞎了眼睛，而曾参却以吊唁来问罪，一口一个“尔罪”，曾子岂能如此不近人情，如此残忍耶？若以曾申言之，则为父命，父之遗言，不得不言，父之遗命，不得不宣，即便残忍，不近人情，那也是命。

还有下面那一句“使西河之民，疑汝于夫子”，是什么意思？

有人说，子夏在西河摆的谱很大，不光摆王者师的谱，还端起了圣人架子，以至于西河人都把子夏当作孔子。儒家自孔子开山以来，还没有这样风光过。

想当年夫子周游列国，吃了多少闭门羹？而子夏却突然爆发了。

不光他本人做了王者师，还有他的弟子们，也都成了文侯师友。

因此，曾子来问罪，是多少还有那么些想吃葡萄的意味吗？非也！

这句话还有另解，曾子对子夏说，你的所作所为，已经引起了西河之民的怀疑，这种怀疑甚至还牵连到了孔老夫子。这样说来，口气就很严厉了，也许发生了很严重的事情，要让曾子来谴责，以至于连丧子和失明，都被看作子夏罪行的报应。

子夏在西河干了什么，值得曾子亲自跑来大动干戈？子夏能做的，不出孔门四科：德行、言语、政事、文学。孔子生前给每一科都安排了一个“学科带头人”。颜渊是德行的带头人，子贡是言语的带头人，子路是政事的带头人，而子夏在孔子门下号称“文学”，当然就是“文学”的带头人了。因此，子夏在西河的事业，主要就是“文学”。

所谓“文学”，即整理文献，《后汉书·邓张徐张胡列传》说：“诗书礼乐，定自孔子；发明章句，始于子夏。”子夏在西河做的一项重要工作关乎《春秋》。在他的主持下，他的弟子，齐人公羊高作了《公羊传》，鲁人谷梁赤作了《谷梁传》，而另有一本《春秋左氏传》。孔子生前说过“知我，罪我，其惟《春秋》乎”！

可这罪过还没有落到孔子的头上，就在儒家内部由子夏来承担了。吴起曾师事曾申，游仕于鲁，丧母不归，被逐出师门，后又杀妻求将，令鲁人不齿。此后，投奔子夏，《史记·儒林传》说：“如田子方、段干木、吴起、禽滑厘之属，皆受业于子夏之伦，为王者师。”

关于吴起作《春秋左氏传》的说法，刘向《别录》说，先是由左丘明传授曾申，再由曾申传授给吴起的。吴起将鲁《春秋》变成了《春秋左氏传》，而且挂在了自己的名下。

“左氏”，非“左丘明”之意，而以地名指吴起，因吴起是卫国左氏人，故以“左氏”名《春秋》。考左氏之地，地处今山东菏泽一带，或曰曹县，或称定陶。

若是这样的话，那问题就很严重了，可子夏并未意识到有问题。本来，编《春秋》，应以鲁《春秋》为准，可子夏偏要另立春秋；另立也就罢了，偏偏还要用吴起。吴起虽学儒术，却非儒门中人，窃取鲁《春秋》为己所用也就罢了，可他还要篡改。

曾子为人原则性强，碰上这样大是大非的问题，决不放过。

他知道吴起的为人，军国之事他问不着，可儒学之事他要问。不管子夏在哪里，他都要去问个究竟。这样，我们就能理解曾子的愤怒了。他既不糊涂，也不残忍，而是要捍卫儒家的原则。当然，有时捍卫原则也很残忍，但它是一种必要的恶。

他当着子夏的面，指出“尔罪有三”，子夏惊呼：“错错错！”从此，子夏离群索居，不再过问西河学派之事。其实西河学派，子夏本就是挂名而已，实际上主事的还是吴起。吴起为西河守，军政之权在手，为学派提供经费，组织活动，都很方便。

子夏老了，事情要靠吴起来做，吴起胆大，不守师法、家法，其史才和将才，儒学拴不住，遂使《春秋左氏传》成了一部史册兵书，从为儒家义理提供历史依据，转向为王者提供史册，为兵家提供战例。就这样，《春秋》向“左”转，被他易辙了。

这在曾子看来，无疑是离经叛道之举，至于违背师法和家法，倒还在其次。但是，吴起是否真的就是儒家的叛徒，背叛了儒家义理呢？回答是：他没有背叛，而是转化，将儒家义理转化为兵家战略。今本《吴子·图国第一》开篇就说：“吴起儒服，以兵机见魏文侯。”他穿着儒服来见魏文侯，也许有人会说，这是阳儒阴法，是君臣秀。那就来看一下，他们究竟谈了些什么。《图国第一》谈的是国家战略，应该说是吴子兵法中最重要的一篇了。在这一篇里，他提出了国家战略的根本原则：“内修文德，外治武备。”

“文德”之用，在于“和民”，因此，他提出了“以和用兵”的战略思想，主张用兵之道，必先和民，“不和于国，不可以出军”，不和于民，不能用兵。

那么怎样才能“和”呢？他主张以礼和，以义和，以耻和，说：“凡制国治军，必教之以礼，励之以义，使有耻也。”这些主张，毫无疑问都来自儒家思想。

若以《春秋左氏传》的作者为吴起，那么《春秋左氏传》同《吴子》一样，贯穿了这思想，构成吴起内、外篇。

《汉书·艺文志·兵权谋》录《吴子》四十八篇，而今本《吴子》出自宋《武经七书》只有六篇，或曰，该书非伪即残，其实是误会。作为方法论的兵法，现在看来只有六篇，分上、下两卷，可能还有作为战例的兵法四十二篇，在《春秋左氏传》里。

吴起写了这两本书，也想步他的老师子夏的后尘，去做王者师。

可魏文侯那里是轮不上他了，到了魏武侯，总该轮上他了吧？

试看一下《吴子》，我们就会发现，吴起的这种感觉过于强烈，以至于该书大部分都是魏武侯与他的问答，当然是魏武侯来问，由他来回答，他的回答往往居高临下。

魏武侯曾经这样问他："秦国在西边威胁我们，楚国在南方包围我们，赵国在北方压着我们，齐国逼近我们东面，燕国断我们后路，韩国挡在我们前面，怎么办？"

吴起回答说："安国之道，以预备为宝，你预备好了，祸害离你就远了。"

某日，魏武侯与臣议事，因臣下见解都不及他，他很高兴。为此，吴起说道："过去楚庄王与臣下谋事，庄王发现群臣没有能比得上我的，退朝以后，就担忧起来。有人问庄王：'你为什么要担忧呢？'庄王回答说：'我听说，世上不会没有圣人，国家不会没有贤人，能得圣贤为其师者，可以称王，能得圣贤为其友者，可以称霸。我本来就不才，而群臣还不如我，楚国真的很危险啊！'这是连楚庄王都担忧的，而你却很高兴，这是我所担心的。"

吴起将话几乎都挑明直说了：你想称王称霸，还缺个老师！

《战国策·魏策》谈起一件往事，说吴起、王错一起陪同魏武侯浮西河而下，船到中流，魏武侯四顾而踌躇，对吴起说："美啊！山河险固，是魏国的宝，我就靠它了。"王错马上来迎合，说："是啊，晋国强大时就靠它，我们的霸王之业也要靠它。"对此，吴起指责王错："主君有这样的想法，就很危险，而你这样迎合就危上加危了。"武侯听了不高兴，问道："你又有什么说法呢？"吴起回答说："河山之险是靠不住的，王霸之业在德不在险。"

接着，吴起就搬出一堆历史上的经验教训，告诫武侯，过去三苗、桀、纣，都曾拥有河山之险，可都灭亡了，所以，王霸之业要靠政治贤明，不能靠河山之险。

听了吴起这番话，魏武侯就说：“这是圣人之言啊！西河之政就拜托了。”

这番话，与后来孟子讲的“天时不如地利，地利不如人和”如出一辙。

但他们的起点是不一样的，吴起的起点，是儒学四科中的“文学”，基于历史文献，而孟子所言“人和”，则来自儒学四科之“德行”。“文学”强调历史的经验教训，而“德行”则关注理想性。从历史出发，君子好言王霸，从理想出发，则“羞言五霸”。

儒家传统，本有历史性与理想性两面，主张历史性，往往在古今之变中转化，如西河学派的吴起、李悝、商鞅，都是从儒家转化为兵家和法家的。据《汉书·艺文志》记载，不仅吴起和李悝有兵法，商鞅也有兵法。而强调理想性，则坚守洙泗之学大本营和儒家道统，成为现实政治的批判者，而非进取者。曾子不远千里，赶来向子夏问罪，就是要坚守洙泗之学的正统性，防止儒学在转化中迷失自身。儒学四科，政事、言语，本来就是政治化的，文学和德行应该偏重于文化和教育，现在文学也政治化了，唯德行独守儒学根本。

曾子此来，志在拨乱反正，他要使文学——儒家经典回到德行。

因此，当三部《春秋》问世时，洙泗之学肯定了坚守儒家理想性的《公羊春秋》和《谷梁春秋》，却排斥了过分强调历史性的《春秋左氏传》，不光是因为吴起其人。

子夏终于退出了历史舞台，失了子夏的庇护，吴起很可能被再次逐出儒门，这虽然不妨碍他任西河守，但要做王者师却从此没门，尽管他在兵法中，以王者师的口吻，来应对魏武侯的各种提问，可就没人问一问，武侯之问，可是吴起自己的意淫？

这样的兵法，吴起自己看得很过瘾，可魏武侯看了就会堵心，我们甚至怀疑魏武侯是否知道他有这么一部兵法，他在兵法里，开口闭口教训魏武侯，这样的兵法，让魏武侯怎么接受？我们甚至还怀疑，吴起怎么敢把这样一部兵法递到魏武侯手里。

魏武侯为太子时，曾与吴起一道经略河西、中山之地，两人是同事，都是自诩将略、自负用兵之人，故魏武侯未必能看得上吴起的兵法，更别说虚心提问。

《说苑·建本篇》有“魏武侯问元年于吴子”，答曰：“慎始。”

如何“慎始”？要立“正”，一国之君，要正名、正身、正人心。

可怎样才能“正”呢？要“明智”，若“智不明”，“何以见正”？

怎样才能“明智”呢？要“多闻”，“多闻”就要“听治”，从大夫到庶人，各种人的意见都要听，尤其要听历史的回音，此即“《春秋》之意，元年之本”。

儒学之中，历来就有两条路线，在孔子时就已出现。当年，孔子受挫，子贡说夫子之道大，世界放不下，请夫子修改一下；而颜渊却说，夫子之道大，世界放不下，要修改的不是道，而是这世界。他们两人，分别代表了两条路线，一是从理想出发，要求改变现实的经学路线；一是从历史出发，要求通古今之变，以适应现实的史学路线。

是通经致用，还是通史致用？这两条路线贯穿了儒学的始终。作为两种倾向，从颜渊和子贡就开始了，作为两条路线，则是从洙泗之学和西河学派的斗争开始的。

此后，汉学有今古文经之争，宋学有王安石与司马光之争、朱熹与陈亮之争，从渊源上来看，都是这两条路线之争。直到今天，不是还有人在问，究竟是从历史出发，从实际出发，实事求是，还是从理想出发，从主义出发，去改造客观世界和主观世界？

儒学两派，一派从实际出发，将儒学做大，如子贡和子夏。

子贡执掌“言语”科，其门下，开出纵横家流，为战国策士。然于儒学本身，似未见其有业绩，对于孔子之道，可能如他所言，多少搞了那么一点“修正主义”。

子贡弟子田子方仕魏文侯，或谓其以子贡纵横术，入鬼谷学派一路，而子夏门下，则发展出兵家和法家，代表人物有吴起、李悝，后学商鞅，出自李悝门下。

另一派从理想出发，守住儒学根本，安贫乐道，如颜子和曾子。

西河学派借助王权来将儒学做大，并按照王权的需要，转化为经世致用的法家和兵家，这便是“大而化之”了，可时间一长，稍不留意，就会“化为乌有”。

西河学派的结果就是如此。魏文侯时，子夏退了；魏武侯时，吴起走了；魏惠王时，西河学派的最后一点成果，李悝“尽地利之教”的传人商鞅也出走了。

而子贡之徒，又多转入鬼谷学派，西河学派就这样风流云散了。

共屯赤金圜钱，直径 4.3 厘米，内径 1.7 厘米，穿径 0.9 厘米，重 19.8 克，战国魏钱，山西侯马遗址出土

魏国之钟

南行唐三孔布币，通高 5.7 厘米，足宽 2.8 厘米，重 7.2 克，战国赵国时期，中国国家博物馆藏

共屯赤金圜钱面文右旋读“共屯赤金”。“共”为地名，“屯”即“纯”字，“赤金”指铜质，意为用完整的赤色铜铸造，无其他杂质。三家分晋后，共地为魏分地。圜钱在当时极为罕见，为后来秦汉的方孔圜钱奠定了币形基础。

右图为当时赵国的三孔布币，与一母同胞的魏国相比高下立见，魏国的确强大。

战国初期，是魏国的黄金年代，各国中它先强大起来。

魏国之钟这个颇为讲究的量器，将魏国的富裕和自信量入量出。

量器，圆壶形，敛颈，鼓腹，圈足。盖上有三环钮，绘饰云纹，腰身两侧有铺首衔环耳，从器肩到器腹，饰有四道横带纹，带上镶嵌松石。腹部铭文二十七字，自名为钟，并记造器年代、官吏及容量。颈部刻一横线，有“至此”二字，系测量标记。口沿另有五字，记容积，字体与腹部铭文不同，为秦人字体。

两种字体在上面，表明两个国家都使用过这口钟，魏和秦两国的兴衰，通过这口钟就可以反映出来，而强弱转化，兴衰更替，全系于一人。

那人就是商鞅，秦以用商鞅而强，魏因不用商鞅而弱。

魏国之钟，被称为“安邑下官钟”，安邑原属魏地，可此钟却在属秦地的陕西出土，说明它是自魏入秦的。商鞅围魏安邑而降之，这口钟随之而流入秦地。

吴起和商鞅，都是卫国人，又都先后来到魏国，进入西河学派图谋发展，后来又都被魏国赶走了，吴起跑到楚国，商鞅跑到秦国，都进行变法。

魏以吴起守西河而魏强，秦以商鞅取西河而秦强。商鞅原名卫鞅，秦取西河地以后，论功行赏而有商邑，故以封地为姓，更其名为商鞅。

魏国之钟，就见证了这一时期秦、魏两国的兴衰，如今，人已去，物还在，物虽是，但人已非，两位变法的先驱者，先后为变法捐躯了。

我们没有用悲剧来讲述这故事，好在这口钟在咸阳出土了。

04

诸侯与诸子：稷下先生

据说，魏武侯听了王错的谗言，从西河召回吴起。

“吴起至于岸门，止车而望西河，泣数行而下。”

此见于《吕览·长见》，以十七字，透出一股悲凉气。

吴起杀妻求将，本是铁石心肠，可他面对山河，竟然也有柔情，似儿女，禁不住泪落，说：“我的主君，听信谗人，可惜了大好山河，魏从此削！”

他没有回到武侯身边，而是南下往楚国去，家人还留在魏地。他在楚国变法，也是命运不济，楚悼王一死，楚贵族就反击，他伏于王尸，被乱箭射死。

在魏国，魏武侯死，两子争立，王错又在其中游刃有余。

小人暗害君子，阴谋家专克英雄。没有英雄的国家，看起来强大，其实都是虚的。魏国就开始虚了，在内乱中，被赵、韩乘机侵入，差一点被瓜分。不过，吴起的余教还在，魏惠王时，公叔痤为相，乃西河学派留下的最后一点摇曳烛光。

有一次，公叔痤打了胜仗，魏惠王要重赏他，他说，我没有什么本事，能打胜仗，全靠吴起余教和将士用命，若要赏赐，请赏赐将士和吴起的后人。

后来，他病入膏肓，魏惠王请他推荐相，他推荐了门客卫鞅。

这卫鞅，就是在秦国变法，因军功被封在商、于之地的商鞅。

卫鞅，是西河学派的后起之秀，公叔痤再三推荐，魏惠王先是敷衍，后来就置之不理了。公叔痤一咬牙，对魏惠王说，如果不用卫鞅，就请把他杀了。

魏惠王诺诺而去，公叔痤就当真了，赶忙叫来卫鞅，说："我先公后私，请君王重用你，他不听，我请他杀你，他听了，你快走吧。"卫鞅说："不急，惠王没有听你的话用我，也就不会听你的话杀我，我还要等待时机。"不久，秦孝公招贤，他就去了。

伟大也要有人懂！卫鞅一走，西河学派就终结了，魏衰矣。

思想的太阳，在西河坠落，又从东海升起。

天下游士，不再往西河去了，他们到东方来。

新的齐桓公，不是那位姜姓的公子小白，而是田氏齐国第三代君主田午。他第一个在东方以王权开设思想盛宴，摆下学术流水席，以飨游士。

齐之都城临淄，有稷门，谈说之士游齐，皆会于稷门下。田午在临淄城中，稷门附近，建一学宫，名曰"稷下学宫"，来者不拒，皆邀入席。

这一场流水席，人数多时，竟有上千人。不过，若仅此而言，尚非壮观，因为战国公子如信陵君、孟尝君等，皆养士数千，所以，能养士还不算。稷下最可贵的是，在经济上提供自助餐，而非提供饭碗；在思想上提供论坛，而非提供论点。

游士们吃完了，可以自由来去，国家为他们买单。

游士们想说话时，可以自由发言，国家不要求统一观点。

据当时各国的情形来看，以一国之力，养士不难，可让游士作为个体，任其自由来去，还允许他们"不治而议论"，这就很难，所以，成了一代奇观。

不仅是战国时代的奇观，而且是中国思想史上绝无仅有的奇观。

西河学派“务为治”，思想跟着“治”的指挥棒转，言论自由悬。

将“治”与“议论”分开，将“治”者与“论”者分开。这样，就能使政治对舆论做选择，而不受舆论干扰；而理论，就能跟着思想走，不必围绕政治转。

因此，稷下学宫里，没有出现像商鞅那样能一举扭转乾坤的法家，也没有产生像吴起那样战无不胜的兵家，这两人，都是既要“治”，又要“思”的。当变革之时，“思”先行，而运“思”的方向与目标均在“治”，故“思”必趋于“治”。

将“治”与“思”融合，使思想者与统治者合一，多酿成悲剧。

若“皮之不存，毛将焉附之”？吴起在楚如此，商鞅于秦也如此。殷鉴不远，稷下先生之于“治”与“思”，多趋于“思”，不求出仕，遑论“务为治”了。

《史记·田齐世家》云稷下学士“不治而议论”。钱穆《稷下通考》解释说：“不治者，田骈设不宦之义，而淳于髡以终身不仕见称，此稷下之行谊也。”

齐桓公田午死后，儿子齐威王即位，经常在后宫内抚琴自娱。

邹忌原来也是稷下学士，听说威王溺于琴，便以鼓琴来见齐威王。

他来到王宫，对侍臣说：“听说大王好琴，我特来为大王抚琴。”

侍臣禀报齐威王，齐威王一听很高兴，以为来了知音，立即召见。

走进内宫，聆听了一会儿，便连声称赞道：“好琴艺呀，好琴艺！”

齐威王连忙问道：“好在哪里？”邹忌说：“我听懂了您的弦外之音。”

邹忌接着说：“那大弦弹奏的声音庄重，就像一位名君；那小弦弹奏的声音明朗，就像一位贤臣；您指法纯熟，弹出来的声音，舒展而又深沉，有如政令。弹琴如同治国，那七根琴弦啊，好似君臣，要合于礼义。大弦之音浩荡，犹如君也；小弦之音逶迤，好似臣也。该弹哪一根，就弹哪一根，不该弹的，不要乱弹，七弦协调，声音才美妙。”

齐威王听了，说道：“先生，真是我的知音，请先生为我抚一曲。”

邹忌坐在琴位上，两手轻扬，一招一式，好一副弹琴的模样。

齐威王见此情景，就指责他光摆空架子不弹琴，是犯了欺君罪。

邹忌听了，便这样回答：“作为一名琴师，我当然精于琴技，您作为一国之君，当然也精于治国，可您为什么像我弹琴一样，只摆个空架子呢？国家才是您的琴。”

真是一言兴邦！齐威王大悦，说：“这么多年，我一直在等一个人，原来此人就是先生。我要放下我的个人爱好来治理国家了，先生能委屈自己为我出仕吗？”超越治与仕，他们本有更高的追求，暂时停下追求的脚步，是为了尽他们对于国家的责任。

齐威王同邹忌谈了三天三夜，就拜邹忌为相了。稷下先生们见邹忌出仕，就按照稷下规矩，去责问他。淳于髡带了一帮人，昂首阔步去见他，邹忌小心谨慎地奉陪，回答了淳于髡等人提出的问题。淳于髡一行对他的回答还算满意，便扬长而去。

他们见了面，一个用隐语提问，一个用隐语作答。

问：猪油涂在车轴上是为了润滑，但轴孔是方的怎么办？

邹忌答：我知道您的意思，我会小心在国君左右侍奉。

问：弓裂了，要拿胶来粘，但不能完全黏合，怎么办？

邹忌答：多谢您指教，我会让自己紧紧地依靠人民。

问：纯白之狐裘不小心弄破了，能用狗皮来补吗？

邹忌答：我会小心选用君子，不让小人来干扰政治。

问：车子没校正，怎能载货？琴弦没调好，怎能听音？

邹忌答：我懂了，先生要我用法治，不要靠那些官吏。

两人用隐语，就这样一问一答，结果淳于髡还满意。

邹忌为相，与商鞅几乎同时。此二人，一个在齐国，以稷下学宫广揽天下诸子与游士；一个在秦国，挖掘农民的战力，将农民转化为战士。

这两位“思”者的身后，分别站着一位强大的王者。

齐威王和秦孝公，是他们向“思”者授予了“治”权。

相比之下，秦孝公的风格尤为严峻，神情与“务为治”的西河之学相近，而齐威王则颇为豁达，其率性一如游士，以“议论”优游稷下——自由化。

威王豪饮，曾为长夜饮，颇有殷纣王风。有一天，淳于髡来了，对威王说：“国中有大鸟，待在王的庭院里，三年不飞不鸣，那是为什么？”威王回答：“那鸟呀，不鸣则已，一鸣惊人；不飞则已，一飞冲天！”

稷下学宫是思想库，如何收获其中思想？邹忌劝他纳谏。

邹忌身高八尺，相貌魁伟，本是个美男子，可突然自疑。

有一天早晨，他穿好衣服，戴上帽子，对着镜子瞧自己。

瞧了一会儿，问妻子：“我跟北门徐公相比，谁更美？”

妻子毫不迟疑，立即回答说：“徐公哪儿比得上你！”

城北徐公是有名的美男子，听见妻子这样说了，邹忌还是不大相信，又去问妾：“我跟徐公比，哪个更美？”妾也马上就说：“徐公之美，哪儿比得上你！”

可他还是不敢相信。一会儿，来了一位客人，他陪着聊天，又问来客：“我跟城北徐公比，哪个更美？”客人也说：“当然是你美，徐公哪儿比得上你！”

第二天，城北徐公来拜访他，他一看，觉得还是徐公美。

照照镜子，看看自己，再瞅瞅徐公，越看越觉得徐公美。

到了晚上，他躺在床上，自己琢磨起来，想：“妻子说我美，是因为她爱我；妾说我美，是因为她怕我；客人说我美，是因为他有求于我，都不是真的。”

他把自己的这点觉悟告诉了齐威王，然后，提醒威王：“我明明比不上徐公，却没人跟我实说。连我这样的人，都没人跟我说真话，何况大王您呢？齐国之大，城邑之多，人民之众，无论哪里的人，都喜欢您，都有求于您，都想讨您的欢心，这样下去的话，您那尊贵的耳朵，就很难听到真话了。”

齐威王一听，就下了一道命令：不论大夫，还是庶人，若能当面指出王的过错，得上赏；书面指出王的过错，得中赏；在集市上议论王的过错，传入王的耳中的得下赏。

此令一下，门庭若市，来给齐威王提意见的人很多。

一连好几个月，不断有人来提建议，可是，一年以后，有人还想来进谏，但已无过错可谏了。于是，齐国大治，各国诸侯听说了，都跑来朝贡。

稷下先生虽然“不治而议论”，但是，没有人比他们更愿意为国家效力了，齐威王打开了纳谏的闸门，像大海一样，接纳了稷下先生的自由思想。

有思想的国家，必然会强大，因为，思想者都是强者。

思想者们热爱自由，他们会拒绝出仕，但他们却不会拒绝为国家出力，就像淳于髡，虽然抱定了不出仕主义，可国家召唤他时，他从不推辞。

淳于髡其貌不扬，据史载，他“长不满尺”，或曰“为人短小”，但他却常常为齐国出使，雄赳赳，如伟丈夫，且滑稽多智，虽晏婴重启，也不能过之。

有一次，淳于髡出使楚国，楚王见他矮小，就当面耻笑他：“齐国没人了吗？为什么要派先生你来？你有什么特长呢？”

他不慌不忙，从容答道：“我有利剑，专取不义之王的首级。”

楚王慌恐，连忙说道：“请先生息怒，我不过跟您开开玩笑。”

楚国联合魏国，侵犯齐的国境。齐威王让淳于髡携黄金百两、驷马车十辆，去给赵国送礼，并请求救兵。淳于髡却仰天大笑，将系帽子的带子都笑断了。

威王说："先生是嫌礼物太少吗？"淳于髡说："怎么敢嫌少呢？""那你为什么要发笑呢，难道还有什么另外的笑话吗？"

他回答说："有啊！今天，我从东边来，见路旁有人拿着一只猪蹄、一杯酒，这样祷告：高坡上收的谷物盛满我箩筐，低地里收的粮食装满我车辆，让所有米粮都进我粮仓。我看见他拿的祭品很少，而所祈求的东西却很多，所以忍不住笑他。"

齐威王听了，就把礼品增至黄金千镒，白璧十双，驷马车百辆。

于是，他前往赵国，使赵王发精兵十万，战车千辆，楚连夜撤兵。

齐威王很高兴，宴请淳于髡，两人你一杯我一杯地喝了起来。

他们都是饮者，威王问他酒量，他笑道："我饮一石醉，一斗亦醉。"

"为什么呢？"威王问。他答道："假如是您赐酒，前后左右，人都很严肃，这样的敬酒，我喝一斗就醉了；假如和长辈喝酒，由我来伺候，一会儿敬这个，一会儿谢那个，唯唯诺诺，这样应酬着喝，喝一斗也就醉了。但朋友聚会就不同了，说到开心处，我能喝五六斗酒；假如左邻右舍也来陪伴，一起开怀畅饮，那就八斗也不醉了；如果宾主无拘束，男女同席，宽衣脱鞋，杯盘狼藉，主人送客而留下我，心中欢喜，我能喝一石。不过呢，要是再喝了，就连自己做了什么事情都不知道了。"

齐威王明白了他的意思，立即向他表示："以后再不夜饮了。"

淳于髡不光会送礼，还会收礼。商业化原则，乃齐文化的精髓。

《战国策》卷二十四《魏三》记载，齐欲伐魏，魏使人求救于淳于髡，献上"宝璧二双，文马二驷"，他收下了，去游说齐王，这位齐王，可能就是威王。

他对那位齐王说道，楚国是齐国的敌人，而魏国是齐国的朋友，放下齐国的敌人，去打齐国的朋友，不光名声不好，而且很危险。齐王听取了他的意见。

事后，有人揭发了他，那位齐王问他："听说，先生接受了魏国的玉璧和宝马，有这么回事吗？"他从容地回答说："有啊。"齐王说："那你究竟是为什么要出那样的主意呢，是因为拿了好处吗？"他答道："大王您不要考虑我应该怎么做，不该怎么做。而要考虑我的建议，对国家有利还是没有利，只要伐魏这件事对国家不利，大王您就不要去做。至于魏国，杀我，还是贿赂我，都不关您的事。魏国杀我，大王您有什么好处？魏国赏我，您有什么损失？我给您的建议，使您免去了'伐与国之诽'，使魏国'无见亡之危'，使'百姓无被兵之患'，而我有'璧马之宝'，一举数得，这对于您有什么伤害？"

淳于髡这样一说，后人便多以诡辩视之，以为他不过是个善言辞的家伙而已，对他作为个体人格的"自由之思想，独立之精神"，缺乏应有的了解和敬意。

须知，淳于髡与魏国人往来，并非国家之间的外交，他给齐王提建议，也不是职务行为，他只是作为国民一分子，在尽自己的义务而已，不存在渎职问题。

他个子虽小，可精神顶天立地。楚王跟前，他不畏强权，敢以一死捍卫人格尊严；面对齐王，他光明磊落，以自己宝贵的独立精神，回应王权的拷问。

他从社会底层奋斗起来，先是作为"髡奴"，后来作为"赘婿"，在被人唾弃的下贱命运里，就靠着"自由之思想，独立之精神"，自己解放了自己。

他的思想里面，有一种智慧，来源于民间，发端于下层，那样的智慧，用现在的话来说，很"草根"，而这样的"草根"气质，老百姓多以为"接地气”。

据说，临淄城一带，至今还在流传：“孟子遇髡，不死也昏。”“髡”，即淳于髡。这样的民谣，抒发了一种“草根”化的民间情调，民意，会自发地选择代表。

孟子游稷下，自有一番儒者的格调，与稷下先生们风采迥异。

例如，稷下先生们都是赞成“不治而议论”的，可孟子却认为，那是“处士横议”，政府应该禁止。他说，士人必须出仕，这就像农民必须种田一样。

所以，孟子一来到齐国，齐威王就授他卿位，那时，他雄心很大，表示“如欲平治天下，当今之世，舍我其谁也！”就连齐国本地的管仲他都不放眼里。孟子敢说大话，说明他理想高，眼界大，但他从政的经验还很差，没有一个君主会把实权交给他。

再说，真正的实权都是做出来的，给了权力不会做，那还是虚的。

有一次，孟子奉命出使滕国，齐王给他派了个副手，可他居然连个副手都搞不定，一路上，都是那副手做主，大小事情都不与他商量，这说明，孟子业务不行。

这方面，他不仅跟先师孔子没法比，而且跟稷下同人也没法比。

对稷下先生的“不治而议论”，孟子根本就没有拎清。“不治”，不是不做事，而是不任职，有事则兼职，如淳于髡出使，孙膑参谋军事，都属于“不治”。

孟子好辩，却一再声称是“不得已”，这有可能是真的。但他雄辩起来，就沛然无御，有压倒一切的气势，这有利于从思想战线上开展“辟杨墨”的斗争。

如果说孟子辩论的目的，是要取消辩论，这同样能说得过去。

而淳于髡，则是真正喜欢辩论，他把辩论看作纯粹的智力活动，通过辩论来表现他“多智”。在这方面，他有点像苏格拉底，逢人就问，问出人的智力困境。太史公称他“滑稽多智”，《史记索隐》引崔浩语：“滑稽，流酒器也。转注吐酒，终日不已。言出口成章，词不穷竭，若滑稽之吐酒。”看来他的思想里，还有那么一点酒神精神。

稷下学宫，是思想者的集市，战国诸子几乎都在这里“练摊”——宣传他们的主张，推销他们的思想。各家各派，基本上都来全了，而且也都在忙于辩论。

淳于髡就在与各家学派的辩论中，吸取各家学说，成了杂家。

据汉代刘向《别录》说，淳于髡写过一本《王度记》，却散佚了。

有人认为，《晏子春秋》应该是他的作品，这或许也有可能。

因为他本人就是个活脱脱的战国时代的晏子，不仅形似晏子——身材矮小，而且神似晏子——滑稽多智，就连思想的表达方式——隐语和故事，亦肖似晏子。

有一次，他出使楚国 ，特意带了一只鹄，作为赠送楚王的礼物。谁知刚出城门，鹄就飞了，他只好拎着一只空鸟笼到了楚国，见楚王时，他这样说道：

“齐王派我来献鹄，路过河边，鹄渴了，放它出来饮水，飞了。我想以死谢罪，可又担心为了一只鸟而死，会害您背负恶名。我想买一只鸟来代替，可这样做又欺骗了我的国君，不忍心。我还想过逃往他国，以保全自身，却怕由此而引起两国纷争。为此啊，我宁愿不顾一切前来接受您的惩罚，等待您的发落。”

结果呢？楚王非但没有怪罪，反而夸：“齐王有信士若此哉！”

楚王为什么要夸他呢？因为放鹄饮水，是其仁；想以死谢罪，是其勇；怕人议王，是其忠；空手见王，是其信；谋求和平，是其义；前来受罪，是其诚。

仁、勇、忠、信、义、诚都具备了，他因此而得到了楚王的赏赐。

这简直就是晏子使楚的底本了，《晏子春秋》的晏子，多半就是战国淳于髡在春秋时代的投影，也可以说是，淳于髡用了晏子这个人物来做他自己的替身。

要是孟子有他这两下，出使滕国，就不至于那么尴尬了。

当年，晏子就批评过孔子太拘礼，所以他也要批评孟子。

他问孟子，“男女授受不亲”，这是礼吗？孟子说：是。

他又问，要是嫂子落水，伸手求救呢？答曰：当然要救。

既要守礼，又要救人，那怎么办呢？答曰：礼可以改变。

淳于髡要等的，就是这句话。本来他提问，是用隐语，智者以隐语炫智，如他与邹忌问答，似以智力游戏分出高低，孟子不谙此趣，迎面答之，遂落圈套。

如以齐人来给两人打分，孟子所言，乃合于理，而不知趣。

在齐人看来，有趣比有理更有意思，炫智比守礼更有价值。

齐文化是炫智的，鲁文化是守礼的，当年开国时，就如此。

据说，周公分封后，齐国不到半年就来复命，可见其治国以智，一切从简。而鲁国伯禽，过了三年才来复命，可见其立国以礼，使民行礼，而不厌其烦。

齐是吕尚封地，鲁为周公封地，吕尚为兵家先师，周公为礼教圣人，两人本就是周文化中智慧和礼教精神的代表。齐文化也尚礼，但齐礼如孟子言“可权”。

礼可权，而伯禽不知，故其父周公叹曰：鲁必为齐所制矣。

孟子承认礼可权，那就是认同齐文化，淳于髡就不再追问了。

孟子本来口气很大，到齐国来，一直号称“羞言五霸”，却被那淳于髡不经意地一问，问出了“礼可权”的尾巴，既然“礼可权”，何必“羞言五霸”？

更何况齐威王，正以霸业打天下！他用以争霸的宝贝，主要还是齐国传统的智者和治者、兵家和法家，还轮不到儒家，更不懂孟子喋喋不休的所谓“仁者”。

有一天，齐威王与魏惠王约好了，同往效野会猎。

魏惠王问道：“齐国有不少宝贝吧？”齐威王说：“没有。”

魏惠王得意地说：“我国虽小，尚有大珍珠十颗，直径在一寸以上，其光芒能照耀车子十二辆，以齐国之大，齐地之富，难道就没有这样的宝贝？”

齐威王说：“我也有宝贝，但我的宝贝跟你的不一样。我有檀子，为南城守，楚国不敢为寇，泗上诸侯都来朝。我有盼子，为高唐守，赵国人不敢到黄河东边来捕鱼。我有黔夫，令他守徐州，燕人、赵人七千余家来投。我有种首，让他来维护治安，盗贼几乎都销声匿迹了。这四人，都是齐国光照千里的大珍珠，是我的国宝！”

齐威王本来还有一大宝，便是孙膑，在魏惠王跟前，当然不好提起，孙膑是从魏国出走的，而且还是受了膑刑，瘸着腿出走的，而施刑者，就是这位惠王。

魏惠王以珍珠为宝，用华丽的珠光，掩饰其思想的荒凉。

不以人才为宝，思想者们纷纷出逃，商鞅逃秦，孙膑归齐，致使魏国东败于齐，西丧地于秦，一败再败，就衰落了。

齐国在东方，历来就比魏国多财富，却倾其富有供养人才。

孟子在齐，向齐威王推销他的仁政学说，虽未能重用，却被给予了充分尊重。可孟子不买账，齐威王曾馈赠黄金百镒，他不受，弟子不解，来问他，孟子竟然这样回答：“齐国不用我的仁政学说，却馈赠于我，这是贿赂，君子能被贿赂吗？”

闻此言，乍一听，似乎不近情理，可孟子“知耻”，他懂得，与王权打交道，要“行己有耻”，“知耻近乎勇”，虽说过激，却高扬了思想者的权利。

为此，他忧心忡忡，虽然养尊处优，却难免要拥楹而叹息。是去，是留？他一时难以决断。还记得那位“教子”的孟母吧？她这一回却“从子”了。

她看见儿子面有忧色，就问儿子有何担忧。孟子禀告老母：“君子志在行道，不贪荣禄，我与齐王道不同，想走啊，可母亲已年迈，所以我担忧。”

母亲宽慰他，说：“儿呀，你莫忧虑，就按照你的想法去做。我们妇人有‘三从’之礼，在家从父，出嫁从夫，夫死从子。儿已成人，而我已老，你行你的义，我守我的礼，勿要为我忧虑，我跟你去，无论走到哪里。”

孟母“从子”，这伟大的一“从”，千古谁懂？孟子的大丈夫精神，少不了孟母这一“从”，“彼人也，予人也”，这一“从”啊，造就了一个“富贵不能淫，威武不能屈”的大丈夫。于是，他下定决心，听说宋国将行仁政，便带了母亲，匆匆奔去。

左关鈉，高10.8厘米，口径连流20.4厘米，容量2070毫升，战国中期量器，鈉的容量相当于釜的十分之一，清咸丰七年山东胶县灵山卫出土

子禾子釜，高38.5厘米，口径22.3厘米，底径19厘米，容量20460毫升，战国中期量器，清咸丰七年山东胶县灵山卫出土

陈纯釜，高39厘米，口径23厘米，底径18厘米，容量20580毫升，战国中期量器，清咸丰七年山东胶县灵山卫出土，陈纯釜铭文三十四个字，大意为命令左关官员所用之釜，应该按照仓廪所用的标准釜进行衡量，执行官叫陈纯，铭文为齐国关卡统一量制的政令

春秋时期，齐国的量器，有豆、区、釜、钟几种。

公量，以四升为一豆，四豆为一区，四区为一釜，十釜为一钟。

不料，出了个子禾子，仿佛受了儒家仁政思想的启示。

他家的量，改成五升为一豆，五豆为一区，五区为一釜，十釜为一钟，而且以家量贷出，以公量收入，齐民纷纷抛弃公家，入其彀中，使公家空虚了。

当时墨子之徒，就批评这种儒家鼓吹的仁义，有犯上作乱的嫌疑。

他们认为，行仁义是王的专利，要以公行之，由王特许。

以私行仁义，久而久之，就导致了田氏代齐，这位田氏，就是子禾子——田和。姜齐收留了陈田，陈田家族在齐国也很努力奉公，出仕齐侯。从陈完（田完）奔齐开始，田和是陈完的八世孙，公元前 **391** 年废齐康公自立，成为田氏齐始祖，田太公。从第四代田桓子到田和，大斗出、小斗入，蓄养民心，终于代齐。

田和代齐之前，被称为“子禾子”，子禾子釜应该是取代齐康公之前他自家的量器，就是用它，田和亏损了粮食，却赚了民心，粮食与民心，孰轻孰重？

文王翦商，姜太公用了多少计？他大概没有想到他的后裔会被人这样算计，一部姜太公兵法，教人阴谋诡计，教会了子禾子。

子禾子釜的出现是划时代的，是战国时代来临的标志。

1857 年，齐国故地山东胶县灵山卫古城出土子禾子釜、陈纯釜和左关鋓三器，子禾子釜外壁有铭文九行，约一百零九字，大意是：子禾子命人往告陈得，左关釜的容量以仓库之釜为标准，关鋓以廪粁为标准，如左关官员舞弊，加大或减小其量，均当制止。如不从命，则论其事之轻重，施以相当的刑罚。

孔子说：“惟器与名，不可以假人。”子禾子当然懂。

镶嵌云纹三钮镜，直径 29.8 厘米，边厚 0.7 厘米，齐国临淄古城出土，山东博物馆藏

陈侯因咨戈，通长 26.2 厘米，阑长 11.5 厘米，重 300 克，上海博物馆藏

《礼记·王制》篇说：西周时大学设在郊野，天子的大学称作辟雍，而辟雍之水为环绕状，喻天圆也。诸侯设的大学称作泮宫，《诗·鲁颂·泮水》有“既作泮宫”“思乐泮水”等诗句，泮水是指学宫外围水池，形如半月，取半水之意，泮宫的东西门以南通水，以北无水。稷下学宫为战国齐桓公所设的泮宫。镶嵌云纹三钮镜图案结构严谨，制作精工华丽，被誉为战国时代青铜镜罕见珍品。可以想象，唯有如此精美的青铜镜，才能与修美的邹忌匹配，才会让他在镜子中看到他不如城北徐公美，才用隐喻打开齐国的言路。稷下学宫的卿士们，在镜前整容待辨的精气神呼之欲出！

陈侯因咨戈，援狭而长，三面皆有刃，其胡有三孔。

戈内，有铭文“陈侯因咨造”五字，故称之。

“陈侯因咨”，即齐威王因齐。魏国衰弱，除了西失地于秦，主要还是由于东败于齐，败给了这位“陈侯因咨”。桂陵、马陵两大战役，齐国打得魏国丧了元气。魏国的西河学派风流云散，天下之士都跑到齐国稷下学宫去。

陈侯因咨遗物，还有一只青铜敦，称“陈侯因咨敦”。

此敦之铭文里，提到黄帝。孔子信而好古，也只是祖述尧舜，而未曾言及黄帝，黄帝的名称，最早是从这件敦里发现的，铭文说道：

唯正六月癸未，陈侯因咨曰：皇考孝武桓公恭哉，大谟克成。其唯因咨，扬皇考昭统，高祖黄帝，迩嗣桓、文，朝问诸侯，合扬厥德。诸侯荐吉金，用作孝武桓公祭器敦。以蒸以尝，保有齐邦，万子孙，永为典常。

这只敦，是“陈侯因咨”齐威王，用来祭祖的礼器。

《黄帝行于帝系图》，山东嘉祥武梁祠画像石（武梁祠西壁），原石已模糊，此为《金石索》之木刻摹本

《黄帝升仙图》，高 105 厘米，宽 64 厘米，厚 10 厘米，江苏徐州铜山县苗山出土，原为墓室之前门东石刻

齐国有两个齐桓公，一个是春秋五霸第一霸齐桓公，一个是田氏代齐以后，战国时期的齐桓公。铭文中“皇考孝武桓公恭哉”之“桓公”，为因咨之祖田午，而“高祖黄帝，迩嗣桓、文”之“桓”，是指春秋齐桓公小白。

耐人寻味的是，铭文中“高祖黄帝”出现在这里，表明齐威王认祖归宗，已经认到黄帝那里去了，使黄帝的存在，从神话进入历史了。齐威王认祖黄帝、齐桓小白，是想为田氏齐寻找一个合法性源头。

郭沫若认为，信史化了的黄帝，是黄老思想的产物，而黄老思想的发源地，就在稷下学宫。这篇战国时期齐国敦之铭文，启发了汉武帝时的太史公纂《史记》帝系。但在汉代民间，黄帝忽而进入帝系行列，忽而进入升仙行列。山东嘉祥武梁祠汉画像砖上的黄帝走在帝系中，而江苏徐州铜山汉墓画像砖上的黄帝则在升仙。

树木双马纹瓦当，直径 16 厘米，战国齐，山东临淄齐国古城出土

树纹半瓦当，高 9 厘米，宽 18 厘米，战国齐，山东临淄齐国古城出土

人型铜灯，高 21.3 厘米，盘径 11.5 厘米，战国齐，山东诸城出土，人足下为盘龙，盏盘下有子母榫口与盘柄插合，可拆卸

齐国都城临淄，乃海岱之间一都会，华丽而殷实。

其民无不吹竽、鼓瑟、击筑、弹琴、斗鸡、走犬、六博、蹋鞠。

看来齐国的娱乐业比较发达，不像秦国，板着一张战争机器的脸。

这样一个人性化的都市，引得天下熙熙皆为利来，天下攘攘皆为利往，使“临淄之途，车毂击，人肩摩，连衽成帷，举袂成幕，挥汗成雨”。

秦国是农业经济，绷着那耕战合一的弦，一刻也不敢松懈。而齐国则是商品经济，国家的表情是充分开放的，及时行乐，它有实力行乐。

齐人也善战，但他们同秦人不一样，不是为战争而存在，而是因为存在不得不进行战争，他们的存在，有另外的目的，那目的就是行乐。

齐人思想多用隐语，对于思想的评价，要看其中含有的乐趣，思想的交流，用互相启发的方式，而不是教训人，讲大道理。

这就是齐国人，为什么喜欢淳于髡，而不喜欢孟子。

思想正确与否并不重要，关键是思想要能给人带来启示和乐趣，像孟子那样一脸正气地滔滔雄辩，即使句句是真理，也没人当回事。

齐人喜欢用这样的方式来交流，淳于髡对齐威王说："国中有大鸟，待在王的庭院里，三年不飞不鸣，那是为什么？"威王回答说："那鸟呀，不鸣则已，一鸣惊人；不飞则已，一飞冲天！"没有大道理，快乐飞矣。

打仗，也要有思想，齐人在战争中炫智，所以盛产兵法。

齐人打败魏国，就用了孙膑兵法，他们在兵法里找到了乐趣。

像孟子那样，活在快乐的临淄，还口口声声，说什么"何必曰利"，那是自讨没趣。所以，孟子最后只能灰溜溜地离开这个富有而快乐的城市。

我们还能见到那样快乐的表情吗？还好，山东诸城出土了一盏人形铜灯，那人的姿态多么生动，因快乐而生动；表情何其幽默，因炫智而幽默。

再看看那树纹半瓦当，还真有点淳于髡打隐语的模样。

齐人自信，以齐地为中心，齐州之齐，乃脐也，天之脐也。

临淄城东南，有个湖，就叫天脐池，或叫天脐渊；城北有两条东西向的大道称"庄"，宽15米，可六辆马车并行，中部一条东西向的大道称"康"，宽17米，可陈师列阵，在康、庄大道之间，是城中最繁华的地带"国市"。

宣王时，城内居民7万户，可供出征的男子就有21万，加上驻军共有60多万人，在当时，算得上是大都市了，可这些都不足为奇。

中国历史上，有比它大的城市，却没有它的乐趣，有像它一样快乐的城市，却没有它有思想的魅力。《清明上河图》里，有市井乐趣，却没有思想者的乐园。明清紫禁城里，有规矩，没有乐趣，有帝王气象，没有思想。

而临淄城里有稷下学宫。在稷下学宫里，思想之鸟儿，都张开了翅膀，在观念的世界里飞翔，所以说啊，临淄，没有比它快乐的城市。

会平市玺铜玺，高 1.2 厘米，边长 3.2 厘米，河北唐山开滦金庄矿区井下出土，中国国家博物馆藏

会平市玺铜玺为战国齐国所设的市场管理印章，由平定市价的专职官吏掌握，为齐国首倡。想必临淄城的市场经济很发达，刺激了政府管理市场的机制，尤其是平抑物价机制的出场。

05

孟子“行仁政”记

孟子在宋国待了两年，称宋王偃为仁义之君。

而《史记》却说宋王偃是暴君，说法正相反。

孟子在宋国行王道，期以“成王”，故称宋君偃为“宋王”。行了王道，称王就名正言顺了，宋君偃果然就称王了，结果，未能成王，成了“败寇”。

齐国灭了“桀宋”，那是在孟子去世以后，灭了“桀宋”的齐国，也成了“桀齐”，差一点儿就被六国灭了。这些都是后话，与孟子那时的期望无关。

王道是期权，要做长线，利润在未来兑现；霸道是短线，如日常经营，要流水不断，而孟子行王道，就是用三代以来的历史经验，为王权做预算。

他常说，先王都是从小国做起的，只要行王道，就不仅能做大，还能得天下。王道，不是空头支票，而是应该投资到位的仁政主张，例如，行什一税、去关市之征等，这些都是仁政措施，行之，就能得民心，他信心满满：“得民心者得天下！”

宋君偃来跟他商量，说什一税和去关市之征，眼下都难以全面实行，能否先一点点减轻，以待来年条件都成熟了，再来实行。孟子说，错了就要立即改正，为什么要等来年？这就好比有人每天都要抢邻人的鸡，有人告诉他说，这不是君子之道，他跟人商量，我从现在起减少，每月抢一只鸡，给我一些时间，让我一点点改正过来，这样行吗？如果已经知道了自己做得不对，那就应该马上改正，为什么还要等来年呢？

孟子的主张里，有一种道德的偏激，稍不合己意，就势不两立。

宋君偃的要求并不过分，作为国策当然要商量，没想到孟子拿了道德的大棒子，当头一棒就打来，被打蒙了，如果再细想一下，征税和抢劫怎会一样？

不管怎么说，征税是国家行为，总是合法的，即使横征暴敛，好似抢劫，但两者的性质毕竟不一样，孟子将两者混为一谈，使仁政以最激进的方式退场。

孟子回到老家邹国。不久，滕文公就派人来问丧礼，孟子教以三年之丧，滕国文武百官皆不欲。于是，又来问，他说，君子之德风，小人之德草，风吹两边倒。

滕文公听了，就说，我拿定主意了，请他到滕国来，行三年之丧。

当年，孟子在宋国时，滕文公还是世子。有一次，世子要到楚国去，路过宋国，来见孟子，孟子与世子交谈，谈人性善，还说人皆可以为尧、舜。世子从楚国回来，又来见孟子，孟子问道："你还在怀疑我对你说的吗？道啊，其实就在你的本性里！"

所以，这一回，滕定公一去世，世子就想起了孟子，说："孟子尝与我言人性于宋国，在我心中始终不忘。今也不幸至于大故，吾欲问于孟子，然后行事。"

到了滕国，滕文公又问他如何治理国家，孟子说："民事不可缓。人民最需要什么？恒产！有恒产才有恒心，无恒产则无恒心。人民没有恒心，就什么都敢做，连犯罪都不当一回事，到了那时，再用刑罚来对付，这就迫使人民走上犯罪的道路，哪有仁人当政，驱使人民去犯罪的呢？所以仁义的君主，取于民，要有节制，要让人民有积累。三代的王道，虽然做法不同，但实质上都一样，都是行什一税，将国民的收入，分成十份，让人民留下九份，国家只征收一份，这样，人民才会有恒产。”

恒产，类似于我们今天所说的“物权”，它不包括土地所有权，因为“溥天之下，莫非王土”，土地要国有，但国家要允许人民有私有财产权。

人民有了恒产，就会有恒心，恒产是物权，恒心呢？是价值观念，仁、义、礼、智，乃“四端”之心也。在这里，“为富不仁”是针对君主而言的，君主为富，与民争利，即“不仁”，就会使民贫穷，因此，他强调君主为仁，不要为富，要让人民富起来。

为仁，就是行仁政，“仁政，必自经界始”，所谓“经界”，就是规划土地，实行井田制，一“井”，为九百亩，中间一百亩为公田，由八家助耕。《诗经·小雅·大田》云：“雨我公田，遂及我私。”正是在助耕“公田”中，萌芽了“公民”意识。

先“富之”，而后“教之”，因此，有井田，还要有学校，不仅要在助耕的生产方式中自发的形成“公民”意识，还要在学校中学习做“公民”。这样的“公民”，是《周礼》中具有国家观念的人，还不是民主制下拥有国家权利的自由个体。

滕文公听了孟子的话，马上就行仁政，感召了很多人。

许行从楚国来到滕国，对滕文公说：“听说您行仁政，请让我这个远方来的人，在您的治下为民。”陈相也扛着农具，从宋国来到滕国，对滕文公说：“我听说您行圣人之政，那您一定亦是圣人了，我愿意在圣人的治下为民。”来的这些名人，都是农家。

受了许行的影响，陈相对滕文公的看法发生了一些变化，他来见孟子，对孟子说：“滕文公虽然算得上是一位贤君，但他还是不懂得与民并耕而食的道理。”

于是，孟子问道：“你那位许先生一定是自己种粮食吃了，对吗？”陈相回答：“是的。”“那他穿的衣服呢，也是自己织的吗？”“他不穿衣，披褐。”“他头上戴帽子吗？”“戴。”“那帽子是他织的吗？”“不是，是用粮食换的。”“他种田用锄头吗？”“用。”“锄头是他自己做的吗？”“不是，是用粮食换来的。”“他吃饭用餐具吗？”“用。”“餐具是他自己做的吗？”“不是，也是用粮食换来的。”“满足他一人的需求，都需要百工之事，为什么治理国家反而就只有种田一种需求呢？”

孟子这样提问题，有点儿像苏格拉底，结论就包含在提的问题里。

孟子对问题进行总结，得出一个结论，他说：“每个人的需求，都要通过社会分工去解决，而多样化的社会分工中，最根本的分工，是劳心与劳力的分工。劳心，是大人之事；劳力，是小人之事；劳心者治人，劳力者治于人。”

孟子不像孔子说话含蓄，而是快人快语。孔子还自称：“吾少也贱，故多能鄙事。”出身如此，所以孔子对于责他四体不勤、五谷不分的人，道虽不同，尚能敬而远之。而孟子则不客气，指出人有劳心、劳力之分。

言外之意，孟子问许行等人，你们究竟是劳心者，还是劳力者？

是劳心者，就不要以耕田骄人，就应该去承担治理国家的使命；是劳力者，就应该致力于公田，做一个好公民。道德上，虽然人人平等，但这并不妨碍社会分工。

治理国家，满足人的需要，要建立在社会的多样化上面，不能靠单一性。

对此，陈相作为反方，反驳道，“市贾不贰”，则“国中无伪”；“布帛长短同”，“麻缕丝絮轻重同”，“五谷多寡同”，“屦大小同”，价钱就会一样。

孟子说：“万物本来就不同，人对不同之物会差别对待，不同的产品价钱也不一样，这是人之常情。你要一刀切，搞统一价格，这哪里是治天下，分明是乱天下呀！如果大鞋和小鞋都一样价，谁还来做大鞋呢？用许行说的那一套来治理国家，人民的真实需求得不到满足，就会变得越来越虚伪，靠一刀切，哪里能治理国家？”

孟子批判了以许行为代表的农本主义的思想，他虽然回到周朝的井田制，但他并不反对市场经济。对那种利用国家权力，统一人民需求和市场价格的想法，孟子坚决驳斥，坚信以公田为中心的公有制和以市场为前提的社会分工，可以并行之。

这样的仁政思想，很有一点儿农业社会主义市场经济的味道。

社会主义和市场经济，都来自人性，都基于人心。人人皆有平等心，需要社会主义；人人皆有自由心，需要市场经济；将这两者都协调好了，就是仁政。

井田制，本来就有空想的成分，它是国家主义下的一个理想化的经济模型，在容纳市场经济上有很大的局限性，而孟子对此却从未有过理论上的反省。

孟子之辩，划清了仁政与农家社会主义的界限，取得了理论上的胜利。但现实政治却更为严峻，诸侯兼并，要求所有的理论，都必须首先面对生存，回答能否或如何方能富国强兵。即使是圣人，也要经受这样的拷问，更何况圣人不应该是失败者。可不，滕文公就来问他了：“齐人在修筑薛城，我害怕齐国入侵，应该怎么办才好呢？”

他不好正面回答，就给滕文公讲了一段周朝先王的历史：

“过去先王公刘居邠，狄人来掠夺，先王先是送了皮币给他们，他们还是要来；接着又送了犬马给他们，他们依然要来；再送珠玉给他们，他们照样来。于是，公刘说：‘看来狄人是想要我的土地，那我就走吧。’说走就走，先王离开邠地，翻越梁山，迁徙到了岐山下。邠人说：‘那是仁人啊，跟他走吧。’公刘失去了一切，只留下了戎狄不要的仁义，还有人民。”

孟子告诉滕文公，一切都可以失去，唯有仁义要留着，哪怕你亡国了，只要仁义还在，你的后世子孙，也一定会再次兴旺起来，继承你而成为王者。

但问题是，公刘还有地可以迁徙，可滕文公能往哪儿去？

孟子的大道理讲完了，可滕文公面对的问题，依然还摆在那里，于是，滕文公问他：“滕是个小国，处在齐国和楚国两个大国之间，投靠那一国好呢？”

这样猥琐的问题，竟然问到“舍我其谁也”的大丈夫头上来了，问得孟子好不尴尬，不过，这一次他没有发飙，而是耐心回答：“这样的谋划，非我所能及。但有一点，我可以做到，深挖河，高修墙，同人民一道保卫我们的国家，誓死而不离去。”

这同样是答非所问，没有回答究竟应该如何处理好国际关系，尤其是小国，应该如何看大国的眼色行事。孟子连“齐桓、晋文之事”都认为不值一提，更何况还要在齐、楚之间摇头摆尾？他见滕文公一天到晚为这样的事情烦恼，便觉得很无聊，他是仁政问题研究专家，不是纵横家，于是就想走。刚好魏惠王在魏国招贤纳士，他就带着他的学生，一行好几百人，离开滕国，到魏国去。那位魏惠王，正是被齐威王打败，比宝贝又比得丢了面子的家伙，他想振作起来，恢复他祖上的荣誉，就向天下士人发出号召。

孟子响应梁惠王的号召，来到了魏国。魏亦称“梁”，故孟子称魏惠王为梁惠王。梁惠王见了孟子，说道：“先生，您千里而来，一定会有利于我国吧？”

孟子听此一问，立马就回答：“王啊，何必言利？我有仁义呀。”为什么别言“利”呢？他是这样解释的：“如果人们都来言利，王带头说何以利吾国，大夫就会接着说何以利吾家，士人和庶人则跟着说何以利吾身，上下之人都来说利，国将危矣！王啊，你看那‘万乘之国弑其君者，必千乘之家’；你再看那‘千乘之国弑其君者，必百乘之家’。万取千，千取百，利还少吗？真是不少呀！可为什么还要窃国呢？那就是言利的必然结果啊！利之所在，不能不夺，这样的例子还少吗？所以，王啊，我要对你说，讲仁义就可以了，何必言利呢？”

梁惠王就那么一问，竟然问出他“一言丧邦”的一篇教训。

有一天，孟子来见惠王，王就站在水池旁，看鸿雁在天上飞翔，看麋鹿在山林奔跑，见孟子来了，就说：“贤者也喜欢这样休闲吧，我很快乐。”

孟子见惠王造了这么大的园子来供自己享乐，就对惠王说：“你知道文王的快乐吗？人民快乐他就快乐，人民先乐他后乐。文王也有台，文王也有沼，可那是快乐的人民自愿为他造的。快乐的人民呀，希望他们的王也一道快乐。所以呀，文王有台，那是民心的灵台，文王有沼，那是民意的灵沼，文王也快乐，如同鸢飞鱼跃，那是与民同乐。而桀、纣之乐，则是独夫的独乐，独夫一快乐，人民就遭殃。所以，《汤誓》说，造孽的太阳，为什么还待在天上？快掉下来吧，我宁愿同你一道灭亡。”

惠王说：“我对国家和人民，真是尽心啊！河内地区遭灾了，我就移民到河东去，送粮食到河内去，河东地区遭了灾，我也是同样处理。我考察了一下我周围的国家，那些国家的国君，对人民都不如我尽心，可他们的人民没有减少，我国的人民也没有增加，这是为什么？”

孟子回答说：“王啊，你喜欢打仗，那我就用打仗来比喻吧。战场上，战鼓一擂响，战士就要冲上去，可有人却逃跑了，有人逃了一百步，有人逃了五十步，逃了五十步的，回过头来嘲笑逃一百步的，这样可以吗？”

惠王说：“当然不可以，不管逃了五十步还是一百步，都是逃跑！”

于是，孟子进一步开导：“王啊，你懂得了这个道理，怎么还会希望你的人民会多于邻国呢？你们对人民的关心，就如同这五十步和一百步，没有根本区别。”

接着，孟子就提醒惠王，魏国完全有条件来实现他的仁政主张。

孟子说：“天地造万物，本来应有尽有，人取之不尽，但要有节制。种田不违农时，就会有吃不完的粮食；让鱼生息，那就有的是鱼吃；伐木不忘种植，木材就任你用；为人民养生送死，此为王道之始。”

他一五一十地跟梁惠王算了一本民生账：“其一，五亩之宅，树之以桑，五十者可以衣帛矣。其二，鸡豚狗彘之畜，无失其时，七十者可以食肉矣。其三，百亩之田，勿夺其时，数口之家可以无饥矣。七十者衣帛食肉，黎民不饥不寒；然而不王者，未之有也！这便是仁政的经济基础，是天地造万物就安排好了的，顺着天地之道去做，就是行仁政。可君主们往往另搞一套，让猪狗食人食，而人有饿死，却说：‘这不怪我，怪年成不好。’这何异于将人刺死而说‘不是我杀的，是兵器杀的’！王自责，则民自来。”

惠王说：“为什么要这样说呢？请指教。”

于是，孟子问道：“杀人，用棍棒和刀，这有区别吗？”答：“没有区别。”“杀人，用刀和政治呢，这有区别吗？”答：“没有区别。”“那么，你厨房里有肥肉，你有肉吃；你马厩里有肥马，你有马骑；可你的人民却饿死在荒野里，被野兽吃，这难道不是‘率兽而食人’吗？”

孟子谈民生，不论国计，而一国之君最关心的，却是国计。

梁惠王说：“我们魏国，本来是天下最强的，这您也知道。可我一继位，就东败于齐，连我的长子都战死了，西丧地七百里于秦，南辱于楚，我怎么办？”

孟子说：“那你就行仁政吧！行仁政，人民就会支持你，只要人民支持你，仅用木棍就能打败秦、楚两国的坚甲利兵之敌，你要信啊，仁者无敌于天下！不行仁政，你的人民都会成为敌人，没有人会为你打仗。”

孟子在魏国待了一年多时间，该说的话都说了，说到惠王去世，换了襄王即位。刚好，齐宣王派人来请他，他要回齐国，行前，孟子同魏襄王见了一面。

两人一见面，襄王就问："天下怎样才能安定？"孟子说："统一才能安定。""谁能统一呢？""不喜欢杀人的人能统一。""谁让他来统一呢？""那是天下所有人的愿望啊！宛如七八月之旱苗，就要枯槁了。天油然作云，沛然下雨，那旱苗就勃然兴矣。其如是，孰能御之？当今，如有不好杀人者，则民归之，如水就下，沛然无御。"

说完这番话，孟子就走了，对人说，梁襄王"望之不似人君"。

孟子到了齐国，稷下人气更旺了，《史记·田齐世家》说："宣王喜文学游说之士，自如驺衍、淳于髡、田骈、接予、慎到、环渊之徒七十六人，皆赐列第，为上大夫，不治而议论。是以齐稷下学士复盛，且数百千人。"

齐宣王授孟子卿职，问孟子"齐桓、晋文之事"，孟子说："仲尼之徒，没有人谈齐桓公、晋文公的事情，所以，儒门之中，没有流传，我也没有听说过。"

这一回，他没有直言，而是婉拒，因为他对宣王有好感。

宣王又问："怎样才能为王？"

孟子答："保民而王，势不可当。"

问："像我这样的人，可以算是保民的吗？"

答："当然可以算。"

问："您根据什么知我能保民呢？"

答："有人跟我讲了一件事。那一天，王啊，你坐在大堂上，有牵牛而过堂下者。王看见了，就问牵牛者，要将牛牵往哪里？牵牛者回答说：我要去把牛牵去杀了，用牛血来祭钟。王说：留下它吧！我不忍心看它战战兢兢、无辜而死的样子。牵牛者问道：那么，就不祭钟了吗？王说：请换一头羊吧。我想，这事情是真实的，对吧？你有这样一番用心，就可以为王了，别人都以为你是爱惜那头牛，才要换羊的，而我却知道，你那是于心不忍！不忍，就是恻隐，那是仁的觉醒。”

不知是几番仁政历练，使孟子有了经验，还是他与宣王之间，有着相契的因缘，本来牵牛过堂，没有那么深的含义，经他这样提示，就变成了行仁政的契机。

孟子听说宣王爱好音乐，就说仁政可以从爱好音乐开始。

有一天，他见了宣王，说：“王啊，听说你喜欢音乐，对吗？”

宣王很不好意思地说他喜欢的不是古代先王之乐，而是流行音乐。孟子说：“王啊，你喜欢音乐，仁政就有希望，流行音乐和先王音乐的乐理都一样。”

王问：“为什么呢？你能将其中的道理，给我讲一讲吗？”孟子说：“你一个人听音乐快乐，与他人一起听也快乐，可哪一种更快乐呢？”王说：“与人一起更快乐。”“和少数人听快乐，同很多人听也快乐，可哪一种更快乐呢？”王说：“很多人一起更快乐。”

孟子说：“这就是与民同乐呀！王能与民同乐，那就是仁政。”

宣王对自己行仁政没有信心，说自己爱钱财，于是，孟子就说，先王公刘也爱钱财，但他没有“为富”，而是“为仁”，同人民一起发财，让人民先富起来。

宣王还是没有信心，说自己好美色，孟子又告诉他，先王公刘也好美色，可先王知道，爱美色是人之常情，不能顾了自己，忘了人民，所以公刘带着妻子姜氏去为人民做媒，使人民“内无怨女，外无旷夫”，都能成家立业，这就是仁政。

孟子喜欢宣王，决定在齐国久居，就回老家将母亲接来奉养。不久，他的好友滕文公去世，他去吊唁，不料，回到齐国后，母亲接着也去世了。他将母亲的遗体送回老家安葬，守孝三年后，才回到了齐国。回来以后，他发现宣王变了。

于是，就去问宣王，说：“王啊，你有一个臣子到楚国去了，把妻子、儿女都托付给了朋友，请他照顾，可他回来以后，发现一切都变了，他的妻子、儿女在挨饿受冻，那情形啊，很悲惨，你说，对待这样的朋友，应该怎样办？”王说：“同他绝交。”

“王啊，如果你的属下不尽职，该怎样办呢？”王说：“撤职！”

“王啊，如果国家没有行仁政，那该怎么办呢？”王顾左右而言他。

孟子这次回来还发现，原来宣王身边的老臣，都不知到哪里去了，他很感慨，就说：“王啊，所谓故国，不是有老树的意思，而是有老臣的意思。”

王问：“那我应该怎样来确认他们有没有才干而决定取舍呢？”

孟子说：“不要光听你身边的人怎样说，要到人民中去，听人民怎样说。人民都说好，你就用他，人民都说不好，你就不用他，这样才是为民父母啊！”

面对王权，孟子不仅强调了人民性，而且还强调了革命性。

宣王问他：“汤放桀，武王伐纣，历史上有过这样的事吗？”

孟子说：“据史传记载，有这么回事。”

王问：“臣弑君，行吗？”

他说：“以不仁害人为‘贼’，以不义害人为‘残’，残贼之人叫作‘独夫’，我只听说汤、武王伐桀、纣是诛‘独夫’，从来没有听说过这叫作‘弑君’。”

孟子旗帜鲜明，捍卫汤、武革命的正当性与合法性。儒家造就圣人，要立足于两个根本，一个是人民性，另一个便是革命性，以此两点为前提，才能行仁政。

孟子希望他心目中的宣王，也能行仁政，实现他的圣王理想。

可不久，就发生了一件事情，使他大失所望。就在孟子服丧期满返回齐国的那一年，齐国北边的燕国，发生了一场由禅让引起的政治动乱，齐国不能不管。

原因是，燕王哙以子之为相国，让国于子之，国人不服，宣王派人致意燕太子平，表示支持，于是，燕太子平与将军市被攻子之，子之反攻，杀市被、太子平。

孟子对宣王说：“伐燕吧，现在就好比是文王、武王之时，时不可失。”

宣王听了孟子的话，就派匡章去攻打子之，一举攻入，乘乱杀之。

宣王问孟子：“是取了燕国好呢，还是不取为好？”他想取，以为天予。

而孟子却说：“这取决于燕民，燕民悦，则取之；不悦，则勿取。”

可宣王不听，还是要“取之”。结果，诸侯震动，燕民反抗，形势突变，宣王惶恐，对孟子说：“各国的诸侯们正打算联合起来对付我，我怎么来应付他们呢？”

孟子说：“汤以七十里地取天下，我还没有听说过拥有千里之地而害怕的。汤征伐时，天下人都信赖他，他东征，西方人就怨，南征，北方人就怨，都说，为什么不早点征伐我们这儿呢？人民盼望他，如大旱之望云霓。现在燕国人民都以为你来拯救他们于水火之中，箪食壶浆来迎接你的军队，可你的军队，却杀死他们的父兄，俘虏他们的子弟，毁坏他们的宗庙，抢走他们的国宝，这能不招致他们的反抗吗？天下诸侯，本来就怕齐国强大，齐国的土地扩大了一倍，可你还不行仁政，这岂不是招来天下诸侯对你用兵？现在改正还来得及，马上遣返俘虏，停止抢劫，征求燕国人民的意见，择立国君，然后撤兵。”

宣王还是不听，不久，燕国人都起来反抗，将齐军赶走了。

事后，宣王叹曰：“吾甚惭于孟子。”而孟子却有归意了。

孟子辞了职，正要动身时，宣王来见，对孟子说：“以前，我很想见您，却见不着；后来，我们在一起，我很高兴；现在，您要离我而去，以后我们还能相见吗？”

孟子说：“这正是我的愿望，但我不敢这样请求。”他的意思是，只要宣王行仁政，他随时都可以回来，可如果不行仁政呢，他决不留在齐国当个仁政的摆设。宣王派人转告他，愿以万钟粟、大房屋，请他留下。他答复来者：“我不是为富贵而来的。”

淳于髡听说他要走，也赶来见他，对他说：“将名实放在前面，考察起来方便，是为人考虑；将名实放在后面，很难进行考察，是为自己考虑。你的名字，已列在三卿之位，却未行三卿之实，名未副实，就要走了，所谓仁人，难道就只考虑自己吗？”

孟子回答说：“每个人的情况都不一样，谈名实时，不要用一个标准来谈，谈仁义也是这样。伯夷、伊尹、柳下惠三个人的个性和行事的方式都不一样，但他们都是君子，都行仁义，只要行仁义就可以了，没有必要要求他们每个人都必须一样。”

孟子的意思是，他虽然名列三卿，但与其他三卿就是不一样。

他离开齐国时，有人听了宣王的吩咐，一直跟着他，劝他留下。

来人不停地劝说，他听得厌倦了，就闭上眼睛，假装睡着了。

来人不高兴了，对他说：“为了来见您，我头一天很隆重地沐浴了一番，可您却不理我，我再也不敢来见您了。”他一听，就说：“你们都来劝我留下，为什么不去劝王行仁政呢？我不知道，你们这样做，究竟是我跟你们过不去，还是你们跟我过不去？”

有个名叫尹士的齐国人批评他：“不知道齐王是齐王，汤、武归汤、武，只能怪自己糊涂；明知道齐王不行，还要来，是有所贪图；来了又要走，是为自己着想，光图自己舒服；走又不快走，在临淄城的西南郊歇了三天，黏黏糊糊，哪里像个大丈夫！”

孟子听了这番话，就说：“尹士不懂我的心啊！我从很远的地方来见齐王，是为了今天要走吗？走是不得已啊！我在临淄城的附近等了三天，是希望齐王回心转意，叫我回去。他派人来劝我，留我，就是不提仁政二字，我留下还有什么意思？我舍不得齐王啊，他虽然不是汤、武那样的王，但在当今之世已经很难得了。国有三宝，土地和人民，齐国都有了，就少了一样仁政啊！我本想追随齐王大干一番，没想到这样就走了。我在临淄城外等了他三天啊，他都没有真心实意来请我，我知道他已经铁了心，这才下决心真的要走了。”

孟子就是孟子，将内心和盘托出，没有半点儿矜持。听了这番话，尹士自责道：“我真是个小人啊！”就这样，孟子一行，终于离开了齐国。一路上，孟子心情沉重，面色庄严，学生问道：“老师，您脸色不好，您不是说过君子不怨天、不尤人吗？”

孟子说：“此一时，彼一时也。此时，我在考虑啊，五百年必有王者兴，这期间，有人要带着天命问世。从周武王以来，如今已有七百年了，这人应该问世了。可他是谁呢？环顾当今之世，那就是我啊——舍我其谁也?！老天不想平治天下也就罢了，如欲平治天下，除了我，还能有谁呢？这样一想，我就感到自己责任重大，不是不高兴啊！”

宋人绘《孟母教子图》

这幅《孟母教子图》，是宋人画的，画面很生动。

宋代以前，孟子没有什么名气。孟子是宋人发现的。宋人推崇孟子，如宋代大理学家朱熹。他的一部巨制名著《四书章句集注》，成为宋代以后科举考试的教材，而荣列四书的有《大学》《中庸》《论语》《孟子》。孔子死后，儒分为八，唯有孟子获得如此殊荣，当归功于宋人。

这幅宋画的中心，有一女子拉着孩子，那孩子一转身，我们的视线，也跟着转向画面的左下角了，一耕者牵牛，似乎要从画面走出去。

那孩子，要挣脱母亲的手去追，是什么如此吸引他？

他想走进唐人诗意，去玩牧童游戏——遥指杏花村？

可母亲使劲一拽，拽断了他的念想，当时谁也没想到，这随手一拽，竟然拽出一位孟子来，而那位使劲拽的母亲，亦因此而母仪天下。

孟母用右手拽着她的轲儿，左手捧着书，指向右上方。

在画面的右上方，端坐着一位先生，正在给孩子讲书。

现在看来，孟子小小年纪，就已面临向何处去的问题，向左还是向右？走向耕田的农民，还是满身书卷气的先生？这是一个重大抉择。

有人说，那农民脚上有牛屎，手上有老茧，更有资格当先生。可孟母却不这样看，她转过身来，低下头去，用母爱呵斥轲儿，向右去。

用阶级的观点来看，向右去是什么路线？是地主阶级路线还是奴隶主阶级路线？这样的看法一度很流行，连孟母教子都要用阶级认证。

其实孟母的伟大，基于很朴实的一点，那就是孩子受教育，有如天经地义一般，是绝对理念，近代以来的义务教育观念，就出于这一点。

当然这一点里，也包含了分歧，如义与利、劳心与劳力。

后来，孟子见了国君，开口就说“何必曰利”，其价值取向，归根结底，就在孟母那一拽里。那一拽，除了伟大，是不是还带有点势利？

比如说，孟子就不像庄子那样能放下自己，与劳动者打成一片，融为一体，他能把民本主义谈到天上去，但他的脚绝不在地下粘一点牛屎。

孟母教子，还有一断，孟子的革命性就来源于这一断。

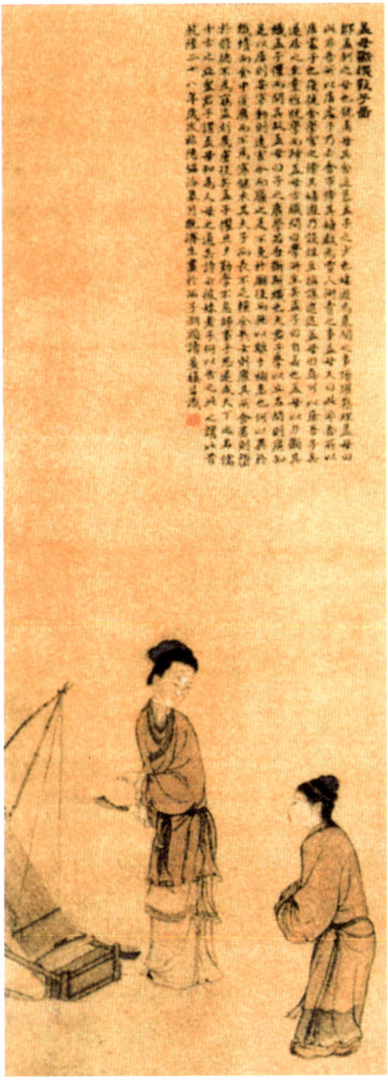

《孟母断机教子图》，（清）康涛绘

我们再来看这幅清人康涛画的《孟母断机教子图》。

画面右上方，题述了孟母三迁择邻、断机教子的故事。

孟子少时丧父，居处近于墓，学丧哭，孟母迁之；近于屠，学屠夫，孟母又迁之；迁到学校附近，终日闻琅琅读书声，而成一代大儒。

画面下方，描绘了孟母断机教子的情景。孟母侧身，立于织机边，左手指机，右手执刀，似在教训；右下方，孟轲受训，但童心未泯。

孟母慈而能断，慈母也；孟轲率性而孝，孝子也。

孟母一断，孟轲终生受用。受此一断，而能“辟杨墨”也，而欲“诛一夫”也，而斥暴君“率兽以食人”也，而成一巍巍大丈夫也！

一脚牛屎的朱元璋，终于做了帝王，他最烦孟子“诛一夫”，嫌他不该他管偏要管，不当他断偏要断，将他打入儒教另册，逐出圣人行列。

镶嵌金银镂空网套饰壶，通高 24 厘米，口径 12.8 厘米，腹径 22.2 厘米，重 6.25 千克，江苏盱眙出土，南京博物院藏

镶嵌金银镂空网套饰壶是盛酒器，镂空工艺，饰纹繁复，有卷曲起伏的长龙九十六条，由梅花钉衔接；两耳为立兽竖耳，兽面装饰绿松石，通身错金银，壶肩有错金流云，极为精美。口沿内有铭文十一字，记录本器的重量和容量。圈足内铭文三十九字，以炫耀功绩的口气记载了齐国陈璋伐燕国所获。

公元前316年，燕国燕王哙禅让王位给宰相子之，燕太子起兵夺王位被杀。齐宣王乘燕国大乱，派大将匡章，即铭文所载的陈璋率大军攻进燕国。匡章又叫田章、章子等，是战国时期的名将。燕王哙被杀，宰相子之逃亡，后被齐人抓住剁成肉酱。

彼时，孟子游说齐国行仁政。齐宣王向孟子请教如何称霸，孟子趁机劝说宣王弃霸道行王道。不过，宣王不听，任军卒士兵在燕掠夺抢劫民财，致燕人反抗，又有赵、魏、韩、楚、秦等国施压，齐国撤军，燕人立公子职，为燕昭王。

齐宣王是齐威王的儿子，孟子第一次游说齐国，就是齐威王之时，孟子不仅得到齐威王的厚待，还和大将赵璋成为好朋友，两人常为王道霸道讨论，但齐威王只想孟子做个稷下学宫里的养士，装饰齐国的门面，孟子失望而去。齐宣王即位后，孟子又怀揣他的理想，来到齐国，齐宣王还是让他失望了，孟子决定再一次离开齐国。可是，走遍天下，利君还是利民都是君主专制所无法解决的问题。虽然齐宣王也发出了“吾甚惭于孟子”的感叹，但他的国家本质还是君主专制，以利君为第一要。

06

孟子“辟杨墨”与墨子非儒

孟子行仁政未果，就转去“辟杨墨”了。

“杨”，指杨朱，“墨”，指墨翟。孟子为什么要“辟杨墨”呢？因为杨墨之学影响很大，天下之士“不归于杨，则归于墨”，所以要辟。

孟子这样说，并不很确切，因为，杨朱是个彻底的为我主义者，他既不会去著书，也不会去讲学，在当时不会有那么大的影响，事实也是如此。

我们翻遍历史，亦未见杨朱有过什么著述和弟子，其影响，本与墨子不可同日而语，可孟子却偏偏要将他与墨子相提并论，为什么要这样做呢？

是为了凑成一个人性的对子，如孔子所言“过犹不及”。墨翟因兼爱而无我，是人性之“过”，杨朱以为我而唯我，是人性之“不及”，都是偏执。

孟子东拉杨朱，西扯墨子，把他们放在一起，声东击西。

孟子之前，杨朱没有什么名气，西河学派没见他的身影，稷下学宫也没有他的踪迹，可孟子一骂，他就有名了，给他戴一顶“为我”的高帽子，本来“莫须有”，是为了立一块人欲的靶子，进行射击，没想到靶子成了主义，杨朱风头无敌。

杨朱没有著述，却有了主义；没有弟子，却成了一派宗师。

孟子以后，《荀子》、《韩非子》、庄子后学以及《吕氏春秋》，都提到杨朱，但都不像孟子那样大张旗鼓，《荀子·非十二子》没有杨朱，显然没把他当作一派的代表人物，只是在《王霸》里，说了一句“杨朱哭衢涂”，以此一“哭”，说明杨朱还没有找到自己的路。《庄子》书中，称杨朱为“阳子”，古汉语里，部分情况下阳、杨通用。《应帝王》篇言“阳子居见老聃”，《寓言》篇言阳子遇见老子，可见庄子的后学，都把杨朱当作老子的弟子，未能自立门派，故《天下》篇不提阳子，可见也没怎么把他当一回事。

唯有孟子，说杨朱之言“盈天下”，有如洪水滔天，要他来辟。

他说：“杨氏为我，是无君也；墨氏兼爱，是无父也。无君无父，是禽兽也。”

孟子一辟，是战国风气，带有霸气和杀气，不像春秋诸子那样讲礼。

墨子《非儒》，亦如此。墨子学儒者之业，受孔子之术，本来也是儒门中人，叛逆就不必说了，可他竟然反戈一击，将矛头直接对准了孔子，《非儒》言孔子：

> 孔某人来到齐国，成了齐国流行的话题，齐景公问晏子孔某为人。
>
> 晏子不回答，景公又问，还是不回答。景公说道：“有很多人跟我谈起孔某，都说他是贤人，现在我问你，你却不回答，这是为什么？”晏子回答说：“我没什么出息，不知道什么样的人是贤人。不过，我听说过，贤人来到任何一个国家，都要使该国的君臣更加亲密起来，上下有怨气，要帮着疏通。可孔某人到楚国去，知道白公叛乱，不但不制止，反而参与，这是劝下乱上，教臣杀君，我不知道孔某与白公有什么两样，所以不回答。”

景公听了，说道：“你不告诉我，我终身不知孔某是与白公同样的人。”

景公本来想给孔子一块封地，他把自己的想法先告诉了晏子，晏子反对，说孔某人“盛容修饰以蛊世”，最好还是将他打发走。景公听了，对孔某人敬而远之。

孔某人因此“怒于景公和晏子”，将鸱夷子皮，也就是范蠡，推荐给了田常，并结交了南郭惠子。刚好齐要伐鲁，孔某人便对门下子贡说，成大事就在此时！

子贡一听，就跑到齐国去，通过南郭惠子，去见田常，劝他伐吴，使高、国、鲍、晏等家族一致对付吴国，而顾不上防齐国，田常同意了，子贡又去劝越伐吴。

结果，三年内，齐、吴遭“破国之难”，伏尸无数，乃孔某人所为。

孔某人“穷于蔡、陈”时，子路拿酒肉来，孔某人不问来由就吃喝，等到鲁哀公派人来迎接他时，他又装模作样地端起了架子——“席不端弗坐，割不正弗食”，子路问他为什么跟在陈、蔡时不一样，他说，那时为活身而妄取，现在能吃饱就要讲礼仪。因此，非儒者曰：“污邪诈伪，孰大于此！”还说，孔某人为鲁国司寇时，舍公室而为季氏开绿灯，弟子受其影响，非圣无法，犯上作乱，或以叛乱伤命，或以叛乱致残，都没有好下场。

最后，非儒者斥之曰：“今孔某之行如此，儒士则可以疑矣。”

这样诬蔑孔子以非儒，难怪孟子要挺身而辟了——非好辩也，乃不得已也！孙诒让以为《非儒》乃墨子之徒所为，与墨子本人无关。这样的说法，其实很乡愿，《非儒》既然在《墨子》一书中，墨子责无旁贷，就是《非儒》的第一责任人，这是学派行为，并非个人行为，即使墨子本人去世了，可非儒的思想主张也是他定下来的，至于哪一句真，哪一句假，墨子本人都未必清楚，有关孔子的言行，他基本上是听说的，更何况他的后学了，至于想听什么，不想听什么，则完全取舍在己，这取舍的原则，也是墨子定下来的。

墨学，当时是显学，与儒学对峙，看来不分上下。孟子辟墨，本欲将墨学拉下来，降到杨朱那样的档次，凸显其睥睨之势，结果墨学没被拉下，反而将杨朱抬举起来，与儒为敌。杨朱没有非儒，却被孟子拉来陪谤，被斥为禽兽，就因为孟子说他主张“为我”，以天下之利，来换他一根毛都不换。这个命题很吓人，要理解这个命题，首先要问，这是杨朱的原始主张，还是经由孟子提出来的，很可能被“孟子化”了的主张？

显然，被“孟子化”了，这口吻，这气势，都是“孟子化”的。

于是，接下来，我们就要问，即便如孟子所言，是否有合理性？

为了强调杨朱学说的合理性，有人将杨朱的主张，上升到个人主义的立场，却忽略了个人主义的立场，主要是个人权利形态的，个体生命形态在其次，而杨朱的主张，其出发点和立足点都是生命形态的——“贵己”“全生葆真”，与个人权利无关。

当然，我们还可以用思辨的眼光来重新审视这一命题，将“天下之利”与“一毛”的关系，做一番名与实的考虑，就会像后来的惠施那样，发现原来“天与地平，山与泽齐”，“天下之利”与“一毛”其实也彼此彼此，孟子的雄辩，在此便化为一嗤。

或如后来禅师，当头一棒喝去：“天下之利”是何东西！答曰：仁义。

或曰：仁义何在？拿去！答曰：在心里，拿不得的。“一毛”是何东西？答曰：已在手里。心与手中物如何交易？抽象之名与具体之实如何交易？

答曰：不易！

无论名辩，还是禅语，都不足以言孟子的心绪，圣人之徒的忧与乐，自有一番上下与天地同流的气势，孟子雄辩，往往非以尽理胜，常以尽气胜，如“天下之利”与“一毛”之间，以近乎无限之落差，蓄足了巨量的势能，其势，一泻千里，而沛然无御。

气势虽然很足，但理上难免有亏，说杨朱“为我”是无君，似乎还将就着能说得过去，说墨子“兼爱”是无父，于理就无论如何都说不通，儒家《礼运·大同》本来就主张“老吾老以及人之老，幼吾幼以及人之幼”，这样的“泛爱众”与“兼爱”在本质上没有什么两样。孟子哪怕像后来的郭沫若那样，说一句使爱泛滥而无爱，那也算一个理由，可他什么也没说，就做了“无父”的判决，这是孟子的一个特点，只管意气风发。

可墨子批评孔子，虽有不实之词，但并非不讲道理。在《墨子·耕柱》里，叶公子高问政于孔子，孔子对叶公子高说，要使“远者近之，旧者新之”。而墨子则指出，这两人，一个不会提问题，一个不会回答问题，叶公子高当然知道要“远者近之，旧者新之”，他要问的是，怎样使“远者近之，旧者新之”，而孔子也是言不及义，“不以人之所不智告人，以所智告之”，似是而非。孔子的回答，多一言以蔽之，有简单化的问题。

在《墨子·公孟》里，墨子坚决否定孔子“可以为天子”。

公孟子对墨子说：过去啊，圣王安排的顺序是这样的，“上圣立为天子，其次立为卿、大夫”，像孔子那样“博于诗、书，察于礼乐，详于万物”，那他一定是圣人吧？如果让懂得最多的人当圣王，那岂不是要以孔子为天子吗？墨子回答说：拥有真知的人一定要“尊天事鬼，爱人节用”，要把信仰和做人做事结合起来，才能获得真知，刚才你说的“孔子博于诗书，察于礼乐，详于万物”，都不能算是真知，因为那些知识都是别人早就说过的，是从别人那里听来的，学来的，是“数人之齿，而以为富”，不过拾人牙慧而已。

在这里，墨子提出了知识的来源及其标准问题。知识的来源，一般说来，都与圣人有关，诸子普遍认为，富有知识，是圣人的一个重要标志。而圣人的知识从哪里来？通常都认为是从历史传承中来，要多问、多听。听和说是获取知识的主要渠道，因此，“圣”字在金文中，作一人而特大其耳，即“耳通为圣”，这在孔子就是“六十而耳顺”。后来诸子发现“心之官则思”，亦即孔子所谓“从心所欲不逾矩”，因此，“耳通”的圣人就向“心通”转变了，思想者代替传承者，成为新的圣人。而公孟在这里说的“博、察、详”的孔子，还是传统意义上的“耳通”的圣人，这样的圣人理所当然要遭到墨子的批判。

在墨子看来，真知不是从对诗书、礼乐的传承中来，而要从亲身经历中来，在“爱人节用”的社会实践中获得真知，这还不够，还要有信仰，在有信仰的前提下，真知才能变成真理，因此，圣人不光是传承者和思想者，还应该是个信仰者，要“尊天事鬼”。

孔子“尊天”而不“事鬼”，“爱人”而不“节用”，在真知和真理两方面都有欠缺，因此还不能算作墨学标准的圣人，相应地也就不能成为天子了。但孔子毕竟还拥有部分真知和真理，其思想也就放出真知和真理的偏光。墨子并非一味批孔，他在一些场合曾公开赞扬孔子。“子墨子与程子辩，称于孔子。程子曰：‘非儒，何故称于孔子也？’子墨子曰：‘是亦当而不可易者也。’”由此可见，他承认孔子的思想有真知和真理的成分。

青玉《行气铭》

青玉《行气铭》，高5.4厘米，外径3.4厘米，器型为十二面棱柱体，每面三个字，共三十六个字，讲述呼吸和运气的步骤，这是战国人对身体与生命过程的认知维度，它来源于中国古老的哲学趣味，所谓气聚而生，气散而亡。有气便可凝结生命，无气便与生命状态脱节了。而杨子要找的是肉体皈依精神的自我，有着判断力和选择力的自由意志的自我。

杨朱“为我”

杨朱是战国思想家中的“另类”，他发现，中国的圣人之道里走丢了一只“羊”，丢了一只什么“羊”？是自我。因此，他高举“为我”的旗帜，去把“我”找回来，可他一上道，行了不远，就面临歧路：“我”究竟是在哪一条路上丢失的呢？他临歧路而哭，孟子不懂这一哭，骂他只知有我，不知有君有父。

悲乎！杨子一哭，真伤心人也，谁人懂得？有嵇康打铁。

可笑天下君王，只怕丢了山河，谁知丢了自我？

07

墨子尚贤民主论与权义国家论

墨子为什么要那么认真地批评孔子?

当然是因为他们的思想有分歧，分歧究竟在哪里?

大言之，是由于墨“尊夏”，而儒“从周”，对历史的不同选择，形成了两条不同的思想路线，墨子非孔，孟子辟杨墨，展开了思想战线上的斗争。

先秦诸子中，“祖述尧舜”的，不光有儒家，还有墨家。

儒“从周”，虽然“祖述尧舜”，但重点还在“宪章文武”。

而墨子“尊夏”，显然重在“祖述尧舜”，其间差别很大。

禹行尧舜之道，其时，王朝尚未形成，故“尊夏”尊的就是王朝之前的那个文化中国；周行文武之道，王朝中国已然大成，故“从周”从的就是王朝中国。

如果我们真的要给王朝之前的尧舜之道续个道统，那道统，也应该续在墨家，而非续在儒家， 儒家将尧舜之道打了世袭制折扣，以之适应王朝中国的需要。

禹之时，时代转型，青铜时代挑战玉器时代，中国向何处去?

是抗拒青铜时代，不惜玉碎，还是跟着青铜时代，加入世界体系?

作为良渚化世界的那个玉帛古国文明的代表，禹拥抱了青铜时代。

两个时代的文明成果，都被他整合起来会通了，东西方各得其所。

青铜化世界的中国梦，是禹开启的，但后来出现的那个王朝中国——殷墟，是禹所要的吗？墨子的回答是：不是！因为“尚贤”几乎就是世袭的反义词。

还是让我们回到《墨子》中去，从“禹墨之学”里继续深入探讨吧。

墨子说的“国家起源”，有两个起点，历史的起点——“尚贤”，即尧、舜、禹出现，逻辑的起点——“尚同”，是因为“天下之欲同一天下之义”而形成了国家。

《墨子·尚同》说，天始生民，未有国家，那时，一人一义，人各是其义，而非人之义，因歧义而天下大乱，故须“尚同”——“同一天下之义”，由谁来“同”呢？那就得“选择贤者”了，也就是“尚贤”，这样选出来的“贤者”，墨子称之为“天子”。

在这里，我们难免会联想到西方近代以来的国家学说，谈国家，多谈“个人权利”，从“权利”的让渡上来谈国家起源，而墨子则高谈“个人权义”，从“权义”的结合上来谈国家的起源，很有些道德优先追求普世价值的样子。相比之下，“权利”是交易行为，而“权义”则表现为价值认同了，因交易而有社会契约，因认同而有文化选择。

“尚同”靠什么？靠天子，“天下尚同于天子”。可天子怎么产生？

是从一人一义的天下里“选择”的。谁选？当然是天选，因为“天子尚同于天”，但“天视自我民视，天听自我民听”，所以，还可以说是民选，不是由一人一票的民来选，而是由一人一义的民来选。如此“天民”说，看似“从周”，实与之迥异，“从周”的核心，是天命观，要有真命天子，这样一来，天选便与世袭制挂钩了。而墨子却主张“非命”，他要“非”的，就是那个天命的“命”，天选他不“非”，他要“非”命定，命定是世袭制的制度安排，所谓“真命天子”就从这制度安排中来，墨子要反对的，就是这制度安排，但世袭制背后，有天命观撑腰，所以，先要“非命”，拿掉它背后的支撑，谈何容易！

天命观，是儒家政治思想中最为深邃的东西，墨子为了“非命”，使用了“三表法”，说“言必有三表”。何谓三表？曰“有本之者，有原之者，有用之者”，要“本”之于“古者圣王之事”，“原”之于“百姓耳目之实”，“用”之于“刑政”而见其效。

有了“三表法”，墨子就可以对“义”检验，凡经得起检验的，便是“正义”，经不起检验的，就是“非正义”，能使天下“尚同”的“义”，当然是“正义”，国家的起源，就源于“国家正义”，“天下尚同于天子”，就因为“天子”代表了“国家正义”。

可“天子”怎么产生？不能由命，必须“尚贤”，“尚贤”就是“选择贤者”，如何选？以“三表法”来选。先立“本”，用古之圣王做对照，一对照，就知道是不是做天子的那块料；再探“原”，探之以“百姓耳目之实”，也就是让百姓来选；这还不够，还必须“发以为刑政”，让实践来证明。也许当年尧选舜、舜选禹就用了这样的“三表法”。

它包含了三个选项：先由帝选，如尧之选舜、舜之选禹，推荐候选人；继以民选，让百姓来公决；还要试用，也就是“发以为刑政”，用政绩来做最后的决定。

就这样，天子产生了，但“义”从何来？墨子说：“义”出于天。

这已非一人一义的“义”，而是使“天下尚同于天子”的“义”。

这样的“义”，当然就是“国家正义”，亦即墨子所谓“仁义”，故天子为政，当行“义”于天下，以其普世价值，而为天下认同，使国家成为“权义共同体”。

然，“义”非空洞概念，必有实质内涵，实质为何？曰：爱与利。

天子以“尚同”行之，则“兼相爱，交相利”，用普遍的“爱”和共同的“利”，缔造一个新的共同体，这应该就是禹墨“新中国”的想象了。但天子“建国设都”，以天子一人之知力是不够的，墨子说“天子以其知力为未足独治天下”，所以，还要建立政府，要“选择其次”，立三公以佐治，可天下太大，三公远远不够，所以，还得“分国建诸侯”，然而，光有诸侯还不够，还得立卿宰以佐国君，卿宰之下，又立乡长、家君等。

如此这般的“建国设都”和“分国建诸侯”，看似“从周”，实为“尚贤”，不仅“建国设都”的天子出于“尚贤”，“分国建诸侯”的国君也由“尚贤”产生。

国君以下建制，如卿宰、乡长等，也均以“尚贤”原则贯穿。

我们之所以很肯定地说是“尚贤”，是因为墨子只字未提“世袭”，没谈“君臣”“父子”。没了宗法制做根据，没有血缘纽带维系，“分国建诸侯”就告别了分封制，其国家形态便与联邦制相似，其国家观念便与天命脱钩，而向“帝”追求同鬼神靠拢。

“率民以事神”，墨子更近于殷，故其赞美“汤兼”，但他的“帝”同殷人的“帝”又有所不同，殷人的“帝”是他们自己的祖宗神，而墨子的“帝”则是人类性的神。祖宗神是世袭制的保证，是王朝中国的根本，而人类神则是人类“兼爱”“尚同”的原因。

“义”出于天，是为“天志”，也就是“帝”的意志，“帝”是天的主宰，这就像基督教里的上帝了，但基督教的上帝是创世的和唯一的，这两点，我们在墨子那里没有见到。还有就是基督教里没有鬼神，只有灵魂，而墨子却多谈鬼神，寡言灵魂。

鬼神之于墨子，是天人之际的一个中间状态，墨子所谓“交相利”，超越了人与人之间的互利，它包含了“上利于天，中利于鬼，下利于人”三个层面，虽然统归于“帝”，但“帝”也不是一竿子插到底，要让鬼神来监管人间。总之，“帝”作为“天志”——最高的主宰，在墨子那里，是个自明的存在，就如同公理，无须证明。它是一切的起点，万物的来源，所有的归宿；它的意志，就是“天志”，那是“义”的起点，“爱”的来源。

西方人在基督教里经由“权利”通往上帝，而墨子则通过“权义”走向“帝”；西方人以“权利”使国家成为他们的利益共同体，而墨子则欲以“权义”把国家建成“祖述尧舜”的一个新的共同体。相比之下，西方人的“权利”，已逐步落实在他们的国体里，而墨子的“权义”构想，倒像一个自绝于王朝中国的乌托邦，没有儒家那样的调和性。

在墨子那里，通往“帝”的路本来有两条，一条是“兼爱”之路，也就是“权义”；另一条是“交相利”，亦即“权利”。这两条路，他都认可，但他在“尚同”时，还是有所侧重，“尚同”于“义”，而未“尚同”于“利”，强调“义”出于天，而非“利”出于天。我们既没能从自古以来的王朝中国发现“权义”的可能性，也没能从近代以来民族化的主权国家里看到“权义”的可行性。即便如此，我们也不能说墨子的国家学说仅仅指向了未来，纯属于乌托邦的性质，正如“天下为公”和“人类大同”曾经出现于尧舜之时，墨子的理想国有可能是“祖述尧舜”时的，是被那个良渚化的玉帛古国的回光返照了而已。

08

墨子神学政治论与神性历史观

王守仁《传习录》第九十三条谈到了“仁爱”与“兼爱”。

有人问：何以墨子主张“兼爱”反而不能说是“仁”呢？

阳明先生曰：“此亦甚难言。”尽管难说，但他还是接着往下说了。

他往哪儿说呢？往“生生”上说，说到造化上去了，他说：仁是造化生生不息之理，虽弥漫周遍，无处不是，然其流行发生，亦只有一个“渐”，所以生生不息。那“渐”，便是个有始有终的过程，要有个“生”的发端处，譬如树木，发芽，便是木之生意发端处，然后发干，然后发枝生叶，若无芽，哪儿来干与枝叶？能发芽，必是下面有个根本在。

当年，阳明先生格竹子，未能格通，反倒格出一场病，这回，要从树的“渐”变里，格出个“仁”来，他真的格通了吗？也不见得。请看，他是这样说的：树无根何从抽芽？这显然是要从根本上来立论了。但他话锋一转，马上转向父子兄弟之爱，说那便是人心生意发端处，就如同树木发芽，由此及彼，而仁民，而爱物，好似树木发干、生枝、生叶。继之，又一转，就转到墨子“兼爱”上去了。王阳明指出，“兼爱”没分别，无差等，便是将自家父子兄弟与过路人一般看待，自己没了发端处，还怎么发芽？如此这般，何来生生不息？又怎能称得上“仁”？他认为，孝弟（悌）为“仁”

之本，仁理从里面发生出来。

墨子也谈仁义，却没放到孝弟上来谈，更不要说以孝弟为本了，他的根本在天上，不在人间，义出于天，当然也包括仁义，就是那个“让世界充满爱”——“兼爱”的仁义，那是“天志”在人间的表现，是“帝”的自由意志降临人间，若亦以孝弟为本言之，那么“帝”就是最高的父，而全人类则是兄弟姊妹了。儒墨各有其本，儒以宗法为本，墨以宗教为本，祖宗是宗法之父，“帝”是宗教之父，宗法出孝弟，宗教出信仰。阳明先生只知儒本，未知墨本；只知有宗法，未知有宗教；只知有祖宗，未知有“帝”；只知有孝弟发芽，未知有信仰发芽。所以，在“仁爱”与“兼爱”之间，知有“仁爱”，而未知有“兼爱”。

墨子的政治思想，严格说来，并非宗教教义，但还是可以看作准宗教的“神学政治论”和“国家正义论”，尤其在倡导平等与博爱这两方面，墨子的主张，同基督教的教义颇为相像。不同之处在于，墨子的上帝，虽可说是最高神，但非唯一神，除了“帝”，他还有鬼神，那是个泛神的世界，不光人能转化为鬼神，还有山川和动植物，也会化作鬼神，让我们想起了青铜上那些光怪陆离的纹饰所呈现的狞厉之美，想起《山海经》里的那些“怪力乱神”所表达的有关自由意志的神话和传说，还有良渚化世界里的玉帛古国的神徽等，这些都在《墨子·明鬼》里得到了一个以历史为依据的趋于简明的说法。

中国最早的“神学政治论”，从汤革命就开始了，汤“率民以事神”，开了中国之初政治“神化”的头，历史以“神化”开头，接着神话来说，神话里的神，要进入历史，就得“神化”，由原来的神话传说“化”为历史叙述。所以，初期的历史人物，大都具有神人二重性，显示出神话与历史交错的特征。这一特征，在禹身上就表现得很充分。中国之初的先王先公们，带着“我就是神”的信念来开创历史，他们的活动，不仅赋予了历史以神性，还推动历史从神话走向人文。这样形成的历史有神论，虽然不是宗教意义上的神创论，却在历史的活动中表现了神性特征。他们的神性，不是以宗教信仰来体认，而是通过对历史的认识来确认。《墨子·明鬼》就不断以历史的经验教训来证明鬼神存在。

墨子对先王的神性深信不疑，他特别强调了“古者圣王必以鬼神为”，还怕“后世子孙不能知也，故书之竹帛，传遗后世子孙”，又怕竹帛易腐，所以，“琢之盘盂，镂之金石”，这还不够，先王还把鬼神统统写到书里，传之后世。对于今执无鬼者“亦何书之有哉”一问，墨子分别列举了《周书》《商书》《夏书》中的鬼神例子。其于《周书》则曰“若鬼神无有，则文王既死，彼岂能在帝之左右哉？此吾所以知《周书》之鬼也”，其于《商书》则取“山川鬼神，亦莫敢不宁”言之，其于《夏书》更以《禹誓》极言“古圣王必以鬼神为赏贤而罚暴”而“知夏书之鬼也”，总而言之，“则鬼神之有，岂可疑哉”？

这样的神性历史观，进入王朝以后，相应地亦有所变化，主要是神的属性变了。在宗法制里，那些开创历史的神，变成了宗庙祖宗神；在世袭制里，那些守护人类的神，变成了一家一姓的守护神。这样的神，已不再“尚贤”，也无须“尚同”，其世界从“天下为公”退到“家天下”，从“人类大同”退到“王朝大一统”；其本身，也从表现自由意志的神，变成了国家制度里的天命，作为制度安排的根本，向制度输入命定。墨子“非命”，说到底，就是要针对国家制度里神本质的异化——“命”，他要“非”的，就是制度里的“命”。

如果说国家是“会死的上帝”，那么“死了的上帝”，便是祖宗神了，帝祖合一，成为国家权力正当性与合法性来源，将最高神“帝”作为一家一姓的始祖，这或许就是“绝地天通”的意蕴之所在吧。在神话与历史之间，开出一道被王权垄断的鸿沟，人皆可以登天，人人能够通神，神原本属于人类，那样的神话时光，已然被历史终结了。天人之际，出现了帝祖合一的新标志——真命天子。请注意，是命中注定的天子，不是那种人人可为的“天之所子，皆为天子”。有了命定，天子就从百姓变为一姓，就从人人变成“余一人”了。对现实的君主来说，“帝祖合一”只是为他提供了来源，但这还不够，还得有个去处，往何处去？往“帝王合一”去。在殷墟里面发生的，就是从“帝祖合一”走向“帝王合一”的故事。

汤事神，顺应了从神话到历史的这一趋势，以“神化”开国，开显了国家的神性那一面，压抑了国家的人欲那一面，也就是国家的利维坦本质暂且让位于自由意志的神性气质，显示了青铜时代开端时期王朝中国生机勃勃的气象，向历史呈现了一个“千年王国”的诗与远方，但随着开国气象的落幕，理想国也只是给人间留下一个宛如日落的背影，便没入一代王朝现实主义的黑暗之中。当然，黑暗之中，还会有梦，那些梦想，也会被铭铸在青铜上，刻在甲骨上，等到一个新的历史周期来临，这些梦想又变成了新一轮初升的太阳，再次放出复兴的光芒，我们在历史上便看到了中兴的气象，如果堕入黑暗中，连梦想也消失了，只能喟叹一声“我生不由命在天”，那便是一代王朝的彻底绝望。

09

从墨子无父谈起

孔子和墨子都是鲁国人，很有可能他们的原籍都在宋国。

因为，孔子说过“惟殷先人”这样的话，所以，我们大约可知其为殷遗民的后裔，而他所在的鲁国，正是周公的封地，那是个能“梦见周公”的地方。

孔子声称“吾从周”，就表明了他要做鲁国人。鲁国，先有周公，后有孔子，是“周孔之教”——儒家的发祥地，而墨子却在此开了“非儒”的先河。

墨子虽然自称“贱人”，但他还是有个有迹可循的身份。

清人俞正燮《癸巳类稿》卷十四说“墨以殷后，多感激不法周而法古”，看来墨子真与孔子不一样，孔子也是殷后人，却要“吾从周”，对自己的父系“殷先人”，似乎没表示过多少尊敬，这很可能跟他是私生子有关，他的孝是对母亲而言的，不是对父亲来说的，孟子骂墨子“无父”，真是骂错了，不小心就骂到祖师爷的头上了。

墨子真的“无父”吗？不知墨子本人是否清楚，因为他从来没提起过父母，不过，后人还是把他的父亲给找出来了，童书业《春秋左传研究》指出“墨子实目夷后裔”，顾颉刚《禅让传说起于墨家考》也说“他是公子目夷之后”，这位“公子目夷”又是何许人也？据顾、童二位所言，乃宋襄公之兄的长子，因封于“目夷”，而被称作“目夷子”。墨子自称“贱人”，理由或有两条，一是他不知道有这么一位身为王孙公子的父亲，二是虽知有，但他却没有享受到贵族身份应有的待遇，他像个“贱人”那样，是靠着自我奋斗成功的，就像孔子说自己“多能鄙事”那样，不知是感叹人生的失意，还是夸自己能独自出人头地。

有一点可以肯定，那就是墨子对祖国——宋国，实在是爱之有加。

我们知道，他那些“非攻”故事，主要是在宋国发生的，他“止楚攻宋”，不仅用真理驳倒了楚王，还以实际行动拯救了他的祖国，就此而言，你说他是“有父”还是“无父”呢？当然是“有父”。然而，你也可以说那是“兼爱”所至，与“父”无关，也就是说，墨子救宋，依然是出于“兼爱”，而非出于救父，所以，说到底，还是“无父”。

好吧，那就让我们换成国籍的角度，再来看一看孔子和墨子，哪一位才是真“无父”。墨子同孔子一样，也是鲁国的国籍，两人的故里，一为今之曲阜，一在今之滕州，两地相距不远，有着大致相同的风土和制度环境，可他们的选择正相反。孔子的“吾从周”，就像是正式加入国籍时的宣誓，而墨子人在鲁国，却要“非命”，这显然就不符合“吾从周”的要求了。因为天命观不但是周的开国理念，更为鲁始祖周公所创建，故“非命”即与周作对，也就是对自己的国籍不满，孔子早已淡泊了祖国观念，而墨子却还在执着。作为殷遗民后裔，唯有宋国才是他们的祖国，墨子奋不顾身救祖国，怎么还说他“无父”呢？

很显然，孟子所说的“无父”，主要还不是针对血统一脉的父系而言的，而是指向政统一路的“君父”来说的，这样说来，“无君”与“无父”，其实是一回事。

孟子说杨朱“为我”是“无君”，又说墨子“兼爱”是“无父”，“为我”崇尚个体性，“兼爱”高扬人类性，其中显然都不具有宗法制和世袭制里的君父踪影。

可人要是一旦变成了纯粹的人，没了君，也没了父，不再具有政治伦理属性，不再仅仅作为社会关系总和的一部分，只有其个体性和人类性，这在“君父”论者看来，便是“国将不国，君亦非君”了。因为在王权主义里，只有王朝国家，不知还有其他，只有君主专制，不知还有民主共和，所以，“君父”论者，根本不相信以“为我”与“兼爱”还能建立国家，他们不知“为我”能以社会契约立国，也不知“兼爱”能以“帝”的名义——“天志”向着人类共和国的理想即尧舜之道迈进，孔子“吾从周”限制了儒家的想象。

西方政治，以二希文明为代表，从对文明古国的革命中产生，而王朝中国，则是西亚文明古国在中国的改良版和升级型，为青铜时代的世界体系画上了句号。

这个句号的形成，经历了夏、商、周三个时期，一开始，作为问号与惊叹号进入，后来，出现了一个个逗号，以禹、汤、文、武为代表，都还是逗号，句号是由周公完成的，而孔子则以“吾从周”的宣言，宣告了“周孔之教”的来临及其“历史的终结”。

可墨子不这么认为，墨子的学说，回到了国家起源的原点，指出从尧舜之道出发，经由禹、汤、文、武，还有另一条路，那是不必通过“周孔之教”的“率民以事神”之路，是以“兼爱”通往“天志”——天下为公，从“尚贤”走向和“尚同”——人类大同，从“古之圣王”升华到“帝”的天国之路，是一条告别王朝回归文化中国的路。

中国作为文明古国，要从那个基本面来看，那是个五千年的基本面，在那个基本面上，中国与西方，各自拥有其时代和世界。中国自有玉器时代，而西方已致力于青铜世界。也就是说，自新石器时代以后，中国没有直接进入青铜时代，而是在玉器时代停留了大约两千年，所以，中西立国之本，一开始就不一样，玉和青铜的物质属性及其文化意义的不同，决定了中西方国家观念及制度有所不同。我们认为，以玉立国，基于审美的凝聚力所形成的文化认同，而以青铜立国，则是靠着暴力为主导所形成的权威认同。以文化认同，形成了审美向度的文化中国，以权威认同，形成了暴力取向的王朝国家。几乎所有的文明古国都走向了王朝国家这一路线，唯有文化中国，是古代世界文明初曙时的一枚特例，是文明古国中暴力化进程的一种另类，是国家形态中的一个非典型性与非主流化的存在。

当然，这是立足于五千年的基本面而言的，虽然这个基本面被青铜时代到来时形成的世界体系覆盖，其国家形态也被接着文明古国而来的王朝中国取代，但文化中国并未因此而衰竭，反而超越了国家的固有形态，进而拥有了一个普世性的、理想化的、指向未来的去处——天下，并且提示着历史进程的诗与远方，确立引导王朝中国“其命维新”通往“天下为公”的路标，从古代一直走向未来。即便与王朝中国并行，文化中国也表现了多样性的存在，其存在，除了被儒家转化为“周孔之教”和“孔孟之道”作为王朝中国的道统外，还另有庄禅一路，以回归自然和走向自我的非国家主义存在，再有就是像墨子那样扬弃王朝中国，重启文化中国推动“新中国”到来，这个“新中国”，再也不是原来文明古国的改良版，而是要在文化中国的基础上开辟一条新的完全不同于文明古国的历史道路。

这样的“新中国”，我们在近代看到了它的两个样板，一个是“太平天国”，这岂不就是一个以“拜上帝”为宗旨的“天志”和“明鬼”的国家？还有一个就是“中华民国”，那样一条从江湖帮会走向政党组织然后再缔造国家的历史道路，岂不就是当年“墨者团体”的追求？而且那些抛头颅、洒热血以缔造民国的仁人志士，岂不就是当年墨者“赴汤蹈火，死不旋踵”的侠义精神的重现？再说一下“新文化运动”，那“民主与科学”的口号虽然来自西方，但很快就能在中国流传，可见国人对此既不反感也不陌生，而且我们也能从墨家思想中找到它们的渊源，更何况“新文化运动”中最响亮的口号便是“打倒孔家店”，而墨子应该说是“打倒孔家店”的第一人。尽管在走向“新中国”的尝试中，难免要与王朝中国纠缠，太平天国最终没能走出王朝的怪圈，中华民国也经历了帝制复辟的梦魇，但是只要文化中国还在，就永远具有走向“新中国”的可能。

尧舜禅让画像石，汉朝，山东沂南县北寨村出土

尧、舜头戴帝王标志的冕旒，对话的内容不言而喻。禅让是让给贤能之人。禅让与尚贤是墨家主张，墨家尊尧舜之道，即王朝国家形成之前的大同世界。

10

重启尧舜禹时代

走向“新中国”，要经由一条路线，那便是“墨学”的路线。

还要回到一个原点，那便是在国家起源的入口处“禹”的起点。

而最早这样做的，便是殷周之际的周人，说得更为确切一点，就是周公。小邦周灭了大国商，当然不会以商的继承人自居，但又需要有一个具有正当性的来源，周人就把夏当作了他们的源头，于是，从夷夏到华夏的过程，就被周人改造成了夏朝的历史。

一个风云际会、龙飞凤舞的时代，便在王朝史观里固定下来，作为一代王朝出现了。前人的历史，也有根据后人的需要来写的，这样的历史就成了现实的倒影。

寻找夏朝，作为历史学与考古学的一股潮流，并非自今日始。

殷人不言夏，言夏从周人开始，最早有关禹的记载，就出现在周人的青铜上，保利艺术博物馆收藏了一件西周中期偏晚的青铜礼器“遂公盨”，李学勤为此专门写了一篇《遂公盨与大禹治水传说》的文章，发表在 2003 年 1 月 23 日的《中国社会科学院院报》上，由该文可以看出，已经“走出疑古时代”的李学勤，对这件藏品深信不疑。甲骨文中，未见有禹，铭文之中，若其为真，当属最早。李学勤告诉我们，这件藏品，属于西周中期后段，即周孝王、夷王前后，内底有铭文，经他一番释读，我们可以略知盨文大意。

盨文提到，天命禹开辟国土，治理山川，根据土地征收贡赋，还特别强调了禹“为政以德”，仅十行九十八字，便将周人的天命观、国家观、宗法观等，都按在禹的头上了，弄得禹倒好像是周人的先祖似的。盨文语气颇似后来《尚书》的口吻，疑古者据之以疑盨伪，而信古者，如李学勤等，则以之为据，由《尚书》形成之先秦诸子时代上溯至西周铭文时代，又往前延伸了好几百年，离他们寻找的夏朝，似乎又靠近了那么一点点。李学勤指出，有关禹的铭文，春秋时，有秦公簋言“禹迹”，叔夷镈钟言“处禹之堵（都）”，它们都比遂公盨晚出，李学勤特别强调了盨文的价值在于首次言及大禹治水。

不过，在我们看来，盨文最可贵之处在于，用了不到一百个字，就把国家起源的基本面都讲清楚了，当然，不是五千年的那个文化中国的基本面，而是三千年的王朝中国的基本面。其实，也就是周公拿着周王朝的镜子来对照，把夏看作周的倒影。

周公从禹那儿看到的，当然也是他自己的那副古为今用的嘴脸。

很显然，这篇盨文是在代圣人立言，那位圣人当然就是周公。这就使得我们不禁要问：遂公究竟什么来头？据说，他是舜的后裔，其封地遂国，就在周公的眼皮底下，是鲁的属国，奉周公为宗主，以鲁国为宗主国。不过，周虽统一，并未集权，故周公那一套，仅可行之于鲁、遂，却难行于天下，就连与鲁相邻的齐国，也未必“从周”，更遑论晋、燕、秦、楚了。然而，不管你行哪一套，都要回到夏的起点上去，找到国家起源的源头，因为国家的正当性与权力的合法性，只有在源头才能找到。还有一个动机，不是为王朝中国寻找源头，而是在历史的转折关头，撇开王朝，重启“新中国”的起点。这两个动机、两种追求，虽以儒、墨为代表，但法家也参与进来了。

法家与墨家正相反，一个要撇开王朝中国的体制，重启“新中国”的思想源头，而另一个则要彻底清除文化中国的影响，不光要清除同世袭制势不两立的墨家思想的影响，还要清除在两个中国之间调和的儒家学说的影响，故曰“儒以文乱法，侠以武犯禁”，墨者多“侠”，人称“墨侠”，故儒、墨之于法家，乃眼中钉、肉中刺，必欲去之。

这还不够，法家还根据王权主义的要求，重写那尧、舜、禹的历史。

战国时，魏国史官编了一本《竹书记年》，可以看作法家历史观的代表，在《五帝纪》里，它是这样说的：“昔尧德衰，为舜所囚也；舜囚尧，复偃塞丹朱，使不与父相见也。”不光《竹书纪年》如是说，《韩非子·说疑》也这样说：“舜逼尧，禹逼舜，汤放桀，武王伐纣，此四王者，人臣弑其君者也。”用君主专制的天平称一称，用法、术、势的尺子量一量，所谓“古之圣王”，也就变成了乱臣贼子的模样，什么“仁义”“兼爱”都是假的，正如用黑暗的眼睛，就看不到光明，满脑子罪恶的思想，就无法理解善良的愿望，用阴谋论来搜索世界就不再有理想，即使有了理想那也是对阴谋的包装。

法家的决绝，难免作法自毙，商鞅、韩非都死于法治，其于法的绝对性，颇类似于古希腊之苏格拉底。苏格拉底也死于法治，但不同的是，苏格拉底是为了法治的理想而死，他本可以不死，为了维护法治的尊严，为了强调法治的绝对权威，即便以法律的名义对他的宣判全都错了，他也要一丝不苟地遵守和服从。为了神圣的法治到来，他就像基督教的上帝用自己的儿子替人类赎罪一般用了自己的生命向法治献祭。因此，我们说，苏格拉底毕竟死于民主政治的阳谋，而商鞅、韩非之流，则是被动地死于君主专制的阴谋。一是为法治而死，另一是死于法治，其间之轻重，真有如“重于泰山”和“轻于鸿毛”的分别。

中国没有像苏格拉底那样为法而死者，却不乏“杀身成仁，舍生取义”者，儒之忠义，墨之侠义，皆以“义”为死之标的。所不同者，忠义基于国家，侠义全凭自我意识。忠义之于侠义，就如同仁爱之于兼爱，正如仁爱之爱趋于礼而“爱有差等”，忠义之义也被“忠”的体制化为“义有差等”，而兼爱则是普遍的爱和绝对的爱，与之相应的侠义，也是普遍的义和绝对的义，一个是从王朝中国里产生出来的与忠君有关的国家正义，一个是在文化中国形成的“让世界充满爱”的人类正义，这样两种“舍生取义”，哪一种与苏格拉底以一死护法所表明的“神的正义”更相似？若以义的纯粹性论之，唯有墨子。

墨子与苏格拉底相似，两人的心中都有一位神，与之相应的理想国，也都是神的国度。苏格拉底坚信，即将有一位超越了奥林匹斯山诸神的新神带着他的理想国来临，他要将那些非道德不合法的神从他的理想国里都驱逐出去。墨子也有这样一位神，也要带着他的理想国——“新中国”来临，但墨子的理想国里并非只有一神，“帝”之外，还有鬼神。不过，那些鬼神并不是非道德不合法的存在，它们在国家事务和历史进程中发挥着影响。其存在，非以人格化的欲望集中反映出来，亦非权力化的自由意志的开显。总之，不是像奥林匹斯山诸神那样的欲望之神，也不是《山海经》里的“怪力乱神”，而是监督着“天志”在人间实现，保证神的法典——“天志”向着国家的法治——“发以为刑政”的神。

墨子“率民以事神”的中国，是个君权神授的国家吗？非也！君权从“尚贤”来，非由天命和神授，由“尚贤”产生的君，就如同黄宗羲在《明夷待访录》中所说的“天下为主，君为客”，不是“君主”，而是“君客”，以此形成的国体，也就不是“君主制”，而是“君客制”了。“天下为主”，谁做主？既然“君为客”，当然就是“民主”了，那“为客”的君，从原则上来讲，与当今民选的总统，还真有那么几分相像。对于中国式的民主，儒家没有讲通，讲到民本就打住了，墨家倒是讲通了，但在王朝中国里，一直行不通。到了近代，我们从太平天国和中华民国的存在中，看到了历史深处墨家思想的光芒，但天国的变质和民国的失败表明，走出王朝中国谈何容易！墨家思想的光芒，依然还在探索的路上。

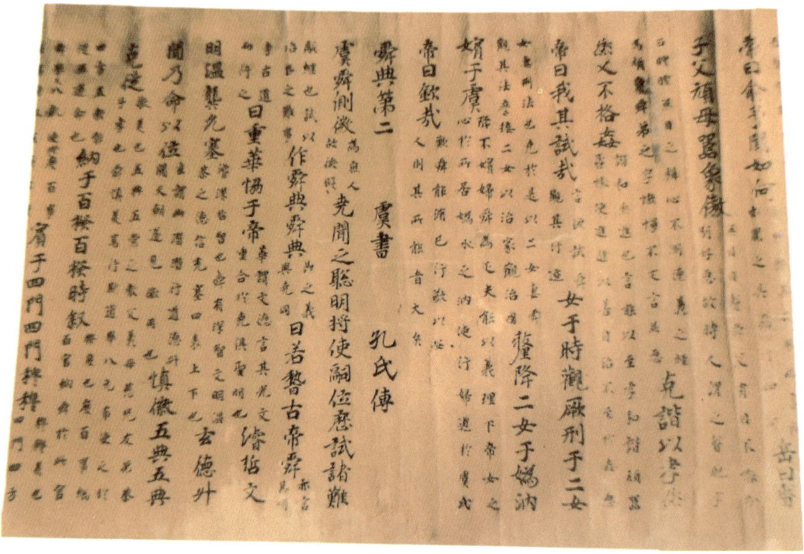
帝曰俞予聞如何
于父頑母嚚象傲克諧以孝烝
烝乂不格姦
帝曰我其試哉女于時觀厥刑于二女
釐降二女于媯汭
嬪于虞
帝曰欽哉
舜典第二　虞書　孔氏傳
虞舜側微堯聞之聰明將使嗣位歷試諸難
作舜典　曰若稽古帝舜
曰重華協于帝濬哲文
明溫恭允塞玄德升
聞乃命以位慎徽五典五典
克從納于百揆百揆時敘
賓于四門四門穆穆
岳曰瞽

《尚书》残卷，《尧典》后半部，《舜典》全部

上图残卷为汉代大儒孔安国之传，唐朝写本，其中避唐太宗与唐高宗讳。1900 年出土于甘肃省敦煌莫高窟藏经洞。残卷长 367.2 厘米，纵高 28.2 厘米，行约十七字，小字双行。

11

墨学辩与侠及其知识论

为了检验真知，墨子还提出了“三表法”：

一表为“本”，“有本之者”，指“古者圣王之事”。

二表为“原”，“有原之者”，指“百姓耳目之实”。

三表为“用”，“有用之者”，指“发以为刑政”。

“三表”之中，第一表以“古者圣王之事”为“本”，强调了认识的历史性，从历史出发，要有历史的依据，诸如“历史的经验告诉我们”之类；第二表以“百姓耳目之实”为“原”，强调了认识的现实性，要把认识放在百姓日用的社会基础上，用百姓的生活经验来考察；第三表以“发以为刑政”为“用”，要把认识放到政治实践上来检验。

这“三表”，应该属于墨子的认识论，若问“人的正确思想从哪里来”，墨子的回答是：从“三表”来。墨子的“三表法”，作为一种认识的格式，同亚里士多德的“三段论”看来貌似，但其实不同，不同在于，墨子的认识从历史出发，而亚氏则以自明的公理为前提，一个是实用性的实质逻辑，一个是纯粹化的形式逻辑，就逻辑的知性程度而言，无疑亚氏更高；就逻辑的实践性而言，则墨子更强，墨学成为显学就在于逻辑力量。

《韩非子·显学》首列儒、墨，说：“世之显学，儒、墨也。儒之所至，孔丘也；墨之所至，墨翟也。”其相同之处在于“孔子、墨子俱道尧舜”，而不同之处则是由于“取舍不同”，而且“皆自谓真尧舜”，还将儒、墨之争，归结为不同的尧舜之道相争。

同样是尧舜之道，却分了儒、墨两条历史道路，一条“从周”，一条“尊夏”，不同的历史道路，造就不同的历史之王。孟子言汤、武，乃“顺天应人”革命之王；墨子言夏禹，乃“爱人节用”之王。总之，有怎样的现实主张，就有怎样的历史之王。

以先王为本，就是以历史作为检验真理的第一条标准。

真理，要有历史根据——“本”，还要有现实依据——“原”。

“原”，即所谓社会存在，社会存在不同，“原”也就不相同，“原”不同，“耳目之实”亦不同，社会存在决定“耳目”之知，由知返“原”，可“原”已分化。

以百姓为原，就是以民生作为检验真理的第二条标准。

那“本”是大本，以先王为本；“原”亦是大原，以百姓为原；在大本大原的基础上，发以为“刑政”——而非“仁政”，那“用”，也便是大用了。

以刑政为用，就是以政治作为检验真理的第三条标准。

用这三条标准“非儒”，就会得出“三非”：其一，古之圣王“事鬼”，而儒者不事，此为“本非”；其二，儒者厚葬及丧礼，劳民伤财，百姓都受不了，此为“原非”；其三，将儒学用于政治，用其礼则细，用其乐则侈，用其仁则迂，此为“用非”。

儒者“三非”，理应出局，但不是认识论出局，而是政治思想出局。因为这三条标准，都是政治思想的，而非认识论的，宜于政论，认识上却无普遍意义。

孟子也讲大本大原，但他是从个体心性出发，大讲特讲人的道德主体性，是“万物皆备于我”，统归于内圣，而墨子那“三表”，却在王事上立论，属于王政。

墨子除了政治思想的“三表”，还有认识论的“三知”。

“三知”，将知识依其来源分为闻知、说知、亲知。“闻知”是传授的知识——学，“说知”是推理的知识——思，“亲知”是实践的知识——行。

“三表”是涉及内容的，以历史——先王之事和现实——民生之事为价值之轴，构成以政治为取向的价值坐标，由此而获得的“真理”，乃是一种价值性认识。而“三知”的理性活动不以价值为前提，只按照认识本身的规律，因而具有一种纯粹形式。

从“三表”到“三知”，是认识活动摆脱价值前提的一次自我意识，是认识在认识过程中对自身的“知”。如果说墨子“三表”，为政治思想设置了价值前提，那么墨辩“三知”则是价值中立的，故“知”能超越政治，触及自然及“知”本身的规律。

“三知”之中，“闻知”基于传统，可以通过“学习”习得，这方面，儒家做得最好；而“说知”则为墨学优长，以概念和逻辑之“知”，作名辩之思。

孔子言“知”，无非“学习”而已，“君子博学于文”是“学”，“约之以礼”是“习”，“学”似“闻知”，“习”如“亲知”，孔子讲“学而时习之”，但不言“说”，只一句“巧言令色，鲜矣仁”，就把“说”——“巧言”给禁闭了，而“名不正则言不顺，言不顺则事不成”，并非把“名”当作概念来“说”，所谓“正名”，没有“说”的意思。

而墨子则以“说知”，突破了孔子的“学习”模式，“说”为政论，而有“三表”，墨以“三表”非儒。而“说”之所以为“说”，则在《墨经》上、下。墨子以“说知”启名辩之思，如谭戒甫《墨辩发微》所言：“遂开华夏两千年前独到之辩学。”

古印度有因明学，古希腊有逻辑学，华夏名辩学与之鼎足而三。

可墨子“说知”，虽一度为显学，但战国以后，便再也没有发展。

墨子以“说知”作《墨经》，开了一树中国思想史上理性的鲜花。

此前，老子“无名”，孔子“正名”，都没有开过这样的“说”之花，此后，“说”之花盛极一时，兴起名辩思潮，其后学，作《墨经》。

“说”之花衍生，而有“别墨”花开。何谓“别墨”？或曰，墨分为三，亦起纷争，三派“皆自以为真墨，而以别派为别墨”；或谓墨子以“说知”开启名学，使名家，如惠施、公孙龙等，皆出于墨学，所谓“坚白同异”，在《墨经》里有迹可循。

其实，两说皆可，只是内外有别。所谓“别墨”，有分化之别墨，如三分之墨，乃对内称“别墨”；有异化之别墨，如转化为名家者，乃对外称之“别墨”。

“别”是另类，打入另册。如以“别”来看儒家，儒家内部孟、荀两派，可谓互为别儒，而儒家外部的墨子，虽学儒者之业，却转为墨家，也可以视为别儒。

至于《墨经》作者，我们同意梁启超说，乃墨子本人作。

胡适研究墨学，手持其“假设”之刀，将墨学一刀两断。依属性一斩，分为宗教的墨学和科学的墨学；据时代一断，又分为墨子的墨学和别墨的墨学。

那一斩，难道宗教性和科学性不是统一在墨学里吗？

那原创的统一性的光芒，难道不是来自墨子本人的思想？

胡适硬要将它们斩断，那是一种反传统的文化浪子习气。

新文化运动已经打倒了孔家店，现在，不妨来踢墨家馆。

消极地说，这叫作惯性运动，积极地说，此为大势所趋。

浪子有浪子的霸气，霸气来自实用主义，亦源于先秦诸子。

先秦诸子背后，都有个先王，而新文化诸子的学历则来自西方。西方文化，以自由民主之思，释放了弑父的情结——俄狄浦斯，并引导着新文化诸子。

于是，孝被终结。胡适以科学的名义，启动了俄狄浦斯。

浪子有浪子的眼力，他一眼就发现问题：墨子不合时宜。

墨子“尚同”——“上之所是，必亦是之，上之所非，必亦非之。”这难道不是奴隶哲学，不是王权主义？这样的政治主张，哪儿能产生科学思想！

可胡适忘了，科学最能“尚同”，它本来是文化系统中的一支，与宗教、艺术、哲学、史学处于同等地位，但它却在文化上扩张起来，不仅哲学、史学被科学化了，连宗教和艺术也都向科学靠拢，“科学”成了文化的定语，覆盖了百姓日用，一贴上“科学”标签，所有认识活动，便都趋于真理了。这还不是“尚同”？科学之于现代，正如神话之于上古，神学之于中世纪，几乎统一了文化。而哲学，原来从神话里脱胎，在古希腊就发存在之思，以理念君临缥缈之宇，却盛极而衰矣，先让位于神学，再让位于科学。

科学里面有一种“兼”，具扩张主义，欲“兼并”文化之域。

正是这“兼并”，要求“尚同”。墨子欲以科学理性之“兼”与宗教信仰结合，其实这也是自宗教改革以来，西方文化发展的路径。胡适对此，知其一，未知其二，且认定“兼”和“尚同”，都通往专制和奴役，便认定《墨经》之作者非墨子。

然而，既称《墨经》（狭义的《墨经》，指《经上》《经下》两篇），其作者，必为墨子，此为一般常识。

梁启超将《老子》与《庄子》、《论语》与《孟子》相比，认为前者言简，后者言繁，老子仅五千言，《墨经》不逾六千言，孔子作《春秋》，亦采取极简主义，简约不欲多语。以此来看《墨经》与《公孙龙子》，其衍变，亦如上述诸子。

从文体上看，《墨经》与《老子》《春秋》相似，其非惠施、公孙龙辈所作。孔子以《春秋》道名分，墨子以“说知”辩名理，名辩从此兴矣。

惠施、公孙龙辈祖述《墨经》，仅述其中之一，且转化为名家，即别开一生面。而《经说上》《经说下》《大取》《小取》四篇，则自是墨家内部之“别墨”所为。

胡适以此为据，三分墨子，一为“天志”“明鬼”之宗教墨子，一为“兼爱”“尚同”之专制墨子，一为《墨经》与墨辩之科学墨子，且认定，科学之墨子与宗教之墨子、专制之墨子格格不入，故将科学之墨子剥离，同其他两个墨子分开。

“兼爱”“尚同”是否导致专制？放在政治上，要看前提，在世袭的前提下，会通往专制，在“尚贤”的前提下，则有可能反其道而行之——通往民主。

不过，经过后现代主义批判，我们知道，科学理性虽然与民主政治携手走出中世纪，但这并不能保证科学理性与民主政治永远结盟，科学理性的过度发展，不仅会使科学本身在文化领域发展出文化霸权主义，而且由于民主政治的停滞，使得科学理性在政治领域，亦会流于追求“政治正确”的极权主义，以此论墨子，或亦难免通往奴役。

以此看“兼爱”“尚同”，多少会含有些极权的可能。

有人这样说，“兼爱”是兼并了爱，“尚同”是消灭差等。

但墨子绝对反暴力——“非攻”，因此，与“非攻”组成一个思想体系的“兼爱”“尚同”，就不可能含有攻击性的兼并的意思，而是强调普世性。

何以普世？墨子的回答：当然是真理。确立真理要用“三表”，检验真理要用“三知”，即“闻知”——调研，“说知”——思辨，“亲知”——实验。

仅有“闻知”，只是个学者；还有“说知”，则为思想者；若能“亲知”，才能成为革命者。“亲知”是去做，做什么呢？为真理而赴汤蹈火。

以“说知”辩，以“亲知”行，极端地知行合一。

而他一生中，最伟大的行，就是“非攻”，即和平主义。

齐国要攻打鲁国，墨子对齐将说：“齐攻鲁，要倒霉了。过去，吴王夫差东伐越，西伐楚，北伐齐，不可一世，可结果呢？他反而被诸侯灭了。智伯灭了范氏与中行氏，还要兼并三晋之地，最终也自取灭亡。”

见了齐国太王田和，他知道齐人喜欢隐语，便说：“有人试刀，咔嚓一下，人头落地，刀锋利吗？”答：“锋利。”

问：“刀锋利，谁倒霉？”答：“刀受其利，试刀者倒霉。”

问：“并国覆军，贼杀百姓，谁倒霉？”太王曰：“我倒霉。”

《墨子·公输》里，讲了一则脍炙人口的故事：

公输般是当时最有名的工程师，为楚国造攻城的云梯。

云梯以及其他攻城的器械都造好了，就要去攻打宋国。

墨子在齐国，听到了这一消息，就赶紧出发，赶了十天十夜的路，终于赶到了楚国的郢都，来见公输般。公输般说：“你想对我说什么呢？”

墨子说：“北方有人侮辱了我，我想请你去杀他。”

公输般不悦，墨子接着说：“我送你十金如何？或说千金。”

当时，楚国使用金币，十金已是大数，而千金则是巨款了。

公输般说：“我是义不杀人的。”

墨子起身，向他一拜：

“那你就听我说吧。我在北方就听说你造云梯，要去攻打宋国，宋国有什么罪呢？楚国有的是土地，而不足的是人民，杀不足而争有余，不可为智。宋国无罪而去攻打它，那是不仁。知道杀人不对而不争，是不忠。如果你争了而没能说服楚王，那说明你不强。你义不杀少人而杀众人，那不是义。”

公输般被说服了。墨子说：“那你为什么还不停止呢？”

公输般说：“不可。我跟楚王早就说好了，已经决定了。”

于是，墨子说：“那你带我去见楚王吧。”公输般同意了。

墨子见了楚王，又谈了一番“非攻”的道理。楚王说：“道理很好啊！可公输般已经为我造好了云梯，他说用他制造的攻城器械一定能够攻取宋国。”

墨子虽以“说知”折服了公输般和楚王，但这还不够，他知道，还要用“亲知”来证明给他们看。于是，墨子与公输般，在楚王跟前较量了一番。

墨子解带为城，以牒为械。公输般用他的攻城器械变换着一连攻了九次，都被墨子挡住了。公输般的攻城器械用完了，而墨子的守城装备还绰绰有余。

此番攻守演习，虽为模拟，但攻防器械及装备的优劣，以及攻防技术的差距，已是一览无余，墨子赢了，不光他的“说知”赢了，其“亲知”也赢了。

但输了的公输般却说：“我知道怎样能赢你，可我不想说。”

墨子应道：“我也知道你怎样可以赢我，不过，我也不想说破。”

楚王问其中缘故，墨子说：“我知道公输子是想杀我。他以为杀了我，宋国就没有人能防守，楚国还可以去攻打。可他哪里知道，我的弟子禽滑厘等三百人，已经拿着我的守城装备，在宋城做了安排，严阵以待，你就是杀了我，也只能杀我一个，不能杀光他们。”

于是，楚王说道：“你讲得真好啊，我再也不去攻打宋国了。”

楚国和越国发生水战，公输子为楚国造舟战用的器械，制作出钩拒，退者钩之，进者拒之，楚人因此而打败了越人。公输子自诩其巧无比，以语墨子：“我舟战取胜有钩拒，不知道你的义，是否亦有取胜的钩拒？”

墨子说：“我用来行义的钩拒，比你用来作战的钩拒要好，义的钩拒，是用爱来钩，以恭来拒。不用爱来钩，人就不会亲近；不以恭来拒，就没有规矩。而你用钩来抓人，用拒来拒人，与我行义的钩拒如何相比！”

墨子制止了楚国攻打宋国后，回齐国路过宋国时，天上下起了大雨，他想进城去避雨，可看守城门的小吏却怕他是楚国来的间谍，坚决不让他进城去。

他救了这个国家，可这个国家却没有人知道他，他只好在无边的风雨里，独行踽踽，如落汤鸡。由此看来，墨子非攻，远非当代和平主义可比。当代和平主义者们，充其量也就于媒体上鼓噪，往大街上游行，有几人能像墨子那样“非攻”呢？

墨子的力量，基于“尊天”信仰，来自“兼爱”理想，一发而为“非攻”主张。其力量之表现，非以国家机器，而是依靠思想的力量，还有行动的力量。

思想的力量，当然要依靠逻辑，而行动的力量，则凭借科技。

墨子在当时，拥有最先进的科技，但他对技术的评价，却以民生为目标，而非为技术而技术。《韩非子·外储说》曰：“墨子为木鸢，三年而成，蜚一日而败。”弟子见了，都来恭维他，说他巧夺天工，可墨子却说木鸢无用。此木鸢，或为飞机模型。从商业上来说，木鸢无需求，只是玩具，花三年的时间，造一只这样的玩具，大亏矣。所以，墨子认为，还不如随时制造一批车輗，因为车輗在当时需求很大，关系到民生国计。

輗，指置于车辕前端与车衡衔接处一穿孔中的物件，虽为车上一零部件，却是车舆运行的关键，輗易损坏，宜常修多换，故制輗，有着很高的商业价值。

公输子亦削竹木为鹊，鹊成而放飞，自以为至巧，向墨子演示。

墨子见了，不以为然，说道："会飞的木鹊，其价值还不如车辖。"

辖多以青铜制成，而墨子在此所言，则为木制，此物件，为扁平长方形，长约三寸，置入轴端孔内，故《淮南子》中，有"夫车之所以能转千里者，以其要在三寸之辖"的说法。不过，公输子的情况有所不同。他演示木鹊，带有推销的味道，是为了显示其技术的先进性，从而将他的兵器以及攻城之具，诸如钩拒、云梯等推销出去。楚国用他的钩拒，打败了越国，还想用他的云梯去攻打宋国，却碰到了他的对手墨子，只好作罢。

听说了墨子止楚攻宋一事，越王派人来请墨子。

来者是墨子的弟子公尚过。越王曾对公尚过说："先生如果能使墨子来越国，我封吴地五百里给他。"

此时，越国刚被楚国打败，楚东侵越境，拓地千里，兵至泗上。越王希望墨子能止楚攻越，或以墨子来对付公输般，越国与楚国，便亦能一战。

公尚过答应了，越王为他备车五十乘，到鲁国去迎接墨子。至鲁，见墨子，说："越王想请老师到越国去，封吴地五百里。"

墨子说："越王会听我言，用我道吗？会，我就去，不会，就不去。不用我道而去，就是拿义做交易，如欲做交易，我在中国就可以，何必到越国去。"

公输般与墨子的区别在于，公输般做交易，墨子行义。

思想的巨人，往往是行动的矮子，但墨子行义却不是。墨子的逻辑，是行动的依据，逻辑的彻底与行动的彻底一致，思想的辩者与行动的侠者一致。

墨子非攻，一手逻辑——“说知”，一手科技——“亲知”。

弟子欲行，来问他：“我见了各国之君，跟他们先说什么呢？”

墨子说：“那要看各国的具体情况。国乱，就谈尚贤、尚同；国贫，就谈节用、节葬；国沉湎于音乐，就谈非乐、非命；国淫而无礼，就谈尊天、事鬼；国穷兵黩武，就谈兼爱、非攻。总之，我教了你们那么多治国之道，足够你们‘择务而从事’。”

墨子自称行禹道，对殷周以来制礼作乐那一套，从来就反感。

所以，庄子说他与先王迥异其趣。先王作乐，黄帝之《咸池》，尧之《大章》，舜之《大韶》，禹之《大夏》，汤之《大濩》，文王之辟雍之乐，武王、周公之《武》，他一概非之。

先王制礼乐，古之丧礼，天子棺椁七重，诸侯五重，士两重，可墨子却生不歌——“非乐”，死不服——“非礼”，庄子说他：“以此教人，恐不爱人；以此自行，固不爱已。”又说：“其生也勤，其死也薄，其道大觳，使人忧，使人悲……虽独能任，奈天下何！”

然而，后世之墨者，也像他一样，日夜不休，以自苦为极。

墨子歌而非歌，哭而非哭，乐而非乐，真乃伤心人之别有怀抱！

故庄子长叹曰：那墨子啊，真乃天下之好也，将求之不得也。

不仅在中国求之不得，将整个东西方都加起来，恐亦难得。

其精神发展之完全，可谓绝无仅有，宗教的、科学的、政治的精神，在他身上发展得如此充分，一人兼具宗教家、科学家、政治思想家，可谓举世无双。

耶稣、佛陀为宗教家，而非科学家和政治思想家；孔子为政治思想家，而非宗教家和科学家。能兼而有之者，东方唯此一人，西方亦属罕见。其知性构造之健全——思辨的知性，行动的知性，制造的知性，那么和谐地融于一身。其思辨的知性，触及形而上学之时间、空间以及原子论等，还涉猎与逻辑学有关的思维概念、推理及其在几何学上的运用，以及对物理学中光和影、对经济学中货币与商品关系的描述，颇似古希腊亚里士多德，在学理的系统性方面虽不及亚氏成熟，但其行动的知性、制造的知性，则远胜之。

古希腊思想者崇尚思辨，其科学精神表现为自然哲学，通过追问宇宙本体、构造物质形式，逻各斯终于在几何学里，建立了一个以数学为基础的、高度理想化的、极其抽象的世界体系，将科学精神的思辨性推向极致——通往神。但他们却忽略了科学精神的实验性和实践性，因而没能获得驾驭现实世界的力量。而墨子的科学精神则是思辨性与实践性平行发展的，它既是通往神的，更是走向民的，他没有建立关于世界的几何学解释体系，但他却拥有为民生服务的一整套操作方案，尤其是拥有以"非攻"为目的的军事技术体系。

古希腊没有兵法，可先秦时代的中国，却几乎就是一个兵法的世界。

中国先秦时代，不知兵，不足以言政，连孔子也恨不得拥有一个兵家的头衔，他的学生打了胜仗，几乎都要说是老师教的。而兵家之中，最有名的人物，要算两位孙子了，一位是吴孙子孙武，一位是齐孙子孙膑，尤其是吴孙子，堪称战国兵家代表。

与孔子相比，墨子其实是一位真正的兵家，他的兵法，是非攻的兵法，犹如柏拉图的理想国，驱逐了战争的浪漫诗意，不再开出战略之花，而以技术当家。

《汉书·艺文志·兵书略》著录汉以前兵家著作五十三家，七百九十篇，图四十三卷，分为"兵权谋""兵形势""兵阴阳""兵技巧"四门。兵技巧有十三家，著录一百九十九篇，其右下注曰"省《墨子》重"，可见《墨子·备城门》以下二十篇，已入兵技巧家。

吕思勉说："技巧之书，今已尽亡。"又说："兵技巧家言，最切实用。"《兵书略》曰："技巧者，习手足，便器械，积机关，以立攻守之胜者也。"

以此观《墨子·备城门》以下诸篇，确如《兵书略》所言。

墨子兵法，以逻辑取代诗意，以技术取代战略，以非攻取代进攻。

《孙子兵法》是进攻的兵法，而《墨子·备城门》是防御的兵法。《备城门》等，当时虽然实用，现在看来，却早已过时了。不过，用特种兵从事防御性特种战争的军事思想，仍有其价值。墨者就是这样的特种兵，拥有最先进的防御装备和最先进的防御战术，接受了最先进的特种战训练，这样的特种战士，当时称之为"侠"——墨侠。

墨侠善战，且不怕死，战则一往无前，人称"赴汤蹈火，死不旋踵"。

这样的墨者，是被宗教精神鼓舞，为信仰和理想而战的高科技战士。

他们有着严密的组织，有自己的一套律法，只要他们的首领"钜子"一声令下，就冲上去，不惜一死。有三百名这样的特种战士在宋城上防御，楚王不寒而栗。

这便是墨与儒的不同，墨家不光是思想流派，还是武装组织，类似宗教团体。其向上，则为政党；其向下，则为帮会。墨者行义，义上行，则为求真理而发明逻辑，为保卫和平而使用武力，为真理而斗争，为和平而牺牲。义下行，则流于义气，如韩非子所言"侠以武犯禁"，中国民间社会，从此就以侠义来对抗王权主义，《史记》里的刺客，至今令人唏嘘，就因为"义气"二字。"风萧萧兮易水寒"，荆轲那一刺，使人想起墨子。

不过，墨子也有疏失，他不断地告诉我们，要奋不顾身地去求真理，却忘了提醒我们，即使面对真理，作为一个独立的思想者，也不能放弃自己的个人权利。

汉彩绘六博木俑，人俑高 29 厘米

这件彩绘六博木俑，是 1972 年在甘肃武威磨嘴子 48 号东汉墓中出土的，有棋盘和两个对博的男俑，棋盘右侧一俑，绘白黑二色，穿长袍，梳圆髻，蓄须，右臂向前下伸，握一长方形木块（棋子），棋盘左侧一俑，右手放在膝上，左手举于胸前。中间，有一长方形木盘，盘为黑底，棋局白色。

博者神态，颇有诸子色彩，令人叹为观止。

墨子与公输般那扣人心弦的一博，历历在目矣……

墨子非攻

上图，两个正在对弈的木俑，神态何等生动。

这情景，就像墨子止楚攻宋，与公输般博弈。

让我们先来假设一下，图上左边那一位就是墨子，而右边那一位，当然就是公输般了，他们在楚王跟前博弈，结果是公输般输了。

他们的表情很严峻，因为胜负将决定一个国家的命运。

公输般是技术型天才，可能还是一位出色的军火商人。

而墨子是天才中的天才，他不光是思想型和宗教型天才，还是技术型天才，他在技术领域里，丝毫不亚于公输般，弈道亦胜一筹。

孟子说“今夫弈之为数，小数也”，语颇轻视。

可墨子，却以博弈止楚攻宋，岂“小数”耶？

孔子重博弈，他说，饱食终日，无所用心，那太难受了！不是还有博弈吗？去博弈吧，它会使你聪明起来。这话出自《论语·阳货》。

当时，弈术在楚国很流行，《楚辞·招魂》篇说：“箟蔽象棋，有六簙些。分曹并进，遒相迫些。成枭而牟，呼五白些。”“箟”即玉，用玉做成棋子，六博亦“箟蔽象棋”，用“象棋”一词指六博，始见于此。

1975年在湖北云梦睡虎地战国晚期古墓中出土了六博博具，有棋盘、棋子、箸。棋盘为木制，正面阴刻规矩纹，用红漆绘出四个圆点。棋子是骨质，共6枚，均为长方形。其中红色的一枚较大，这就是枭，为散卒。箸有6根，由小竹管劈成两半，成弧形断面，此为目前所见最早的博具。

可从文献来看，博的起源更早，东汉许慎《说文》载：“古者与曹作博。”《世本·作篇》也说“乌曹作博”。乌曹是夏桀的臣子。

司马迁《史记·殷本纪》说帝乙无道，制作一人偶，称之为“天神”，然后“与之博”，这件事，就发生在公元前12世纪的商朝。

《史记·宋微子世家》记载了宋缗公与大夫南宫万因六博而争吵，被南宫万用六博棋盘砸死的事。《史记·苏秦列传》说“临菑甚富而实，其民无不吹竽鼓瑟，弹琴击筑，斗鸡走狗，六博蹋鞠者”，其中就有博戏。

汉朝，博戏更加流行，汉文帝、景帝、武帝、昭帝、宣帝都喜博戏，朝廷还专门设有博侍诏官，当时博戏盛况在出土文物中也有反映。

陶琼，高 7.2 厘米，战国时期，河北易县燕下都出土，中国国家博物馆藏

六博石棋盘，长 44.9 厘米，宽 40.1 厘米，用多块黄褐色石片拼合而成，镶在托板上，河北平山中山墓出土

陶琼，今人称骰子，为古代游戏博具，十四面体，中空，振动有声，表面有六边形八个，面上各有一文字，书一二三四五六七，其中一二重出。另有正方形六面，除一面有空白和一面有龟纹外，上面各有五八九十。古代有《博经》一书，专门介绍陶琼的游戏规则。

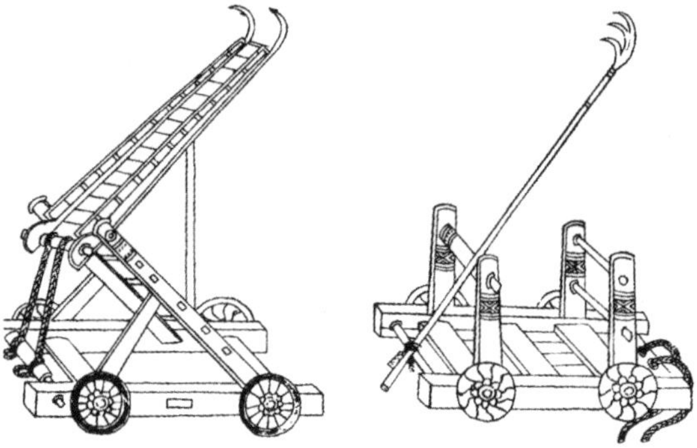

搭天车和搭车，转引自李零《兵以诈立——我读〈孙子〉》，第 143 页，中华书局，2006 年

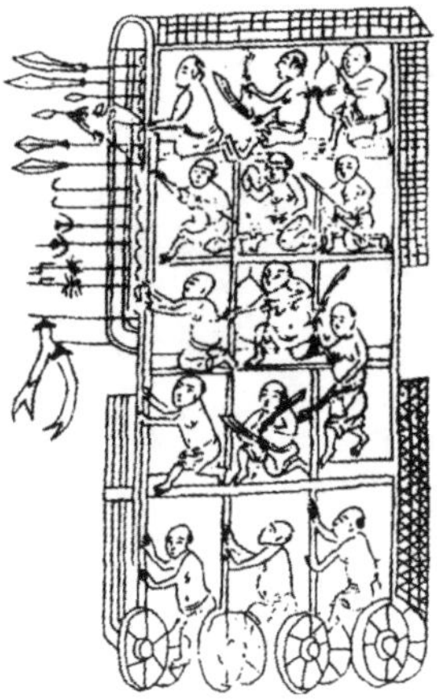

临冲吕公车，转引自李零《兵以诈立——我读〈孙子〉》，第 142 页，中华书局，2006 年

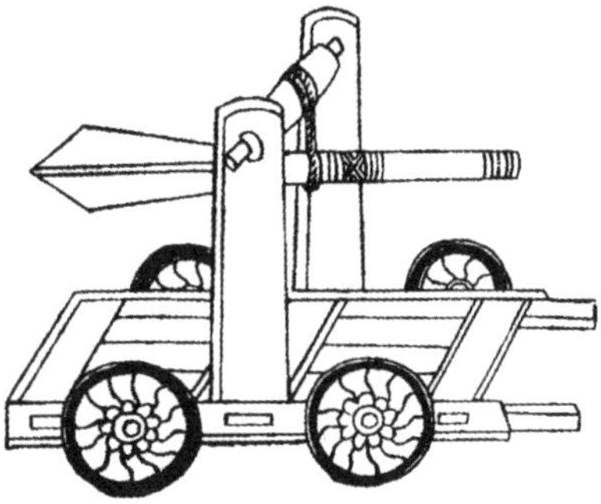

撞车，转引自李零《兵以诈立——我读〈孙子〉》，第 143 页，中华书局，2006 年

塞门刀车，转引自李零《兵以诈立——我读〈孙子〉》，第 148 页，中华书局，2006 年

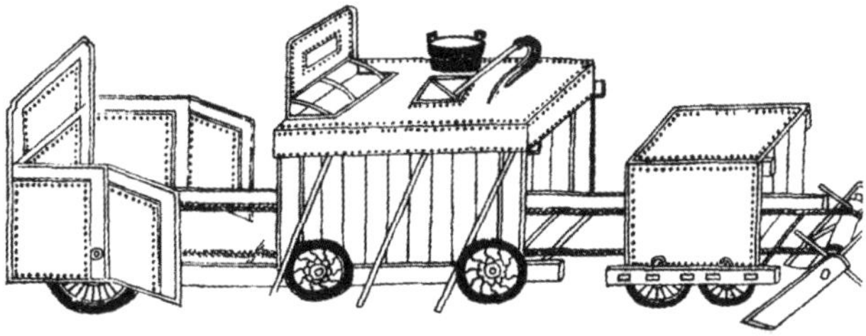

地道车，挂搭绪棚：头车和绪棚，转引自李零《兵以诈立——我读〈孙子〉》，第 149 页，中华书局，2006 年

墨子的兵法

墨子还是兵法家，《汉书·艺文志》把他列入兵技巧。

兵技巧主要指两类，一类是器械使用，一类是技能训练。

不过，他与所有的兵法家都不一样，他是非攻的兵法家。《墨子》中有专门谈防御的兵法，叫作《备城门》，记有十二种攻城手段及其防御方法：

临、钩、冲、梯、堙、水、穴、突、空洞、蛾傅、轒辒、轩车。

临，是攻城塔楼，也叫隆，《墨子·备高临》以连弩对付临车。

钩，指攻城钩车，《墨子·备钩》中有对付钩的手段，已失传。

冲，一种破坏城垣的撞车，《墨子·备冲》已散佚，《太平御览》卷336引《墨子》佚文讲备冲的办法是空降士兵到冲车上，砍断撞木。

梯，《墨子·备梯》所讲的梯子是云梯，公输般为楚王造云梯攻打宋国，墨子与公输般博，赢了公输般，让楚王打消了攻宋的念头。

堙，也叫距堙，是攻城的土坡，《墨子·备堙》失传，《武经总要前集》里有距堙图示。

水，《墨子·备水》认为对付水攻，或城中穿井凿渠，或把船绑在一起，运兵突围。

穴，有人以为是火，《墨子·备穴》失传。

突，《墨子》有《备突》篇，指在城墙四周挖突门，每百步一个，从城墙里面开口，并不挖透，必要时才挖透。守城时一般躲在城里，被动挨打，有了突门，可以见机行事，主动出击。《备突》可能是残篇，只讲了突门的一个用法，即从突门放烟，用烟熏敌，事先备好柴艾，打开突门，用“塞门刀车”堵住，以防攻城者突入，然后放火鼓风，见《武经总要前集》的“塞门刀车”。

空洞，指攻城者挖地道进城，以为沿城墙均隔挖井，放置大陶瓮，让人蹲在里面听，然后火烧、烟熏、水灌。图示地道架是挖地道时用以支撑的框架，地道车又叫挂搭绪棚（头车和绪棚），均为攻城者的器械。

蛾傅，是步兵密集强攻，《墨子·备蛾傅》应之以“矢石汤火”。

轒辒，是一种装甲运兵车，也叫轩车，《墨子·备轩车》失传。

以上图示及文字，转引自李零《兵以诈立》“附录：墨子十二攻”。

墨子针对这十二攻，用了十二种防御和破解的办法，他与公输般在楚王跟前博戏，公输般很可能就采用了十二攻，被他一一破解。他的兵法很实用，这在当时本来是优点，可一旦时过境迁，具体条件变了，就反而无用。

《孙子兵法》一直有人为它作注，到现在还在作为军事教材使用，就因为它讲的是兵家方法论，展示了兵家的诗性思维和兵法的美学境界，因此，在现代战争条件下，它不是因为实用性，而是因为它的空灵及其诗性美，而依然具有魅力，它建立了一种诗人气质与帝王气象相结合的极其壮丽的兵学范式。

而墨子的兵法却因其过分实用，早就湮没无闻了。再加上它是一本反战的兵法，自然不会对战争抱有审美的态度，并企图通过战争来实现伟大的抱负，因此，作为兵法，它一开始就有很大的局限性。所有的兵法，几乎都是进攻与防御两条腿走路的，只有它是用防御一条腿走路，当然就“行而不远”了。

12

惠施将杨墨“合同异”了

墨子在齐国时，齐还没有稷下学宫，但墨学已为显学。

到了孟子“辟杨墨”时，已是墨家后学时代，所辟之“墨”，当然是“别墨”了。其时，孟子为稷下先生，而“别墨”在稷下称显学，代表人物为宋钘、尹文。

这两位，亦是稷下风云人物，可为什么称他们为“别墨”呢?

请看《荀子·非十二子》：“不知壹天下建国家之权称，上功用，大俭约，而僈差等，曾不足以容辨异，县君臣。然而其持之有故，其言之成理，足以欺惑愚众，是墨翟宋钘也。”“不知壹天下”是“非攻”，“上功用，大俭约”是“非乐”“非命”“节用”“节葬”，“僈差等”是“兼爱”，“不足以容辨异”是“尚同”。荀子曾为稷下祭酒，将稷下学派看得很透，《非十二子》是对稷下学派的一个简明的总结。

此前，《庄子·天下》里，谈到宋钘、尹文时，也说他们：“周行天下，上说下教，虽天下不取，强聒而不舍者也。故曰：‘上下见厌而强见也。’虽然，其为人太多，其自为太少，曰：‘请欲固置五升之饭足矣，先生恐不得饱，弟子虽饥，不忘天下。’”

庄子笔下描绘的那副神态，显然还是那种墨者精神。可尹文的思想，后来却异化了，先向道家靠拢，立足于道，又从道出发，进入刑名，确立名分，施以法术，虽复归于无为，却以名法为本，成为名辩思潮中明显趋于实用的一支——名法家。因此，到了荀子谈墨家时，就不再提尹文了，而尹文的这一变化，是庄子那时所不知的。

孟子初到稷下时，并未马上“辟杨墨”，对宋钘还很客气。《孟子·告子下》里有这样的记载：

宋钘要到楚国去，路上遇到孟子，两人交谈起来。

孟子问：“先生将何之？”——“要往哪里去？”这样称之为“先生”，并非因为宋钘比孟子年长，而是稷下先生之间，彼此都这么称呼，这是那时的一个惯例。

宋钘答道：“我听说秦国和楚国要开战了，所以去向楚王进言，劝他罢兵，如楚王不听我言，我就去劝秦王，这两位王，总有一位会听我的。”

孟子说：“那你见了两位王，对他们说什么呢？”

宋钘道：“说利啊！说打仗对两国都不利。”

孟子说：“先生的想法很好，可先生的说法不好。”

说得宋钘一愣，孟子解释道：“为什么要说利呢？应该说仁义啊！君臣、父子、兄弟之间，如果都说利，而不讲仁义，那样的国家，哪儿有不亡的？”

两位虽然各持己见，各行其是，但还只是劝说，没有攻讦。

孟子“辟杨墨”，诚如其所言，乃不得已。何以言之？就儒学而言，墨者非儒，儒学当有反应；就孟子而言，其“辟杨墨”，亦自有其针对性。

针对谁呢？显然不是稷下别墨宋钘之流，很可能是惠施。

惠施是宋国人，与孟子同时，当年孟子响应宋君偃的号召，来宋国行仁政时，惠施在魏国为相，那时，宋君偃就已继魏、齐“会徐州相王”之后，第三个称王了，而“会徐州相王”的发起人就是惠施，可以说，从那时起，惠施就成了孟子的对手。

齐、魏马陵之战后，魏惠王用惠施为相，而惠施主张“去尊”和“偃兵”。当时，魏被秦、齐两国夹击，国将危矣，刚好，惠施要“偃兵”，就被惠王用上了，让他赶紧去“偃”秦、齐之兵，对他言听计从，据说，还曾一度想禅让于他。

让国只是那么一说，惠施并未当真，但他要惠王“去尊”。

当年，魏国那么强盛，一如苏秦所言，曾“拥土千里，带甲三十六万”，领了十二诸侯去朝天子，要遏制秦国，连秦国都担心“以一秦敌大魏，恐不如”。

商鞅建议，尊魏国为王，并劝魏“先行王服，然后图齐、楚”。魏听从了商鞅之言，便自以为功大“而令行于天下”，“乘夏车，称夏王，朝为天子”了。

秦国尊魏为王，使魏国将进攻的矛头，转向齐、楚两国。

战国之时，而魏欲独尊，争霸尚可，唯其称王，必为众矢之的。众矢所向，岂能“偃兵”？因此啊，要“去尊”！把自己彻底放下来，要放得“天与地平”。既然魏国已被齐国打败，那就尊齐为王吧！与其倾全国之兵，同齐国拼命，何如与之“偃兵”？

为此，齐将匡章来质问他，《吕氏春秋·爱类》中匡章这样说道：“你不是主张‘去尊’吗，为什么还要来尊齐侯为王呢？”他回答说：“如果有人一定要‘击其爱子之头’，那就用石头来代替，让他砸吧。因为儿子的头重要，石头不重要，拿不重要的换重要的，不可以吗？如果尊齐侯为王，能延百姓之命，免民之死，那就是以石头来换啊！”

匡章早已看出，这种貌似不得已的理由，含有很深的计谋，让齐国来扛大旗，让齐威王当出头鸟。可不，楚国果然就出兵了，兵锋直指齐、魏相王的徐州。

楚国刚灭了东南一隅的越王，中原又冒出来齐、魏相王。由齐国挑头称王，齐、楚两国交兵，大抵旗鼓相当，形成均势格局，使魏国得以“偃兵”了。

所谓“偃兵”，就是奉行和平外交，这当然是国家行为。

所以，在现实中，“偃兵”势必要以均势战略为基础。

惠施“偃兵”，显然由墨子“非攻”发展而来，但两者又有所不同。“非攻”在墨子是绝对的原则，而“偃兵”则相对化了，是一种国家发展战略。

墨子“非攻”，是以民间立场干预国家主张，以民间实力对抗霸权主义，而惠施“偃兵”，则是一种国家奉行的国际关系的准则和策略性的外交政策。

孟子说宋钘“何必曰利”，我们也可以这样来谈惠施。

“偃兵”，是国家行为，当然要言利，而“非攻”，则高举国家正义——“兼相爱，交相利”，使各国皆“尚同”于“义”，不拿“义”来做交易。

而且，“偃兵”的思想基础，也与“非攻”不一样，“非攻”是基于绝对化和理想化的“尚同”，而“偃兵”则出于相对性的现实主义——“合同异”。

“尚同”，是向同一个目标看齐，统一思想，统一行动，而“合同异”，则要将不同的势力和利益合在一起，求同存异，结合成为一个利益共同体。

不同的国家利益要“合同异”，不同的思想流派也如此。

惠施本人的思想，就是这样一个“合同异”的标本，他将完全对立的“杨墨”，以相对的立场，用变化的观点，“合同异”了。梁启超说，他是从《墨经》里出来的“别墨”；郭沫若说，他是杨朱“为我”的徒弟。他们说的都正确。正是他，将“拔一毛以利天下，不为也”与“摩顶放踵利天下”这样两种截然相反的人格和学说“合同异”了。

惠施是怎样来“合同异”的呢？我们先来看他的一个命题：“至大无

外”“至小无内”。将此命题放在人身上，如何能“至大”呢？自然是“兼爱”了。

但在他看来，“兼爱”还是人道主义的，还不能“至大”。

所以，他又说“泛爱万物，天地一体”，“泛爱”，趋于自然主义，能使“天地一体”，这便是“至大”了，又因了“天地一体”，故能“无外”。孟子说“兼爱”是禽兽，就冲着“泛爱”来说，“泛爱”固有人道主义，但也包含了爱禽兽在内。

下面，又接着一句“至小无内”，人如何能“至小”呢？

那当然是“为我”了！在对待性的人际关系中，君臣、父子、夫妇、兄弟、朋友，每个人都是复杂的身份体系，都是社会关系的总和，不可能“至小”。

只有独立的、无对待性的“我”，因其个体性，而为“至小”。“天地一体”而“无外”，那是“大一”，“我”在其中，为人道之原子，即为“小一”。

“小一”不可分，便说“无内”，“我”因此而觉醒。

可孟子看人，则非“无内”，而是“有内”，因此人可分。

孟子将人体分为大体、小体，将人性分为大性、小性，将人心分为“仁、义、礼、智”四心。这样划分人体、人性和人心，在认识论上，无疑有其深刻性。

从人性和人心中，发现人的本质，确立人之所以为人，孟子于此，想得更深。子曰“从心”，却未在心性上立论。而孟子则以道德理性，先验化为人心，从人心里发出来，便是人性。为使人性善，他从内心驱逐人欲，使人欲——恶，离开了人自身。

他的认识，在人欲的合理性方面有所缺失，在对农家的批评中，他谈到了社会分工的必要性和商业信用的有效性，但他从未将它们划归人欲本性。

但凡言及人欲本性，孟子总是一概批评，而且从不反省。

惠施不谈人性、人心，却谈第一人称和个体性的“我”。

纯然未分之“我”，如庄子笔下“浑沌”，不能开七窍。

七窍开而混沌死，人也如此，同样是七窍开而人性死。杨朱“为我”，便是维护其“至小无内”不被开窍的个人权利，弘扬其作为人道原子的文化个体性。

而孟子却不然，他说：“尽其心者，知其性也；知其性，则知天矣。”然其“心”，并非浑然未琢的一团，而是被他开了“仁、义、礼、智”四端，人性便从这四端发出来。

所谓“尽心”，就是将四端都尽量地发挥出来，使应然之心转化为实然之性。所谓“性”，即人性，就是应然之心的实现。故人性本善，而恶，则是将心放出，放到外在之物里，如惠施所言“泛爱万物”，而不知返也。放心于物，终于迷失，失心，则人失其性，而成其欲，一切恶果，皆由此欲发生，人欲即恶之源。失心于欲，则不知性。

“小一”之“我”，即个体性的“我”，在孟子那里，就被规划到“小体小性”的格局里，这样的“小我”，没有道德理性的指引，不能实现天人合一。

天人合一不是“合同异”，而是真正具有内在同一性的合一，正是在这样的同一性里，人确立了人之所以为人的依据，那是绝对的依据，具有终极意义。

孟子的天，也根植于人心，突出了天的内在性那一面，故“道之大原出于天”，而天的根本在四端，仁义礼智那样的先验性的理念，要通过天道来实现。

若以最高的存在为天，那天道，便是通往最高存在之路，孟子自以为发现了这样一条通往最高存在的路：心—性—天。这是一条先验之路，从内心出发，走向道德理性的四端——仁、义、礼、智，走向头顶上的星空，如康德所言，实现天人合一。其实，早在神话中，就有过一条这样的路，但那是外在的，有上天梯，人人都能跑到天上，与神交往，后来，绝地天通了，不让人上天，可人在内心里，仍有对天的向往。那就从内心出发，没有上天梯，自有道德律，走仁、义、礼、智之路，上天去！天就在你心中，“尽心”吧！

孟子在人的内心里，续写了这样一篇天人合一的道德神话。

在道德神话中成长起来的四端之“我”，已非从属于自然性的“小我”，而是道德化的“大我”。这样的“我”，不再是自闭而坚硬的原子，“无内”而不可分割，而是“万物皆备于我”“上下与天地同流”的“至大”之“我”，“我”就是天。

但孟子的“我”，虽然“至大”，却非“无外”，因为它被划定了边界——四端，这有点像相对论的宇宙观——无限有边。惠施的“我”是至小的，至小的“我”完全没有内在性——“无内”，故以个体性的方式向外发展，而至大的“我”就几乎没有外在性——“无外”，将内在性的爱无限放大，那也就是“兼爱”——“让世界充满爱”。这样，我们就从“为我”到“兼爱”，从杨朱走向墨子，从人的个体性进入人的人类性了。

孟子打开了“我”的内在性，使“我”从对待性的外在，转向非对待性的内在，从“逐万物而不反”的外在性追求，转向“万物皆备于我”的内在性超越。

这一转向，被孟子称为“收放心”，又叫作“反求诸己”。

而惠施的个体性的“我”，却在对待性的外在世界里追逐不已。

人的个体性，在思想上，往往表现为个人主义，而对待性，则表现为相对主义，一般来说，个人主义和相对主义经常是一对孪生子，这一点正好理解惠施。

“为我”是个人主义的，“去尊”为相对主义，个人主义主要表现为确立个人权利意识，而相对主义则要重估已有价值，如“天尊地卑”，在相对主义的天平上，变成“天与地卑，山与泽平”，将天与山“去尊”了。

惠施这样“去尊”，其实还是“合同异”，将“尊”与“卑”两极都“合同异”了。

《吕氏春秋·淫辞》记载：“惠施为魏惠王为法。为法已成，以示诸民人，民人皆善之；献之惠王，惠王善之；以示翟翦，翟翦曰：‘善也。’”于是，惠王问：“可以用这部法来治理国家吗？”翟翦说不可。惠王说：“你刚才不是说这部法好吗，怎么又不可行呢？”翟翦回答说：“这就好比抬大木头，前面的人喊号子，后面的人也要跟着应，而不能哼哼唧唧的唱郑、卫之音，治理国家也如同抬大木头一样，要用一个调子才行。”

显然，这种民人和王都说好的法，是“合同异”的法。惠施“为法”，本来是为王立法，可他却偏要“天与地卑”，将王与民人“合同异”，使法具有平等性。

王法的核心是刑，王法的作用就是以刑治民，如李悝《法经》。

可惠施“为法”，却把民人的需求，放到王法里面去了，使王法多少有了些民法的因素，这些民法的因素，同王法唱的不是一个调子，所以，当时不可行。

惠施在王法里究竟唱了怎样的调子？我们现在已经不得而知。

不过，站在他的立场上，试想一下，或许就是“为我”的调子和“去尊”的调子。“为我”有个人权利的意思，“去尊”有平等的意思，再加上“泛爱众”。

似乎这部王法里，自由、平等、博爱的意思都有了，但愿如此。

可惠王为什么要说这法好呢？那是不得已，有求于惠子。那时，好战的惠王一败再败，要用“合同异”来救自己。惠施为他布了一个“合同异”的局，使齐、魏相王，联齐抗秦，借楚制齐，出现了暂时“偃兵”的均势格局。在国内，惠王也因战败，而发生认同危机，要以“合同异”来克服之。惠施为法，而惠王称善，即以此为前提。

中山侯钺，长 29.4 厘米，宽 25.5 厘米，重 2.3 千克，战国中期，河北平山中山王譽墓出土

中山王譽鼎，高 51.5 厘米，直径 65.8 厘米，重 60 千克，战国中期，河北平山中山王譽墓出土

中山王譽壶，高 44.5 厘米，口径 14.6 厘米，重 13.65 千克，战国中期，河北平山中山王譽墓出土

中山王譽鼎铭文

中山王兽方壶，通高 63 厘米，口径 15 厘米，重 28.72 千克，战国中期，河北平山中山王兽墓出土

春秋时期，北方有小国鲜虞，后改称中山。

战国初年，中山为魏国所灭，不久复国，战国末年又为赵国所灭。

河北平山县三汲乡中山王墓葬出土了不少工艺精湛的青铜重器。其中有一只中山王鼎，有铭文七十七行四百六十九个字，叱责燕王哙禅让于子之——“臣主易位，逆天违人，故身死国亡”。

该鼎，为我国迄今为止所见最大铁足铜鼎，乃战国彝器珍品，铭文字数之多，堪称战国之最，修辞之讲究，字体之优美修长，亦为前所未有。

其时，齐宣王以平定燕国内乱为由，号召各国伐燕，中山国想从中渔利，积极响应，并派相邦司马赒率军随齐国进攻，大败燕国，掠夺了大量青铜。

后来，周天子对参与此次“平叛”的诸侯都进行了表彰，中山王也受了敕赏。得意之余，中山王用掠来的燕国青铜铸成了这件鼎，以告诫子嗣。

看来这位中山王得了不少青铜赏赐，他不仅铸鼎训诫，还铸造中山王壶与中山王方壶，两壶铭文，仍然是歌颂中山国伐燕之功绩，训诫子嗣要以燕国为教训。

中山侯钺有铭文十六字，直接表明中山侯受命于周天子，威严神圣不可侵犯。他以错金青铜钺象征他的权威。

13

纵横家与思想者的故事

据说，魏惠王曾想让国于惠施，惠施辞而不受。

这一传说，看似荒诞，可当时也非绝对不可能之事。

尧让国于许由，许由不受，因之而逃之夭夭的故事，在当时流传很广。善良的人们总是怀有善良的愿望，想为当代的君王树立一个古代的榜样。

当代君王，为了王权厮杀不已，人头落地，还殃及池鱼。

善良的人们想善良地活下去，就用善良的故事讽世。

故事的主角多半是先王，只有先王才能提醒今王。先王的名义，成了说者手里的小旗，面对当今之王，挥舞这小旗，便多少能添些话语的权力。

话语，并不都是空谈，有时也会弄假成真，后来，燕国就真的发生了燕王哙传国于子之的事情。有关惠王让国于惠施的传说确否，我们且不论，可惠施的重要性，却由此可见几分，连“一怒而诸侯惧，安居而天下熄”的公孙衍，也称他为“国公”。

公孙衍，原来是魏国人，一度跑到秦国为将，曾经率兵攻打过魏国，很出过一番风头，不料，从魏国又跑来一人，就是那位还留着舌头的张仪。

魏国真是人才济济，出了个把人物从来不当一回事，把张仪当作贼子打了一顿，使他在魏国无立足之地，灰溜溜地跑到秦国去，见了车裂商鞅的秦惠文王。

秦惠文王那时还没有称王，看他和商鞅不一样，就拜他为相。

张仪和商鞅，两人的确不一样，商鞅是西河学派弟子，张仪是鬼谷学派传人，秦惠文王与秦孝公也不一样，孝公喜欢耕战之士，而惠文王喜欢纵横策士。

秦孝公选择了商鞅，秦惠文王看中了张仪，他们都有好眼力。

张仪号准了秦国的脉，秦国若欲统一，不能光有战士，还要有策士。商鞅之死，不光是由于变法算政治路线老账，还因为秦国此时更需要策士。

新王一登基，商鞅便已过时，可他不甘心，那就得死，而且不得好死。都说商鞅的死是作法自毙，不过，能死于自己制定的法律，那也算是死得其所吧。

秦惠文王车裂了商鞅，就改以公孙衍为大良造，看到张仪又来了，便以张仪取代公孙衍，奉为相国，秦有相国一职，乃自张仪始，此二人者，皆为策士。

公孙衍被张仪排挤，来到魏国，会“徐州相王”时，他对惠王说：“快去尊齐为王，楚最反对人称王，齐称王，楚必来战，齐胜楚，我们乘机南下，取楚方城以外之地，楚胜齐，我们就攻打齐国，为太子报仇。”其时，惠施为相，公孙衍为将，两人是好搭档，一人制定政策，而另一人实施战略。此次相王，由于魏仍濒临危机，故战略并未实施，而政策已达目的。到了“五国相王”时，魏国依然高举“偃兵”旗，却露了合纵战略的底。

魏、韩、赵、燕、中山相王时，还是惠施为相，公孙衍为将。

各国相王，虽由惠施首倡，但齐、魏相王与五国相王性质两样。

齐、魏相王，出发点是“去尊”，乃魏王“去尊”而“王齐王”。

而五国相王，则由魏国牵头，联合其他四国，欲与秦、齐、楚争王。

此次相王，惠施没有坚持“去尊”思想，放弃了“偃兵”主张，魏国亟欲重新崛起，再图霸业，其心迫切，其志亦昭然，故齐、楚两国率先做出反击。

齐国借题发挥，说区区中山，亦来相王，是可忍孰不可忍，必欲驱逐之。而楚国则连个借口也不找，直截了当就出兵了，一路北伐，攻取了魏国南部城池。

惠施一手开创的均势格局，至此已被打破，颇有理想色彩的“偃兵”，已成时人笑柄，崇尚阴谋的合纵连横从此盛行。策士纵横，如天马行空，使各国为其所用，以兵法用于外交，诗书固已荡涤，礼法亦已过去，唯有策士横行！唯有策士横议！策士思辨哲学，为惠施相对主义；策士行动哲学，乃鬼谷捭阖之理。惠施与鬼谷子，盛极一时矣。

最早意识到新时代来临的国君，是秦惠文王，如果说他的父亲秦孝公把玩了法家时代的综合国力之魂，那么他就成功地玩转了策士时代纵横捭阖的术的幽灵。

他玩转了一个人，一个真小人，那人只要舌头还在，他就是神！

这人便是张仪，正是惠文王把他这个“贼”，推到了时代的峰顶。

五国相王失败，魏与齐、楚破裂，张仪就乘虚而入了。他来到魏国，对魏惠王说：“为大王计，莫如事秦。”《韩非子·内储说上》说：“张仪欲以秦、韩与魏之势伐齐、荆，而惠施欲以齐、荆偃兵。”两人针锋相对，惠王请大家来评判，结果张仪占了上风。

惠施因此问魏惠王：“如果一种主张，所有人都反对，而另一种主张，所有人都赞同，你认为这正常吗？当然不正常！不正常就做决策，这岂不很危险？”惠施想让惠王注意到这一点。原以为总会有不同意见，要他来“合同异”，不料，大家一齐反对他。

魏惠王改用张仪为相，张仪驱逐惠施，惠施化了装而逃走。

当年，张仪乃魏国一小贼，而惠施为相。如今惠施出逃，张仪为相，这真是“天与地卑，山与泽平”了。惠施一开始逃到楚国，但楚国与张仪有约，不敢留惠施，将他打发走了。他只好前往宋国，宋国是他老家，而且“宋王之贤惠子也，天下莫不闻也”。

宋王欲行仁义，曾经吸引了孟子，可孟子不久就离去，跑到毗邻的滕国去，在那里重新竖起了行仁政的大旗，可滕国太小，在大国之间，经不起战争风雨。

孟子本来看好宋王，到宋国来，真想大干一场，可他不久就发现，宋王的所谓仁义，原来是另有主张，跟他的想法不完全一样，一来同他商量，他就走了。其来也兴冲冲，去也气冲冲，孟子的个性虽然雄强，但还没有强到不能与人商量的地步。究竟是什么原因，让他一下子就对宋王彻底失望？细想起来，这很可能跟“宋王之贤惠子也”有关。

惠施声名在外，虽未执政于宋国，但其影响所及，非孟子能比，况且宋是他老家，还是墨者基地。当年，墨子救宋，曾经倾其全力，后来，宋国又出了一位巨子。

墨子之后，墨分为三，先在南方兴起，而南方之墨学，又以楚国为重镇。墨子晚年游楚，卒于楚之鲁阳（今河南鲁山一带），为墨子安息地，南方之墨由此兴焉。

此后，因墨家巨子孟胜为楚国阳城君守国，而阳城君又参与了攻杀吴起，矢中王尸，楚王问罪，发兵来收国，孟胜将巨子之位传给了宋国田襄子，便从容赴死，弟子从死者一百八十三人。死之前，孟胜对弟子说：不死，从今以后，人们求严师必不求墨者，求贤友必不求墨者，求良臣必不求墨者。今日之事，唯以一死明志，所以行墨者之义。

墨者赴死，从容就义，此举震惊天下，从此天下之人，皆知墨者。

孟胜死后，墨学中心转移到宋国，正是在宋国，墨学成为显学。

墨家能为显学，除了墨者侠义和墨学思辨，还有惠施“合同异”。

正是在惠施"合同异"的旗帜下，墨者融合了各家，将墨学做大。

孟子"辟杨墨"，而惠施能"合杨墨"，所以，惠施之学大。

惠施不仅"合杨墨"，而且还"合孔墨"，宋王曾问仁政于他，"惠盎对以孔墨之道"。钱穆《惠施自楚至宋考》说"盎或即施字"，"惠盎"就是惠施。

因此，孟子来宋国行仁政，首先要过惠施"合同异"这一关。

孟子"辟杨墨"，显然就是冲着惠施来的，有了惠施的影响力，"杨墨"之言才能"盈天下"。但读遍《孟子》，我们发现，孟子之于惠施，可谓"不着一字"，然其"辟杨墨"时，才寥寥数语，便"尽得风流"。诸子骂人，很少骂当事者本人，这倒不是勇气问题，而是蔑视，假如他们与你相争，要骂你的话，他们一定去骂你的祖师爷，而非你本人，如你要问这是为什么，他们一定会这样告诉你：你别急，你还不值得一提。孟子"辟杨墨"而不直接骂惠施是如此，荀子骂"惠施、邓析"而不骂公孙龙也是如此。

孟子在宋国行仁政失败，他不怪宋王，而是怪宋王身边那些人。

《孟子·滕文公下》有"孟子谓戴不胜曰"："你想让你的王好起来吧？我明白地告诉你，不可能。这里有位楚大夫，想让他的儿子学齐国话，是请齐国人做老师呢，还是请楚国人做老师呢？"戴不胜说："当然要请齐国人做老师！"孟子说："只有一个齐人做老师，而有许多楚人跟他说话，这样能学好齐国话吗？就是每天用鞭子抽，他也学不好呀。"

那时，孟子从齐国来到宋国，便以齐人自喻，而以楚人喻杨墨之徒。以学齐国话为例，孟子强调，即使行仁政，也要有环境。他认为，宋国没有行仁政的环境，这就好比学齐国话，周围都是楚人，怎么学得成？行仁政，不能没有礼，要讲"长幼卑尊"，可宋王周围的人都不讲"长幼卑尊"——"去尊"，那还怎么行仁政！"独如宋王何？"

就这样，他离开了宋国，先回一趟老家，就到更小的滕国去了。

这位宋王偃，孟子说他是仁君，可《吕氏春秋》和《史记》都说他是一个暴君，而且还不是一般的暴君，是像桀、纣那样的暴君，所以被称为“桀宋”。

而孟子说宋王仁义时，哪里知道后人会把他说得那样坏，是他后来变坏了，还是被人冤枉了？钱穆认为，都是后人造的谣，宋王没有那么坏，孟子说得没有错。

宋乃商朝之余，殷商遗风尚存，同为殷商遗民后裔的卫人子贡就说过，纣不像人们说得那样坏，这话在《论语》里就有记载。宋王偃身上，确有殷商遗风，比如射天之举，殷商时就有，《史记·殷本纪》里就记载过帝武乙射天之后出猎被雷震死一事。战国时，宋王偃亦射天，这事在《史记·宋世家》里有记载，有人说射天是殷人风俗。

然而，当我们阅读了这两条有关射天的材料时，发现它们不像是民俗，因为，它们没有民间风俗的仪式感和国民性，倒更像是帝王个人与天斗的个性化表演。

我们先来看“武乙射天”：这位帝武乙，都说他是个无道之君，做了一个木偶人，便称之为天神，他与天神来决胜负，天神若不胜，他就污辱之，还在空中，悬挂了一个大皮囊，里面盛满了血，不知是什么血，仰而射之，喷血如雨，号称“射天”。

这看上去，如顽童游戏，似帝王行为艺术，怎么看也不像民俗。

有人说，“射天”有可能是宗教改革，是用王权取代神权，有这么一点儿意思，但宗教改革是从宗教内部发展起来的，不是靠一两次行为艺术表演来完成的。

做了两次行为艺术表演之后，武乙去行猎，却被“暴雷震死”。

史书上不说击死，而说“震死”，何也？击死，乃一举所致，是为速死。而“震死”，则被震撼包围，恐吓而死。一击而死，是偶然的，没有内心体验，时间几乎为零，而“震死”，则有个渐次展开的时间过程，在可以计时的恐惧体验中，被活活吓死。

而宋王偃的射天表演又如何呢？《史记·宋世家》说，宋王偃“欲霸之亟成，故射天笞地，伐社稷而焚之，曰：‘威服天地鬼神。’”如此作为，堪称“战天斗地”。

除了用弓箭射天，宋王偃还用鞭子抽地，砍了木偶神——社稷，拿去烧了。此外，他还像纣一样，“常为长夜之饮于室中，室中人呼万岁，则堂上之人应之，堂下之人又应之，门外之人又应之，以至于国中无敢不呼万岁者”，而天下之人则称他为“桀宋”。

这样看来，宋王偃比帝武乙还多了个“呼万岁”的节目。“呼万岁”，是从《诗经》里来的，酒宴上，兴会起来，饮者举杯，祝“万寿无疆”，只是宋王偃的排场忒大了，不玩小雅、大雅，而玩了个举国上下，这真是纣之遗风了，往好处说，这叫普天同庆，与天下人同乐，往坏里说呢，这叫作“自作孽，不可活”，《史记》就是将他往坏里说的。

而孟子是将他往好处说的。往好处说和往坏里说，都有局限性，孟子不知宋王偃后来如何，而司马迁所知，皆是未经考证的“闻知”，没有身临其境的“亲知”。

政治是功利世界，从根本上说，就是成败和利害，所谓民意和正义，都掌握在胜利者手里，所以，赢是硬道理，输了就是一堆历史的狗屎，宋王偃毕竟输了。

处于策士时代，善战不一定能赢，宋王偃像纣一样善战，《史记》说他“东败齐，取五城，南败楚，取地三百里，西败魏军，乃以齐、魏为敌国”，还灭了孟子曾经行仁政的滕国。可他却招来了齐、魏、楚、燕、赵五国的联合攻击，终于国灭身死。

孟子善辩却说自己是“不得已”，宋王偃善战亦是“不得已”？

善战而又好仁义，本来就是一块行王道的材料，此料百年难求。

孟子看好这块料，可惜的是，此料却被“杨墨”之学染了，而染之者，在孟子看来，就是惠施。为什么这样说呢？因为，宋王偃除了“贤孟子”外，就是“贤惠子”，而且能“合杨墨”者，亦唯有惠施，所以，宋王偃未行仁政，惠子最有嫌疑。

处于孟子与惠子中间，宋王偃很为难，惠子还好办，能“合孔墨”，求同存异，没让宋王偃为难。可孟子不干，借口对“关市之征”不满，说走就走了。

当惠施从楚国灰溜溜地回到宋国时，孟子却被魏惠王用高车大马，前呼后拥地请到魏国去了。两人换了位，惠施的处境，恰好与孟子当年由齐至宋时相似。

那时，惠施名高势大，很有些风云际会的派头，而孟子则多少有些寒酸，可这一回，孟子却摆足了谱，极其风光地到魏国去了，在魏国，魏惠王对他优礼。

惠施一生有两个对手，一个是政治上的对手张仪，另一个就是思想战线上的对手孟子。张仪把他当政敌，可有谁知孟子的论敌“杨墨”，就是惠施？

惠施“去尊”，使魏惠王内政外交雌伏，不得已而隐忍多时，张仪一来，有了秦国撑腰，就解雇了惠施，让惠施走人。人走了，可思想还在，张仪可以为相，但不能解决思想问题，谁能清除其思想？当然是孟子！孟子“辟杨墨”，主要是在魏国。

魏王请来孟子，奉之如师，其要旨在为他“辟杨墨”，对于行仁政，则不过敷衍孟子而已。孟子给“杨墨”之学定了调：“为我”无君，“兼爱”无父。

惠施在宋国待了三年，据说，还与庄子相见，他与庄子的故事，后面再谈。现在，我们回到孟子。此时，孟子在魏国“辟杨墨”，可不久，又出现了变化。

张仪兼为秦、魏两国之相后，就实施“以秦、韩与魏之势伐齐、楚”的连横战略，使秦军借道韩、魏两国，向齐国发动进攻，齐威王命齐将匡章率军应战。

匡章，在会徐州相王时，曾经以“去尊”与“相王”问难惠施，逼得惠施以“石头”代“爱子头”来回答——“相王”是“石头”，“去尊”是“爱子头”。

《孟子》书中，也多次提到过匡章，有人说匡章是孟子的学生，应该有这种可能，因为在《孟子》书中，孟子与匡章对话，口吻就像老师，当有人说匡章违背父亲的意志为不孝时，孟子却极力为匡章辩解，他列举了五种不孝，匡章都不在其列。

匡章的父亲，不仅与儿子冲突，还一怒之下，杀死妻子，葬在马栈下面。临战前，齐威王对匡章说，若胜，“必更葬将军之母”，而匡章却说“不敢欺死父”。

匡章初次为将，却用兵机敏，变换齐军装束，混入秦军之中。

谍报说，匡章以齐兵降秦，威王不信，结果，匡章击溃秦军。

事后，威王说：像匡章这样的人怎么会背叛呢？他连死去了的父亲都不敢背叛，怎么敢背叛还活着的君主呢？由此看来，匡章是一位恪守忠孝原则的儒将。

匡章一举击败秦军，引起了连锁反应。先是张仪被驱逐，公孙衍复出；接着，魏惠王去世，魏襄王继位；还有，就是惠施返回魏国，孟子出走齐国。

这一系列事件，都发生在一年之内，如走马灯。张仪初来时，有如天日，惠施出逃以后，公孙衍来巴结张仪，说：“我去对魏王说，请魏王让国于您，而您推辞，这样，王为尧舜，您为许由，都有美名。您一表示推辞，我就请魏王赏赐万户邑于您。”

连国都让了，还会在乎万户邑？这样作戏，已有前例，魏惠王跟惠施曾经玩过一次，不过，那一次，被惠施推辞后，没有人为他请万户邑。墨者有墨者的规矩，墨者言利，乃天下之利，不为自身计，惠施虽属别墨，当亦如此。然此二人，与墨者异，运天下于舌端，皆为一己。可不，两人一合计，就演了一台让国戏，让魏惠王再扮演一次冤大头尧舜，让张仪假清高扮演许由，戏亦真亦幻，利半推半就，以辞国为名，将万户邑实收。

张仪相魏时，孟子亦在魏国“辟杨墨”，两人应该是同事。

可孟子讨厌这一类“无君”的道家故事，当年惠施之事，或有耳闻，张仪重施，当亦嗤之。有人在他跟前，称赞公孙衍、张仪为大丈夫，他说：他们怎能算大丈夫呢？连妾妇亦不如！妾妇尚有礼，他们却唯利。而那大丈夫啊，“居天下之广居”——仁，“立天下之正位”——礼，“行天下之大道”——义，富贵不能淫啊，威武不能屈！

魏惠王死，定了下葬的日子，可连日来，天降大雪，积雪有牛眼那么高了，还下个不停，城墙被压坏，太子还要行丧礼。群臣来谏，请改日期，太子不听，说：“以劳民伤财为由，不为先王行丧礼，那是不义。”群臣听了，不再言语，去告诉公孙衍。

但公孙衍也说：“我真不知道该怎样说，能说服太子的人，看来只有惠施了，你们还是去请惠公吧！”于是，派人去请惠施，惠施对来人说，行，我同你去。

见了太子，惠施这样说道：“过去周太王葬于楚山之尾，墓被栾水淹了，文王说，一定是先王在想念我们了，想出来再见一面，让这栾水来通知。于是，将先王从墓里请出来，安放在朝廷上，让百姓们都来见一见，三日以后，重新安葬。现在我们的先王，本来早就定了安葬的日子，可他不愿走，还要留一阵子，帮我们扶社稷，安黔首。雪大天留人，让先王再待些日子吧。”

太子说："好啊，就改个日期，让先王多待些日子吧。"

后来，惠施又以"节葬"说服太子，没用儒家丧礼安葬先王。

当时，就有人赞叹："说文王之义以示天下，岂小功也哉！"可"辟杨墨"的孟子却待不住了，刚好齐国来聘他，他去向魏襄王辞行，魏襄王问他："什么人才能统一天下？"他说："不杀人者才能统一。"说完，就走了，还留下话，说"望之不似人君"。

秦都雍城瓦当，陕西凤翔秦都雍城出土

云凤纹瓦当，直径 13.4 厘米，陕西咸阳出土

卷云纹瓦当，直径 15.1 厘米，陕西咸阳出土

咸阳宫殿驷马壁画，秦咸阳城 3 号宫殿遗址出土

雍城是春秋时期秦国都城，位于陕西凤翔境内。秦献公时改革秦旧制，并于公元前 350 年将都城东迁咸阳，那一年，尚未即位的秦孝公一岁。二十年后，秦献公病逝，孝公即位，启用商鞅变法，秦始强大。战国开始，秦进入战国七强，随后与齐楚比肩，给纵横家们提供了合纵连横的大舞台，最终秦国胜出。秦国走与西周相同的路线。

新郪虎符，通长 8.8 厘米，重 95 克，法国巴黎陈氏邸藏

杜虎符，高 4.4 厘米，通长 9.5 厘米，厚 0.7 厘米，
陕西西安山门北沉村出土，陕西历史博物馆藏

阳陵虎符，高 3.4 厘米，长 8.9 厘米，宽 2.1 厘米，
秦代，传山东临城出土，中国国家博物馆藏

秦国三虎符

“符”是信物，虎形，威而信，用作调兵凭证。一虎中分两半，外侧铸相同铭文，右由君主掌管，左给统帅大将。调兵遣军，两半必骑缝相符。魏公子信陵君曾“窃符救赵”；嫪毐政变，没有兵符，就用国君和太后的印章去策反军队，结果不灵。秦无兵法，打仗却很过硬。

现存三件青铜虎符，皆为秦铸：新郪虎符、杜虎符、阳陵虎符。三虎符铭文大致相同。

新郪虎符——错金铭文四十个字：“甲兵之符，右才（在）王，左才新郪。凡兴士被甲，用兵五十人以上，必会王符，乃敢行之；燔燧事，虽母（毋）会符，行殹（也）。”“燔燧事”指突发军事，不必会符，可烽火举报，立即行动。现藏于法国巴黎陈氏邸。

杜虎符——大如掌，脊背凹槽，颈有一小孔，虎作走动形，尾端卷曲。错金铭文九行四十字：“兵甲之符，右在君，左在杜，凡兴士被甲，用兵五十人以上，必会君符，乃敢行之，燔燧之事，虽毋会符，行殹。”现藏于陕西历史博物馆。

阳陵虎符——错金篆文“甲兵之符，右才（在）皇帝，左才（在）阳陵”两行十二字。颁给驻阳陵将领的兵符。现藏于中国国家博物馆。

三符称谓各异，新郪虎符“右在王”，杜虎符“右在君”，而阳陵虎符则“右在皇帝”，说明它们出于不同年代。新郪虎符制于秦称王时代；秦惠文君是秦孝公之子，唯其称君，杜虎符应作于惠文君时；嬴政开始称皇帝，阳陵虎符则是秦始皇以后制作的。

三虎符所代表的不同时段，正是秦国不断强大的过程。

14

庄子是一条想飞的至乐之鱼

惠施在宋国时，去见庄子，庄子正在钓鱼。

当年姜太公在渭水钓鱼，被文王看见了，请回去，拜为老师。据说，那姜太公用的是直钩钓鱼，可见他志不在鱼，而是别有怀抱——欲钓王矣。

还有范蠡，带走了西施，也来太湖边上钓鱼……

那两位都是奇谋密计之士，都会在关键时刻出现在关键之地。可庄子与他们不同，他从来不在那些权利的紧要处钓鱼，他有自己的精神高地。

在自我意识的高地上，他放下了自由思想的钓钩。

他哪儿是钓鱼呀？分明是来与鱼对话，对鱼观照，和鱼一道，与天地同流，《庄子》书中，开篇就是《逍遥游》："北冥有鱼，其名为鲲，鲲之大……"

当然，他不光在浪漫的精神高地上垂钓，还在现实的地理空间下钩，比如濮水，就是他常去钓鱼的地方，他很想知道濮水里的鱼究竟是不是快乐。

在一个充满了悲剧的流域，能不能钓到快乐的鱼？

庄子钓于濮水，那水呀很神奇，有音乐流动在那里。

他也许听说了，春秋时，卫灵公好乐，某日，行至濮水，忽闻乐声飘来，从水面兴起，如鬼神幽泣，平日里，闻所未闻，便请来乐师师涓，听了两遍。

然后，卫灵公和师涓一起往晋国去，晋平公宴请他们。卫灵公很高兴，让师涓在宴席上赋一曲，师涓就演奏了濮水之乐。晋平公一听，果然，凄艳无比。

而他身旁的盲人却皱起了眉，师涓知道，那盲人是乐师。

不是一般的乐师，而是天籁之师，为求天籁，自瞎其眼，师涓一见其神情，便惊为天人，一猜其名，便知此人名旷，就是师旷。师旷听了又听，再叫停。

晋平公问缘由，师旷说，此乃亡国之音，音乐充满了悲情。

当年，师延为纣作曲，就是这样的幽玄之音。后来，武王伐纣，纣亡，师延抱琴跳入濮水中，时有音乐漂浮，如水波粼粼，爱乐者至，幽灵为之悲吟。

庄子钓于濮水，他是去钓鱼呢，还是去与幽灵相会？惠子来时，他刚好钓起了一尾鱼，那鱼儿张着嘴，摇着尾，他把鱼放回到濮水里，起身来迎。惠子说，你好快乐啊！他答道：不如鱼。那鱼儿，不知生，不知死，哀乐不能入，岂非至乐矣？

关于鱼之乐，庄子与惠施还有一次对话，那是在濠梁之上。濠，是濠水，是淮河流域的一支，在今安徽凤阳境内，而濮水则属于黄河流域，在今河南境内，我们以此知道庄子活动的大致范围。梁，是桥梁，濠梁之上，是指人在濠水的一座桥上。

庄子说，游来游去，自由自在，那可是鱼之乐啊！
惠子说，你又不是水里的鱼，哪里知道鱼的快乐呢？
庄子说，你又不是我，凭什么说我不知道鱼之乐呢？
惠子说，我不是你，当然不知你；你不是鱼，当然不知鱼。

庄子说，你一开始，就认为我知鱼之乐，所以才问我“汝安知鱼之乐”，现在，我可以告诉你，就在这里，在这濠水之桥上，我知道了鱼的快乐。

这样的辩论，看似言不及义，其实有很深的哲学含意。

惠子提出——“子非鱼，安知鱼之乐”，这样问“知”，是问知性，也是问知情，它有两面，一面是认识论，另一面是心理学，作为认识论的“知”，是问客观存在的“鱼”，是否可知，而作为心理学的“知”，是问那活泼的“鱼”，是否快乐。

作为存在的“鱼”可知，这本来不是问题，而是问题的前提。他们的分歧在于，“鱼之乐”是否存在？庄子的“知”偏于情感，因而肯定了“鱼之乐”的存在，而惠子则以纯然知性来看鱼，鱼无乐，乃人之乐，故有“汝安知鱼之乐”一问。

“鱼之乐”，本非存在之“知”，可惠子一问，就问出存在了，庄子抓住这一问，追问下去，逼得惠子做出结论，他才一个回马枪，刺向最初一问——从存在的话头，转向语词辨析。这本是庄子的完胜局，惠子也认可的，所以，被庄子写到书里。

后人读此，虽多服其辩，却未能深谙其思，或以诡辩论之。

此辩运思，颇似古希腊哲人苏格拉底。苏氏之辩，从提问开始，沿着问题的路径，一路问下去，问尽所有相关问题，然后，回到原问题，自动显现真知。

苏氏穷理之逻各斯，或为庄子所不及，然庄子点到为止，则另有一番机智胜出。知性结果了，结出真理，此为苏氏所取；知性开花了，开出智慧，美！

庄子趋于美，花开了就好，何必一定要结个果子？庄子之思，进于慧，趋于美，知性之花开，而其果未结，然知之乐，慧之悦，如风日之洒然，足矣！

还是在这濮水边，楚王派了大夫二人来请庄子，对他说："我们的王啊，想以他的国家来麻烦先生，让先生受累。"

庄子手持鱼竿，正在钓鱼，连头也没回，就对来人说："我听说，楚国有神龟，死了已有三千年，被你们的楚王包好了，供在庙堂上。这龟啊，你们来说，它是宁死留骨而显贵好呢？还是活着在泥里爬好呢？"

两位大夫居然异口同声："当然是活着在泥里爬好了。"

庄子说："那你们还是回去吧，我还想活着在泥里爬呢。"

庄子往楚国去，路上看见了一具髑髅，因而问之曰："你是为了贪生而死的吗？还是因为亡国之事、斧钺之诛而死的呢？你是有了不良行为，愧对父母妻子而死的？还是因为饥寒交迫，而被冻死饿死的？你能将你生前的那些故事，讲给我这个不速之客听吗？"

庄子说完，搂着髑髅当枕头，就睡了。夜半，髑髅在梦里说："我听你说话的口气，好似辩士，你所说的那些问题，都是活人才有的烦恼，人死了，就没有这些麻烦了。所以，你想听我给你讲一讲死的好处吗？"

庄子说："好啊，我很愿意听听。"

于是，髑髅就开讲起来："人死了呀，无君于上，无臣于下，一个人自由自在，可以独往独来，从此再也没有四时之事，而以天地为春秋，其乐如此，比南面称王，更有意思吧。"

庄子不信，对髑髅说："如果我让司命之神恢复你的人形，还你的骨肉、肌肤，让你回到父母、妻子、邻里以及朋友们的身边去，难道你会不愿意？”

髑髅居然皱着眉头说：“我哪能放弃至乐，而自寻烦恼呢！”

这髑髅，他是谁呢？是不是那位多情之王纣？显然不是，因为纣的生命早已被烈焰化为灰让风带走；是不是那位投水而死的乐师师延？也不是，因为师延的髑髅，还在濮水深处演奏，他已不再是历史中人，何必要从历史中给他找一个身份？他不怕死了，也不会再死了。解脱了生死，就与天地为一体，而居于永恒之域——至乐矣！

庄子垂钓于濮水，那里有鱼，还有一具髑髅，他往水里放下鱼钩，是钓鱼，还是问向髑髅？问号，就是鱼钩。问什么？一如哈姆雷特，问生还是死。

他与古希腊犬儒主义者第欧根尼有得一比，此二人，几乎同时存在，一个在东方的河边忘了生死在钓鱼，一个在西方的街头，边晒太阳，边行乞。

据说，两千年前，第欧根尼在希腊科林斯城的一条街道上，邂逅了帝国的缔造者亚历山大。那时，他正躺在木桶里晒太阳，无视这位希腊化世界之王。

王者自报家门：“我是亚历山大。”他躺着回答：“我是第欧根尼。”

亚历山大问：“我能为先生效劳吗？”他回答：“不要挡着我的阳光。”

亚历山大说：“你就不怕我吗？”他反问：“你是什么东西，好东西，还是坏东西？”亚历山大答：“好东西。”第欧根尼说：“有谁会害怕好东西呢？”亚历山大叹：“我非亚历山大，即为第欧根尼。”

乍一看，这是哲人王与哲人公民的对话，如问一下：“那野狗，是个公民吗？”还真不好回答。他的身份是行乞者。

庄子有篇文章，名曰《至乐》。何谓“至乐”？无为之乐也！野狗第欧根尼晒太阳，那就是无为之乐——至乐，而亚历山大征服世界，则是有为之乐。

无为，当然是自由的，而有为之极，亦能自由。所以，有人说，整个希腊化世界，只有两个人是自由的，一个是野狗第欧根尼，一个是大帝亚历山大。

庄子指出，世俗之乐有四，“富贵寿善也”。对此，他一一驳斥：

富人，累死累活，赚了很多钱，而自己却享用不了；贵人，谋求权力，夜以继日，而别人也同样无时无刻不在谋求他的权力；人生啊，与忧俱生，可寿人糊涂，久忧不死，这是何苦！烈士，赴汤蹈火，善行天下，能救世，却不能救自己，这样的善人，是善还是不善？若以为善，他连自己的性命不能救，如以为不善，他又能够救世。

所谓“烈士”，似为墨者，庄子批评之，用了杨朱“为我”。

“为我”有二，一是对他者的个人权利意识，此为惠施所取，一为对自己的“全生葆真”，即个体生命意识，此为庄子所取。以此来看富贵寿善，还真是累赘。

庄子这样说，便这样去做，自得其乐，可第欧根尼比他更快活，因为庄子还有家室，而第欧根尼则独自行乞，或曰庄子思想，出于儒学颜回那一支。当年，孔子曾经这样说过：“一箪食，一瓢饮，在陋巷。人不堪其忧，回也不改其乐。”所以，留下个孔颜乐处。

颜回没行乞，庄子亦如此，颜回行乐，能自处于伦理精神的高端和物质生活的匮乏之间，超越贫富贵贱，而庄子行乐，则能“独与天地精神往来”，超越生死。

不过，像第欧根尼那么庄严地行乞，庄子能持否？唯佛陀可比！以哲学行乞，不亚于亚历山大打败波斯，两个王者，一个战胜了所有敌人，一个战胜了自己。

我们没有亚历山大那样的王者，也没有第欧根尼那样的哲人，他们是逻各斯的轿子。而我们有庄子，不要出家，不用行乞，在平民化的生活里，将人的尊严高举。

那两人独行，如世界屋脊，而庄子普世，如辽阔平原，一望无际。

苏格拉底哲学花开两朵，其观念哲学之花，开在柏拉图的思想里，其人生哲学之花，开在了第欧根尼的犬儒主义里，两朵花儿异趣，犬儒主义的花儿带刺。

行乞的第欧根尼，旁若无人地来到柏拉图家里，踩着地毯说道："我这两只脚多么肮脏啊，居然踩在了柏拉图那高贵的虚荣心上。"

柏拉图说人是双足无毛动物，他就把鸡的羽毛都拔光，拎起来说："你们来看看吧，这就是柏拉图所说的人！人是这个样子的吗？"

对柏拉图所说的理念论，第欧根尼不以为然，说："我看见了桌子和杯子，可是柏拉图呀，你说的桌子和杯子的理念，它们究竟在哪里？我怎么一点儿都看不到呢？"有人问柏拉图："第欧根尼是一个怎样的人？"柏拉图说："那家伙，是一个疯了的苏格拉底。"

疯了的苏格拉底，是个什么样子？就像他那副邋遢无边的样子？

不过，第欧根尼独立不羁，执着到底，倒很像临死前的苏格拉底。

对于死，苏格拉底越从容，便越壮烈，为真理而死，能从容如斯，在中国，唯有墨者可比。然墨者之死，毕竟轰轰烈烈，绚烂不已，而朴素无华，则有庄子。

庄子哲学，充满死亡意识，如西方存在主义，以此觉悟，验之于妻。

妻死，惠子赶来吊唁，看见庄子蹲在那里敲着盆子，快乐地唱着歌。

惠子责备他："妻死，你不哭也就罢了，还敲着盆子唱歌，太过分了！"

庄子说："一开始，我何尝如此？我也很难过，可回头一想，她何尝生，又何尝死呢？从根本上来说，她本就没有生，现在也无所谓死，生与死其实就是一回事。从根本上来说，她没有生，连形都没有；不但没有形，连气都没有。她根源于无，从无中开显出有来，先是有气，其次有形，其次有生，今又有死，犹如春夏秋冬四时运行，她已复归于无，无生无死，安然地睡眠于道的本体中。当其醒来时，她又被道开显出来，进入有的世界，像四时一样，在道中运行，可我却还在这里哭泣，岂非不明生死？我今天解脱了生死，此为至乐，你不知！

“游来游去的鱼，游到我梦里，在梦里，我的鱼钩是问号，问鱼儿，你是生，还是死？你想生，还是想死？鱼儿答道，我何尝生，何尝死？我行于道中，欲飞矣。

“想飞的鱼儿，何不化了蝴蝶飞去？于是，濮水之鱼，纷纷化蝶。我将往钓于北冥，‘北冥有鱼，其名为鲲，鲲之大，不知其几千里也’。我以天上的北斗为钩，问北冥之鱼曰：‘汝欲飞耶？’于是鲲化而为鸟，‘其名为鹏，鹏之背，不知其几千里也；怒而飞，其翼若垂天之云’。这鸟呀，就是一条想飞的至乐之鱼，它就是我呀，人称庄子。”

15

大匠庄子及其两位质人

第欧根尼与柏拉图抬杠，庄子与惠施也抬杠。

惠施相魏时，庄子去拜访，有人对惠施说，庄子此来，欲夺他相位，他很恐慌，派人在城里搜查，查了三日三夜。庄子听说了，去见惠施，说：

“南方有鸟，其名鹓雏，从南海飞往北海，非梧桐不栖，非竹笋不食，非甘泉不饮，而鸮得死鼠，见其飞过，怕它来抢，就大喊一声：‘吓！’你以为我会来抢相位，就拿魏国来‘吓’我吗？”

庄子用一个“吓”字，就将王权主义下惠施个人权利意识的尴尬暴露了。惠施把官职当作自己个人权利意识的领地，可在庄子看来，那不过是鸮得腐鼠而已。

有一次，惠子批评庄子喜欢说些没用的大话。

他这样说道：“魏王送给我大瓠之种，我种植它，结的果实，有五石那么重，用来盛水，它太重了，我拿都拿不动；剖开来做瓢，可它又太大了，我放都没地方放它。这又大又沉的东西真是没有用啊，留着它，还不如砸了它。”

庄子回答说：“你这五石之瓠，何不放到江湖中去当船使呢？”

惠子对庄子说：“我有一棵大树，人谓之樗，树干拥肿（肥粗，不端正），树枝卷曲，立在路旁，连木匠都不回头看它，就像你说的那些大话一样，大而无当，空而无用。”

庄子回答说：“你有这样的大树，何患其无用？何不将它种在无何有之乡，广莫之野，然后，让牛羊漫步其侧，任花草寝卧其下，因其无用，方有自在啊！”

是啊，好好的一棵树，为什么一定要让人来用，任人砍伐呢？人无用，树自用，这样不是顶好吗？两个回合下来，庄子又赢了。列位或许要问，惠子与庄子辩，为什么庄子老赢呢？那是因为惠子的书没有留下来，只有庄子的书在，当然都是庄子赢了。

惠子本来就用相对论的观点，破除了很多成见，但在庄子看来，这还不够，思想还有很大的局限性，依然还在有为的大成见里，没有进入无为的境地，所以会在“日方中方睨，物方生方死”中忧心不已，唯有懂得无为和无用之用，才有乐的转机。

庄子的知性，是有情的知性，那情是至乐而非忧的自然之情，而忧，则是患得患失的人情，庄子言自然之情，不言人情，惠施没有分清这两种情，就来问。

惠子问庄子：“人本来就无情吗？”庄子回答：“是的。”

惠子又问：“如果人没有情，那人还能叫作人吗？”

庄子说：“道给人相貌，天给人形体，怎么不叫人？”

惠子说："既然叫作人，就应该有情，人怎能无情？"

庄子说："你说的情，是人情，是指人的好恶和喜怒哀乐，它们使人内伤其身。而我说的情，是自然之情，它顺应自然，从来没有意识到它有益于生命。"

惠子说："如果人情无益于生命，它怎么可能安居在人身？"

庄子说："人啊人，道与之貌，天与之形，这就够了。好恶之情，都是些外来的东西引起的，不要把它们用到自己的身体上来，否则你就被那些外来的东西伤了，劳精费神，倚树而吟，靠着枯槁的梧桐树打盹。老天爷竟然选了你的形，来作坚白鸣！"

如亚里士多德所言，道和天，成了人的形式因，决定着人之所以为人。而孟子曰人性，惠子曰人情，都是从外面找来附加给人的，他们经常忘了根本，为这些附加的东西争鸣，乃至于一提起"人性""人情"就鸣，鸣得不能再鸣了，就拿"坚白"来鸣。

一块石头，有"坚"有"白"，合而为"石"，这是"盈坚白"。

"坚"，表示硬度，诉诸触觉；"白"，表示颜色，诉诸视觉；而"盈坚白"，就是"坚"与"白"两种属性"合同异"，以"合同异"的方式，合成为"石"。

这是惠施的观点，就如同马赫的"要素论"，把世界看作"感觉的复合"，感觉的"要素"，如"坚"与"白"等，是构成物理世界最简单的基石，是到目前为止，我们不能做进一步分解的成分，即"最后的组成部分"，但可用来作为概念的原子。

还有一种观点，与之相反，为"离坚白"，这是公孙龙的观点，强调"坚"与"白"这两种属性各自独立，明确它们不是同类项，不能"合同异"，所以，要"离坚白"，使"坚""白""石"三者分立，"坚"与"白"，都不能被包含在“石”的概念里。

“坚”“白”“石”三“要素”等价，谁也不能兼并其他。

“石”不能包含“坚”与“白”，却能以最经济的方式与之兼容。

公孙龙以概念的方式，提纯了感觉的属性——“要素”，惠施则指出，那些感觉的属性——“要素”可以复合为世界，两人合起来，好像维也纳学派的马赫。

先秦名辩思潮，有两条路线，一条是别墨路线，喜欢分析概念，如惠施与公孙龙等，多以“坚白”鸣；一条是“正名”路线，儒以礼正名，法以刑正名。

这两条路线，庄子都不取，他像老子一样，主张“无名”。

一切名都不足以言道，道是一落言筌，便成粪壤的。老子的道，有点儿像黑格尔的“绝对”，既是实体，也是主体，以“反”即否定来开显。老子说“反者道之动”，一“动”就“反”，一“反”就“朴散”，“朴散则为器”，这就是自然，就是开显。

名非道之开显，而是人将自己的属性和要求附加于自然。

因此，有名的世界，反而遮蔽了自然，有碍于道之开显。

人以各种之名遮蔽了道，自从有名后，天下便纷纷扰扰。

在有名的世界里，公孙龙之辩所向披靡，自以为无敌，可他碰到了“无名”的庄子，就张口结舌了。《庄子·秋水》记载：

有公孙龙问庄子的学生魏牟：“我小时候，就向先王学习，长大以后懂得了仁义；我能将物之不同与相同分别，使一物之坚与白分开；我以一人之智使百家困惑，以一己之辩使众口词穷。可我自从听了庄子所言，就对自己说的感到茫然，是我的智慧不如他呢，还是口才不如他？我在他跟前竟然已经开不了口了，所以，特来向你请教啊！”

魏牟先是长叹一声，表示叹息，然后，又仰天而笑，说：“你听说过井底之蛙吗？它对东海鳖说，那井底啊，是我的天下，我是那里的统治者，您是我的好朋友，我请您随时光临敝舍。东海鳖听了井蛙的话，真的就来了，来到井口，连脚都伸不进去，就对井蛙说，你还不知道大海吧，那大海啊，千里之远，不足以言其大，千仞之高，不足以言其深。洪水滔滔，海水不会增多；大旱不止，水位也不会下降。水量不因时间长短而改变，也不因雨量多少而增减，这便是东海之乐啊。井蛙听得一脸茫然，它能知大海吗？而你就是这样啊！你是非不分，还想懂得庄子？如使蚊子背山，使虫子入水，似井蛙，所知一隅，所争一时，不足以言玄远。庄子所思如天，你用管子看，只有一孔之见；庄子所知如地，你用锥子量，只能钻牛角尖。你走吧！别来邯郸学步，学得只能爬回去。”

闻此言，公孙龙口张大，合不拢了，舌翘起，放不下来。

魏牟为中山公子时，曾追随公孙龙，中山亡国以后，他成了庄子的弟子，从此，他就认为，公孙龙的辩术，都是些小技，放在庄子跟前，都不值一提。

公孙龙是庄子晚辈，庄子不屑与其一般见识，便让魏牟训之。

可庄子以惠施为对手，在诸子那里，被视作对手是很高的礼遇。

某日，庄子送葬，过惠子之墓，回过头来，对跟随他的人说：

“曾经有那么个人，将石灰涂抹在自己的鼻尖上，那薄薄的一层啊，就像是苍蝇的翅膀，他让石匠挥动斧子把它削掉，石匠运斧，呼呼生风，那人站立着，一动不动，让斧子如风车般在眼前转动，鼻尖上，石灰没了痕迹，而鼻子却一点也没有受伤。宋元君听说了，就召那位石匠来，说：‘请为我表演一下。’石匠说：‘我来运斧，可谁来做质人呢？我的质人早就死了。’自从惠子死了以后，我就再也没有对手了！谁来跟我辩呢？”

在这一段话里，庄子便是那位匠者，而惠施则为质人，匠者固然“运斤成风”，而质人却要如山不动。虽然每次辩论，都以庄子获胜而告终，但庄子在内心里，对惠施还是有很深的认同。起码，他认为，质人于此，比匠者更加难得，更为可贵。

不仅庄子以惠施为“质”，战国后期诸子，也大都以其为“质”，仅《荀子》一书，直接点名批判惠施的就有六处，另外，还有六处泛论“坚白”“同异”“有厚无厚”。

惠施在当时，名气太大，而且好为“怪”，“遍为万物说”，“其书五车”，因而成为众矢之的。庄子谓其“日以其知，与人之辩”，虽然好辩，但也是不得已。

惠施死后，著作佚失，史无列传，史志中，虽著录有《惠子》一篇，然今已失传，其“历物十事”，唯存于《庄子·天下》里，其思想靠庄子流传。

惠施有两面，一面是治者，另一面是辩者。作为治者，他并不缺少关照，在《战国策》里，他显得很活跃；可作为辩者，其形象只在《庄子》中出现。

作为庄子质人的惠施，当然是辩者。若为治者，惠施还没有资格入选，与庄子同时，比庄子年长一点的还有孟子，孟子“务为治”，就不入庄子法眼。

儒家之中，能入庄子法眼而以为质人的，唯有孔子。

《庄子》书中，言及“孔子”之多，远远超过《孟子》。

《庄子》三十三篇，言及孔子的，就有二十一篇，有一百多处。除《盗跖》篇对孔子出言不逊，其他各篇对孔子的评价都较为客观，无论褒贬，都有其内在统一性。

《庄子》中的孔子，平易近人，学无常师，不断进步。

颜回本是孔子的学生，而孔子却愿从其后，在《大宗师》里，颜回言其“坐忘”，孔子不解，问道：“何谓‘坐忘’？”听了颜回讲解，孔子叹曰：“丘也请从而后也。”

在《寓言》里，庄子与惠施有一段对话，对话中，庄子指出：孔子行年六十，而知五十九年非，“始时所是，卒而非之”，是一个不断改变自己的孔子，就像孟子所说的“圣之时者也”。同时，又赞美孔子“鸣而当律，言而当法”，“定天下之大定”。

《齐物论》里，有两处论到孔子，一处言“春秋经世，先王之志，圣人议而不辩”，此圣人，即指孔子；另一处，则谓孔子不及黄帝，“丘也何足以知之”！

《人间世》言孔子教颜回“心斋”，教叶公子高“乘物以游心”。

在《德充符》里，孔子多次出现，或以“兀者王骀”为师，又有兀者叔山无趾谓孔子未达于至人之境。在《天地》《天道》《天运》《田子方》《知北游》诸篇中，均有孔子求见老聃，问礼、问道之语，孔子谓老聃“犹龙”，老聃亦称孔子得道。

孔子求道而得道，“行年六十而六十化”，其地位在黄、老之下。

“行年六十”的孔子，进入“耳顺”期，其意义在于听天由命。

孔子自谓“五十而知天命”，以“知天命”为圣化起点。而庄子却主张“去知”，故“知天命”的孔子仍未得道。六十岁以后，孔子从“知命”进入“由命”。

从“由命”出发，形成道家圣化模式，以天人为最高，其次为神人，庄子本人即是；其次至人，老子即是；其次圣人，孔子即是；其次君子，诸子即是。

在《天下》篇里，言天人、神人、至人，皆以“不离”言之。

“不离”，就是“与天为一”，所谓“全生葆真”，即保全天性。

其言圣人，则曰“以天为宗，以德为本，以道为门”，即圣人是先离道，而后求道，由求道行道而后能返天的天人合一者，如先出门去，而后回到家来。

求道而得道的孔子，尚处于“耳顺”——听天由命的阶段，虽然，孔子自认为已经“从心所欲”了，亦即“与天为一”了，但是，庄子却不这么认为。

他对历史化的孔子多有同情，正如他对当代性的惠施颇为理解。但同情归同情，理解归理解，这两人都是作为他的质人而存在，面对他们，他把斧子拿来。

庄子与惠施可以惺惺相惜，对孔子也不妨尽情缅怀。但他的使命，是要削掉他们鼻子上那可恶的白斑，那是理论上不能容忍的污点，岂能任其居于思想之巅?

当他将斧子抡起来时，那真是生死一线，他劈向有无之间。

谬误应声而除，让真理的鼻尖显现，他那一劈，孤独似尼采，真可谓“独与天地精神往来”！可惜啊，哲人其萎矣，质人已逝矣，他也要去了，那叫作“死”？

庄子已知将死，便同弟子谈死后事。弟子欲厚葬之，庄子说：“我以天地为棺椁，让日月来照耀我，让群星来陪伴我，让万物来迎送我，我还需要厚葬吗？”

他的弟子说：“没有棺椁遮蔽，会有乌鸦和鹰来吃您的身体。”

庄子说：“把我放在这里，让乌鸦和老鹰来吃，同埋在地下，让虫蚁来吃，都是一样的，何必一定要埋在地下让虫蚁吃，而不在天地间让乌鸦和老鹰吃呢？”

儒者厚葬，墨者节葬，而庄子无葬，他呀，独与天地来往!

《高岗独立图》，（清）高其佩绘

“独与天地精神往来”

庄子一如他的大鹏鸟在人世间没有留下什么“物质文化遗产”，但他的“非物质文化遗产”——他的精神和思想，影响了中国人两千多年，人类似乎在“唯物”的深潭中泥足深陷，那么我们是否可以抓住庄子的精神翼翅，追随他飞往一个形而上的诗意栖居之地，呼一口审美的气息，喘息一小会儿呢？

我们随便找一位画家的作品，比如清代的高其佩所画的《高岗独立图》，也许不是画庄子，但那样的精神姿态正是庄子满意的对庄子的诠释呀！

16

谁是郭店竹简的主人

张仪也是个辩者，其舌比美人，更能倾国倾城。

惠施如日中天时，被他的毒舌箭击中，落荒而逃。

还有一位新星，正兴起时，亦堕其舌之彀中而陨。

那新星就是楚国的屈原，他是一位有政治抱负的诗人。

公孙衍发起五国合纵攻秦时，楚怀王为纵长，屈原曾以怀王左徒身份参与其事。惠施往来于梁、楚间，肯定与屈原有过接触，当时两人都主张联齐。

为了联齐，屈原曾经出使齐国，带着国家使命到临淄去。那时的临淄乃东方繁华地，堪称国际大都市，尤以稷下学宫为思想者集散地，令人神往。

惠施未入稷下，或因其相魏身份有所不宜，而庄子不往，则因其不愿接受体制性的国家供养，欲守一己之独立。不过，其人虽未往，其心已向往。

故《庄子·天下》述学，将稷下各派一一道来，无不中的。

而屈原至齐，或游于稷下，与诸子有所交往，何以知也？

1993 年 10 月，湖北省荆门市沙洋县四方乡郭店村发现一座战国墓葬，其中出土了一批楚文字竹简，被称为“郭店楚简”，该墓曾经被盗，竹简乃劫余。

竹简 804 支，出土时已狼藉，总计一万三千余字，皆为诸子语。

考古推定，该墓属于战国中期，恰在孟子、庄子、屈原之时，墓主为一老年男子，属士级贵族，高正《论屈原与郭店楚墓的关系》指出，此人或为屈原。

高正从以下七个方面，谈了自己的看法：其一，墓葬形制与屈原时代的特征相符；其二，墓主人身份与屈原地位、身份相符；其三，遗体骨骼的特殊姿势与屈原投江死后的状况相符；其四，出土的“龙首玉带钩”可能是楚怀王赐给屈原的；其五，出土的“东宫之杯”可能是屈原任太子师之用物；其六，出土的鸠杖之用途与屈原死时年龄的需求相符；其七，出土的竹简与屈原的思想和作品相关。这七条中，最重要的就是第七条。竹简的主人是谁？

此人定非等闲之辈，请看这批竹简，儒家著作有《缁衣》《五行》《鲁穆公问子思》《穷达以时》《性自命出》《成之闻之》《尊德义》《六德》《唐虞之道》《忠信之道》及《语丛》等，道家著作有《老子》和《大一生水》。

正是有了这样一批竹简，墓主人的身份才令人着迷。

这批竹简，究竟从何而来？高正指出，它们全都来自稷下，因而断定，墓主人应与稷下有关，可谁能将它们从稷下带来呢？高正认为，正是屈原。

屈原曾出使齐国，当游于稷下，有可能是他带回来的。

如以稷下为前提，那么还有一位人物，似乎更加有说服力。

那另一位，也许就是慎到。楚顷襄王为太子时，在齐国做过人质，曾以稷下先生慎到为“东宫之师”，太子归楚继位，慎到随之而来，卒于楚地。

然，以慎到为墓主，亦明显有误，慎到是赵国人，客居于齐国，如竹简由他从稷下带来，作为自用之书，无须用楚字，请楚人译抄，实属多余。

相比之下，以屈原为墓主人，虽亦不乏嫌疑，但总是多有了几分想象的合理，以楚人用楚文，便自然而然，何至于要慎到来楚国学楚字、楚语？

并非所有问题，都必然存在着真理，要求真理。

但是，可以肯定，所有问题的解决，都一定要合理。

思想的合理性，行为的合法性，是人类理性的根本。

当合理性支配了问题，经由思维的科学原理，而难以确定其真时，思维的经济原理或美学原理，便是校正我们思维取向的标尺。这三大原理，或有时而统一，使真善美一体；或有时而择一，使假设有所凭依。科学应求真，而考证历史，往往得其近似，而难求其真值，故其价值偏好，表现在思维上，多倾向于经济的和美学的原理。

“思维经济原理”，出于马赫主义，即以简约方式，求取认识最大值。为墓主正名，最符合经济原理，子曰：“必也正名乎！”在尽可能真的前提下，予墓主一身份，为尸正名，使之具有历史性，这在胡适看来，便是一桩大胆假设的事情。

当然，还要小心求证。但胡适却忽略了一点，在求证之前还要确认，没有对假设的确认，求证便无法进行，所以，应该是“假设—确认—求证”。

以墓主人为例，其尸无名，则言不顺，使研究难以进行。

老子言“道”，尚要“强为之名”——知其无名而名之。

诚如老子所言，尸虽无名，亦应“强为之名”，以之还魂。

当然，先要提出假设，有人假设屈原，有人假设慎到，此二人者，谁真？两人各有瑕疵，都难以确认其真。于是，要么取消假设，要么做进一步确认。

那么，我们不妨换一种问法，哪一种假设更为“经济”？

如以楚文化为本位，楚地、楚人、楚文，则非屈原莫属。

何以在楚文化地盘上，还要以稷下为前提，来确认楚地文化遗址？此源于未曾反省的文化北方中心主义，这是从史官文化传统里生成的强势话语。

今天，它依然沉淀在我们语言的深处，成为文化潜意识。

其实，楚国本来就盛产思想，尤其是道家思想的产地。

纵览文献史志，应知道家人物，多出于楚地，道家著作，亦多为楚产，何至于楚地出土的《老子》，偏要说成是从稷下请人译抄来的，岂非怪事?

更何况近年来道家著作陆续在楚地出土。

湖南长沙马王堆出土了帛书《老子》甲、乙本，湖北郭店出土了竹简《老子》甲、乙、丙三组；安徽阜阳双古堆出土了《庄子》之《则阳》《外物》《让王》竹简残篇，湖北江陵张家山出土了竹简《庄子·盗跖》。在楚国发现楚人，在楚地出土楚文物，何必都说成是外来的，舍近求远，绕一大圈，如此说法，是否符合思维经济原理?

今本《老子》，流行于汉朝，理应是楚《老子》的“中国化”，它在稷下吸收了兵家之智和法家之术，向黄老思想转化，经申、韩阐发，为汉初新道家。

道家的来源，大致有两支，一支从史官来，一支从隐士来。老子本人，先做史官，后为隐士，兼而有之。史官趋于术，而为黄老；隐士本于道，而为庄老。

春秋时期，楚地多隐士，孔子周游列国时，在楚国，就碰到了那些对他很不以为然的人物，如见于《论语》的接舆、长沮、桀弱等，他们都是楚地隐士。后来，朱熹便说，大抵楚地，便有这样与儒家礼教相差颇大的人物，而庄子便是出于这一路。

将楚人本土自产的思想，贴上“稷下”的标签，再拿回来，会是当年楚人所为吗？那时的楚人，不光是在军事上饮马黄河，问鼎中原，在思想上也是这样。

楚人没有北方文化中心主义，他们有强烈的文化主体意识。当年，孔子周游列国，来到楚国时，所见乡村野夫，个个都是文化鲜明的人物，而屈原尤其如此。

或曰，道家学说，楚地自产。但儒家起于北地，郭店竹简中，那么多的儒家典籍，总该是从稷下来的？如此说来，或有可能，却不尽然。

在都不确定的情形下，与其说拿来合适，不如说自产经济。即使屈原曾经游学稷下，也没必要将所有的竹简都挂靠它，且将楚儒都冠以思孟学派的头衔。

在老庄哲学升起的地方，很容易伴生儒家思想，如牙齿伴生舌头，金矿伴生铜矿。竹简《老子》，与帛书《老子》和今本《老子》都有所不同，书中，没有那些“绝圣弃知”“绝仁弃义”的主张，老子与孔子并世而立，儒道互补，如舌与齿。

其实，战国之时，儒家思想在楚国早已本土化了，孔门七十子中，已有楚儒。李零在《郭店楚简校读记》的前言中说，以往的思想史研究有漏洞，没有重点讲孔门七十子，老是用“孔—孟—荀”三段式讲早期儒家，将本来最重要的一段忽略了。

忽略了七十子，来看楚地郭店竹简，就会把那些儒简当作思孟学派的读物，而忘了韩非子说过的“儒分为八”，忘了其中“子张氏之儒”就出于楚。

子张为楚人，乃七十子之一，与子夏、子游同学，“儒分为八”，韩非子把他排在首位，在《论语》里，他与孔子问答，多达二十次，可见他在孔门的分量。

孔子死后，子张居陈国讲学，形成了“子张氏之儒”的局面。

子张和老子，都是陈国人，陈并入楚国以后，都成了楚人。

或曰，《大戴礼记·千乘》，即由“子张氏之儒”传世的文献。《千乘》有云：“下无用，则国家富；上有义，则国家治；上有礼，则民不争；立有神，则国家敬；兼而爱之，则民无怨心；以为无命，则民不偷。昔者先王立此六者，而树之德，此国家之所以茂也。”章太炎以墨学释读“子张氏之儒”，曰：“下无用即墨之节用，上有义即墨之尚同，立有神即墨之明鬼，兼而爱之即墨之兼爱，以为无命即墨之非命，盖施政之术不尽与修己同也。”

《大戴礼记》中，还有《用兵》一篇，也属于“子张氏之儒”。

该篇对“用兵”加以区分，分为“圣人之用兵”和“贪者之用兵”，也被章氏用“非攻”加以解读，称“圣人之用兵”为“诛”，“贪者之用兵”为“攻”。

不过，章太炎的解读忽略了很重要的一点，那就是墨家与“子张氏之儒”的不同，墨子除了“非礼”“非乐”，与儒家唱对台戏，还因其“尚贤”包含了对君主世袭制的否定，而与儒学异化，都说墨子学儒术，其所学者，乃“子张氏之儒”耶？

郭沫若就认为，墨子学儒术，很可能是跟子张学的，但学“过”了。

孔子门下，有“过与不及”，“过”是过激，“不及”是保守，在孔子看来，子张就是过激的代表，他跟孔子打儒家擦边球，差一点就出界了，他只要再往前迈出一步，就率先成为墨家，但他并没有迈出这一步，他知道底线在哪里，不越雷池一步。

可孔子还是说他“过”了，曾子说他“堂堂”，但难与人合作，子游说“吾友张也”，能迎难而上，却从不退让，其“见危致命”，勇如子路，但更像墨侠。

子正也是陈国人，他不像老子那样崇尚柔弱，而是像子张一样刚强，曾以私车五乘从孔子游，遭蒲人围困时，他说：“吾宁斗而死！”看来也是豪杰一路。

楚国的儒者，要么刚强，要么大气。子游就很大气，他批评子夏门人，在洒扫应对和进退举止等礼节方面还可以，但不识大体。所谓“大体”是什么呢？

就是《礼记·礼运》篇里所说的“大道之行也，天下为公”。

康有为说，孔门七十子，除颜子之外，子游当属第一，其理由是，《礼运》篇的“大同”理想，出自子游，而且孟子出于子思，子思出于子游，是为一系。

他这么一说，可谓拨云见月，拨开了北方中心主义的史官文化云雾，真正看清了楚地本色的儒家风月——子思之儒和孟氏之儒，本来就出自子游氏之儒。

从思孟学派，回到子游氏之儒，可谓知其本，而归之于初。

孟子称，子张、子游俱“得圣人之一体”，但这只是评价而已，丝毫没有认同的意思，他的认同，已转向北方中心主义，从楚人子游回到了鲁人曾子。

孟子因此而建立了其学统：孔子—曾子—子思—孟子。

孔子问礼于老子，尚未有北方中心主义，孟子时，方见端倪。

荀子作《非十二子》时，他已从儒学内部，划出了两条路线。

一条是“仲尼、子游”路线，思孟学派，就来自这条路线。他批评子思、孟子“略法先王”，指出“以为仲尼子游为兹厚于后世：是则子思孟轲之罪也”。

这当然是一条错误路线，而错误的根源，就在于子游的修正主义。

他骂子游为“贱儒”，还骂子张、子夏，说他们都异化了，也该骂。

子张之儒转向墨家，子夏之儒转向法家，子游则被思孟学派取代。

还有另一条思想路线，便是荀子本人坚持的“仲尼、子弓”路线。

荀子盛赞仲尼、子弓不遗余力，叹为“圣人之不得势者也”！还自问道：“今夫仁人也，将何务哉？”并自答曰：“上则法舜禹之制，下则法仲尼子弓之义。”

荀子一再指出，思孟学派根子不正——非北方中心主义，并一再强调，他自己根子正，自认为是出于仲尼、子弓。仲尼就不用提了，儒家各派无不认同，关键是子弓，他的来源是否正统，他的地位是否正宗，他能否“总方略，齐言行，一统类”？

这位子弓，姓冉，名雍，字仲弓，鲁国人，一看就根子正，符合北方中心主义的标准，而且他的牌子硬，当年孔子就说过“雍也可使南面”，“南面”何意？是为王者。除了这位子弓，孔子对弟子还没给过这么高的评语，可惜啊，“圣人之不得势”！

孟子出于楚人子游一系，却改宗鲁人曾子，荀子师承楚人馯臂子弘，却认同鲁人子弓，其根源，就在于北方中心主义的确立，孟、荀不约而同，都以鲁人正宗。思维的惯性，至今依然，一看楚简有儒著，就归于思孟学派，这就是北方中心主义作怪。

明白了这些，再来给这位墓主人小结：他是个贵族，因为他躺在贵族之墓；他是个学者，因为那些竹简都是学术；他是儒者，或道家之徒，乃诸子一类人物。可此时楚贵族，除了屈原，谁是诸子般人物！那么，他是屈原吗？有可能，但谁也不能确认。

可有了这么一说，就很方便，也富于美感，唯墓里无楚辞，仅有《大一生水》一篇，题目与屈原所作《东皇太一》相似，仿佛《天问》余音。庞朴指出，“太一生水”，此话，唯南方人说得出，北方人重土，他们会说，万物生于土，复归于土。

不知屈原是否这样说过：“万物源于水，又复归于水。”可他却真的这样做了，面对滔滔江水，他纵身一跃，那是诗，不是死，是“太一生水”和一元复始。

我想啊，他在墓室里，一定保持了从水里出生时的样子。

《大一生水》

《礼记·缁衣》

郭店楚简

1993年10月，在湖北荆门郭店的一座战国楚墓中，出土了806枚竹简，一万三千多字，十八篇文章。除其中《老子》两千多字和《礼记·缁衣》外，其余皆系佚书，为秦以后的人所未见。竹简的内容为儒家和道家思想著作：道家有《老子》（甲、乙、丙）三篇和《大一生水》；儒家有《缁衣》《鲁穆公问子思》《穷达以时》《五行》《唐虞之道》《忠信之道》《成之闻之》《尊德义》《性自命出》《六德》《语丛》。郭店楚简逃过了焚书坑儒一劫，重见天日，为先秦思想研究提供了重要的史料，尤其填补了孔孟之间一百多年的儒家思想发展的空白，至少在这座楚墓里，儒道两家是和平共处的。大一生水是天地的诗意，缁衣是人间的冷暖，墓主对儒道两家有自己的学术姿态。

17

由《大一生水》猜想屈原之死

竹简里没有《楚辞》，对我们是一大缺失。

否则，屈原就不必作为假设，被悬在那里。

可墓里有诗，《礼记·缁衣》是一篇春秋人的诗话，“不学《诗》，无以言”，《礼记·缁衣》堪称范例，每言之，必引《诗》语，春秋人的精气神出矣。

《大一生水》也是诗，沉思于水，则诗兴起。

“子在川上曰：逝者如斯夫”——诗性如水也。

老子以“水”喻“道”，说：“上善若水，故几于道。”

可水，只是道的诗性的喻体，而非道之理性的本体。

孙子以“水”喻“兵”，曰“兵形似水”，亦近于诗。

孟子以“水”喻“性”，以为人性向善，如水奔流，似川归海，故其人性论，有了水的灵性和波之韵味在里面，一如率性之人，而为思辨之诗。

稷下有《管子·水地》一篇，说：“水者何也？万物之本原也。”水于此，虽由喻体转为本体，但并非唯一者，而是水、地二元论，水与地皆为本体。

以水为唯一本体者，只有楚简《大一生水》，简曰：“大一生水，水反辅大一，是以成天。天反辅大一，是以成地。”

“大一”自在，非由生成，水是自在之物，亦非生成。

释家多将“大一”读作“太一”。李零《〈太一生水〉校读记》说，“大一”是“太一”的本来写法。果真如此，何以不将惠施的“大一”改成“太一”呢？

还有庄子的“太一”，能改成“大一”吗？显然改不通。

“大”字多一点，就变成了“太”，“太”就过了。

“大一”在此，纯然有关存在和本体的哲学问题，而“太一”，则与神仙之流和术数之学有关，因此，用“太一”来理解“大一”，难免会过虑。

将“大一生水”，改写为“太一生水”，且定为篇名，这在我们看来，就是过虑，天下本无事，何必自扰之！为什么要多加那一点——巫术的樊篱呢？

读解“大一”，多加了一道巫术的樊篱，就变成了“太一”。

将“大一”改成“太一”已失其真，多此一举，显然有悖于思维经济原理，尤其是将一枝思辨哲学的奇葩，寄在神话和术数之篱下，真是太可惜了。

此简至佳处，便在开篇“大一生水”，“大一”来自名学，出于惠子“至大无外，谓之大一”，如此看来，“大一生水”是否惠子所作呢？《庄子·天下》说，南方有奇异之人黄缭，“问天地所以不坠不陷，风雨雷霆之故”，颇有点屈原作《天问》的样子，惠施“遍为万物说，说而不休”以对之，《大一生水》乃其“万物说”之一耶？

不过，庄子又批评惠施，不仅好“为怪”，而且夸夸其谈，这就与《大一生水》的简明风格迥然有异了。屈原是见过惠子的，对于惠子的“大一”“小一”说，应该有所了解，《远游》中有“道可受兮，不可传；其小无内兮，其大无垠”，即为证。

那么，《大一生水》有没有可能是屈原的作品呢？有可能。

但这可能性又有什么根据呢？根据就在“大一”“小一”。

当时提起此说的，一是庄子《天下》，另一就是屈原《远游》。

《礼记·礼运》提到过“大一”，却从未提起“小一”，它说：“夫礼，必本于大一，分而为天地，转而为阴阳，变而为四时，列而为鬼神。”

乍一看，这很像“大一生水”，比较一下就发现，它们有区别，“大一生水”包含了“大一”和“小一”，“大一”是宇宙，“小一”是始基。

在《大一生水》中，始基就是水，天地起源于水，万物生成于水，又复归于水，而《礼运》有“大一”没有“小一”。儒学都有这种缺点，孟子谈人性，提倡大体大性，排斥小体小性，故其大我的生成，就因缺了自我的始基而坎陷，《礼运》亦如此，其宇宙生成说，就没有始基参与，还停留在对神话世界的缘起作合理化的解释里。

哲学不光说希腊语，还说汉语，不管说什么语，都要从始基说起，从“一是一切、一切是一”说起。《大一生水》的宇宙生成说，就这样从水是一切开始。

希腊人认识自然，也从认识水开始，其代表人物是泰勒斯。

水对于文明的重要性是显而易见的，但像希腊人那样，以水为宇宙始基的则不多见，《大一生水》之难能可贵，就在于形成了哲学认知上的东西方双璧。

神话之水和哲学之水不同，神话中之水，多是与创世有关的洪水和海洋，而哲学之水，则是“始基”水和“源复”水。从神话故事转向宇宙图式，虽然多少还带有些创世说的神话思维的痕迹，但万物之灵的猜想毕竟已由为自然立法的知识代替。

泰勒斯是个知识丰富而又勤于著述的人，但他著作已佚，正如尼采所言，书自有命，以恶磨之。书的命数或与英雄相似，大都以悲剧来确认自己，悲矣！

命运隐于“始基”，泰勒斯想以“源于水又复归于水”的认知结构，使命运具有确定的形式——逻各斯，从而请神话故事里的命运女神在知识领域隐退。

“始基”是“一”，在“源复”过程中化而为“多”，从“一”到“多”，命运从神话故事里走出来，进入哲学的知识领域，从而获得清晰的认知形式。

亚里士多德认为泰勒斯是个物质主义者，后来的唯物主义者们更是这样认为，但他本人却认为，物质及生命实为一体而不能分，人与万物皆有不朽之灵魂，那灵魂就是水，巨大的力量可以改变灵魂的形态，就像水一样，但灵魂永远不会死亡。

灵魂即始基，生死无界矣，他以此而化解了来自命运的压力。

当有人问他，何以要生而非去死？他的回答是：“生即是死！”

他想象的世界，是一个浮在无限水域上的半球，大地置于半球，如一叶方舟，命运之水，或从天而降，或由地而生，或化为海洋，运载着大地在水上漂浮。

泰勒斯对“水”的认识，不仅有着认识自然的形而上学的意义，还有着社会化的现实功利性目的，他以此告诫古希腊人：“水”是农业的命脉，“水”是贸易的生命线，“水”是自由精神的源泉。抓住这一文明的“始基”吧，水是人类的命根子！

作为哲学之父，泰勒斯突破神话世界，发现了自然，将自然放在“一切是一”的“始基”上。但“始基”说也有局限，有限的“一”，怎能生出无限的“多”？

泰勒斯的尴尬在于，从有限生出无限几乎是无解的悖论。

而“大一”与“小一”互动，就克服了“始基”说的局限性。

“大一”无限，“小一”作为“始基”，则是具有无限性的有限。

“大一生水”，就是从无限之中生成无限性，由“水”之弥漫而分化为天空、海洋和大地，使无限性获得了感性的存在形式——有限，而“水”之润物所具有的粒子性，因其具有宇宙生成的基本属性，而成为“万物源于而又复归于”的“始基”。

这样的思维，已从朴素自然观进入思辨哲学领域，从《易》之阴阳对立统一，《书》之五行相生相克的自然辩证法，走向存在与本体的纯粹理性之思。

“大一”是存在，“水”是本体，存在是“无”，本体为“有”。

“无”有两端，一端为虚空，在虚空中，“无”以纯粹本体形式存在，所以说，“大一生水”而“藏于水”。“生”非生成，而是显现，是本体开显，成为始基。

另一端，则为无限，自本体开显以后，而有天工开物，趋于无限。

所谓无限，言其包容宇宙之大，生成万物之多，是“有”的总和。

然而，“始基”如何开显呢？在时间性里开显，这就是“行于时”。

开显以何种方式表现？“周而又始，为万物母”，此乃“行于道”。

作为“始基”的本体一旦开显，就要有“字”有“名”，“道亦其字也”，这是老子说过的“字之曰道”，也就是“行于道”了；“青昏其名”之“青昏”，或以之为请问，或曰以天地为名，或谓之幽昏而无名，我们认为，“青昏”乃“行于时”，是对时间的二分，有如杜甫诗云“齐鲁青未了，阴阳割昏晓”，是对于天地、阴阳的时间化表达。

《汉书·礼乐志》有“吟青黄”，颜师古注：“青黄，四时之乐也。”

“青昏”与“青黄”相似，此所谓“四时之乐”，也就是“行于时”。

《大一生水》以残简两章，含有三家思想，一是名家惠施“大一”与“小一”思想，二是儒家《礼记·礼运》宇宙生成思想，三是道家的“有”“无”思想。

这三种思想，道家出于老子，为楚国本土思想；儒家出于子游氏，为楚国本土化思想；名家惠施之辨，是当时名辩思潮中出现的思想，亦与楚国的水土接壤。

而那时的楚国，试问，有谁能将此三家思想兼容并蓄呢？

或曰庄子。我们认为：非也。因为《大一生水》残简中，并无具有庄子风格的“汪洋恣肆”的放言，其言旨简明，亦非庄子特点，再说庄子不可能用惠施“大一”说来立论，惠施喜欢立论，故日以其智与人辩，而庄子却认为，立论正是无知的表现。

或曰屈原，这有可能，因为《大一生水》，颇似《天问》续篇。《天问》开篇一问，就问到了存在的根源：“遂古之初，谁传道之？上下未形，何由考之？”

这是终极一问，而《大一生水》，似乎就是对《天问》的一个回答。

居然还是从认识的最高端——宇宙与始基、存在与本体上来作答。

如果说《天问》还留着史诗式的神话思维的尾巴，那么《大一生水》就已告别神话，进入自然哲学，走向思辨哲学的新宇宙了，以此来看屈原，他就不仅是一个青史留名的伟大诗人，有可能还是一位被历史遗忘而由我们重新提及的更为深邃的哲学家。

尤为巧合的是，《大一生水》不仅从哲学上对《天问》做了整体性回答，而且有的句子亦极为相似，如出一辙，例如，《天问》有云：“八柱何当？东南何亏？”“康回冯怒，坠何故以东南倾？”而在《大一生水》残简中，则有“地不足于东南”语。

屈原《天问》，作于被放逐以后，作为流离失所的个体，对于宇宙问题和历史问题发问，他问得那么具体，从宇宙起源问起，问向天地、阴阳、四时以及日月星辰、山河大地，从神话一直追问到历史，将神话与历史连在一起，形成了理性批判的史诗。

这样的史诗，与《荷马史诗》不同，它是个体性的，而非民族性的，它一上来就是书写的，而非口述的，因而具有强烈的思辨气质，难以作为民族精神传递。

可《荷马史诗》却很难说是某个人作品，它以群众口述为基础，经历了漫长时期才得以成形，而荷马，只是在群众化的口述过程中出现的一个代表性人物。

中国的《三国演义》，其形成与《荷马史诗》相似，也是以群众口述——“说书”为基础，以罗贯中为代表，只是神话因素已褪为痕迹，历史因素覆盖了全书，其中，虽亦不乏诗吟之声，但神话思维的诗性底色——史诗的气质，却明显淡化了。

《荷马史诗》的诗性就源于神话，而史诗，多半就是神话的历史化。

《天问》中，不乏神话，而且明显具有神话历史化的趋势，故其作为史诗，应当毫无疑问。但个人书写的史诗，毕竟不同于群众口述的史诗，口述宜于故事，而书写则宜于深思，故个体性的史诗多理性之问，而民族性史诗则多言神和英雄的故事。

在当时条件下，因书写非易，故尚简约，而口述则能不嫌繁细。

中国史诗多简约，就是因为书写，个体性史诗乃个人书写，王朝史诗乃史官书写，没有群众口述环节，史诗就缺少生动而丰富的细节，史诗就转化为史诗。

《天问》一句一问，充满了怀疑口吻，一问天，天就变得不确定了，还有什么比天更为确定？有啊，那就是水！“大一生水”，水是天地之根，水是万物之本。

历史经屈原一问，就显得更加荒谬绝伦，我们来看他怎样发问。

历史从治水开始，他首先问向治水，先问民众：鲧治洪水，谁都知道他不能胜任，可为什么你们都不考察一下，就托付于他？这样的民众，真值得依靠吗？

接下来，他就怀疑天帝了，继续问道：鲧顺从民意，一心要把洪水治好，这本来是好事，可天帝为什么还要处死他？做了好事还要被处死，天帝这样做公平吗？

还有鲧的尸体，被遗弃在羽山上，三年都不腐烂，这有可能吗？更稀奇的是，从剖开的尸体里面，居然跑出个生龙活虎的禹来，怎么会有如此奇怪的事情？

这样一问，连禹的来源都成了问题，历史从何谈起？民众、天帝、圣人，那些历史的大前提都被他怀疑，历史究竟还有什么价值？凭什么来做人生的依据？

历史，从鲧冤开始，一直到他本人为止，不过冤案的连续而已。

结尾处，他责问楚王：老是打仗，立国怎能久长？宛如惠施主张。

最后一问，对“革命”表示怀疑：何以弑君自立，还要褒奖忠义？

这样的历史，岂容他立足！那么天地呢？也不靠谱，“天与地卑，山与泽平”，“日方中方睨，物方死方生”，一切都在变化中，所谓天经地义，全都靠不住。

靠得住的唯有水！于是，他向水中一跃，那一跃，表达了一种“源于水而复归于水”的形而上学，回到水中，一如其《远游》所言，“与泰初而为邻”也。

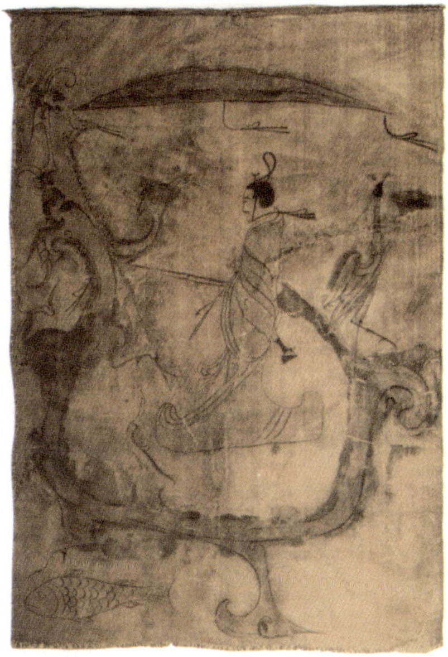

人物御龙帛画

人物御龙帛画黑白纹饰

驾驭龙舟

1973年，长沙子弹库楚墓发现了《人物御龙帛画》。

画中，一中年男子，薄纱高冠，宽衣博袍，腰佩长剑，手挽缰绳御龙飞天。其龙头高昂，两边有神鹤与鲤鱼引导，载墓主人之魂，飘飘欲仙，颇似“离骚”之屈原，驾白龙而乘凤辇，飞向天空，如风云然。

郭沫若题曰：“仿佛三闾（屈原）再世，企翘孤鹤相从，陆离长剑握拳中，切云之冠高耸。”恰如屈原《九章》诗云：“配长铗之陆离兮，冠切云之崔嵬。”

长铗与切云之冠，乃楚国男子最高贵的装束，在画中得到证实。

据考证，这座楚墓，属于战国中晚期，墓主人身份难以确定，从陪葬品来看，能在白色丝帛上作画，绝非等闲之辈。画中人物，既能升天，又能入水，如神话中通天人之际的巫，又似仙话中无古今、超生死之游仙人物。也许楚地多湖泊江河，灵魂升天，要假龙舟以行，行至水天之际，便升天了。

18

“为我”之诗及其魂兮

“泰初”，始基也，水也，屈子行吟于水畔。

在长江、汉水两岸，湘江、沅水之间，他与“泰初”相伴。

他被楚国流放了，流放中，他逐水而行，仰天而吟，发为《天问》，抬望眼，或许在问，天与水啊，何为根本？“大一生水。水反辅大一，是以成天。”

一路行去，忧愤不已，《离骚》兴矣，班固《离骚赞序》释“离”为“遭”，司马迁认为，“骚”就是“忧”，合二人之说，所谓“离骚”，即“遭遇大忧”。

而《离骚》之诗，亦即屈子遭贬抑，而为“陈抒忧愁”矣。

就诗言诗，这是不错的，如仅此而言，似有未足。何以见得？

君不见其言“超无为以至清兮，与泰初而为邻”？他是因为远离了“泰初”而忧，其忧如婴儿之离于母腹，如赤子欲回归其本体——母腹之水而不得也。

于是，赤子有忧，发而为诗，便成“离骚”。“离”之于此，非独以“遭遇”论，亦作“分离”解，故“遭遇大忧”，亦是离别之忧。离国而忧，离家而忧，虽称大忧，但还不能算是最深刻的忧。最深刻的忧，是个体之忧，其忧其怨，非家国所能比，盖因家国之忧，尚有个体担待，尚能“发乎情，止乎礼”，哀而不怨，表现出《诗》的忧雅。

而个体之忧，则是自我意识的危机，是个体人格的危机，你不能让家国来担待，你必须成为“我是我的先知”，自己解决自身的问题。在这一点上，屈原与庄子有所不同，庄子以“独与天地精神往来”的方式解决个体之忧，使自己重新成为自然的一部分，这当然是一个乐观主义的解决方案。而屈原则较为悲观，他认为，不光先王、圣人靠不住，天地、鬼神也靠不住，无论回到历史中去，还是回到自然中去，都不能解决他个体之忧，唯有回到宇宙本体万物始基，犹如赤子回到母亲子宫，他才能从根本上安顿好自己。

若说《诗经》忧雅，都在天命政教，都是群体感发，都是国风——家国之忧的表达，那么《离骚》，则纯然为个体之诗，是个体之忧——自我意识和个体人格危机的总爆发；如果说在《天问》里，屈原之“我”还是隐性的，那么到了《离骚》中，屈原的“我”，就不仅显现出来了，而且上天下地，跑到神话和历史里，成为神与人的主体。

他在神话世界里，驾起白龙，乘上凤车，风一样地飞向天空。他一早就出发了，晚上才到达昆仑山顶，那里有个去处，名叫悬圃，是神灵们相聚的会所。

他原本想在悬圃停留一下，好与天上的神灵叙一叙话，可时间太紧了，他还要进发，于是，就命令驾着太阳之车飞奔的羲和停车等一下，不要着急回家。

路漫漫啊，前途还很遥远，他要去的地方，有美人在期盼。

美人在哪里啊，他还要去求索，上上下下打听，他才搞清。

让白龙停下来，到咸池去喝水，那咸池啊，常有太阳来洗浴。

他把缰绳系在太阳出没的扶桑树上，折一枝若木遮一遮太阳。

望舒驾着月神之车，在他前面引路，飞廉御风在后面紧紧跟上。

他们紧赶慢赶，终于拴马于高山上，可山上却没有了美丽女郎。

他让云神丰隆驾起云车，去云归处寻找伏羲女儿宓妃的门径，派人拿着他贴身的信物去提亲，可宓妃态度暧昧，令人捉摸不定，原来她美丽而又风流成性。

这样的女人，还要她做甚？他从天上回到大地，看到了美女简狄，就让鸩去做媒。鸩那家伙，能说又会道，边飞边叫，言语难免轻佻，恐被美人烦了，他想亲自去下聘礼，又怕不合礼仪，就这样，他犹犹豫豫，而帝喾却毫不迟疑，捷足先登而去。

他把自己放到神话世界里，驱使日月风云诸神，带他进入美人领地，可失望接踵而至，宓妃相好后羿，对他爱理不理，他喜欢那简狄，却被帝喾占了先机。

可他并不气馁，依然饰花佩玉，载歌载舞，奏《九歌》，而舞《九韶》，上天下地，驾八龙而飞驰，走遍神话世界，云旗万里开路，浩浩荡荡，将美人寻觅。车已停，可思想仍在飞奔，遥望天国，太阳已东升，阳光照耀大地，忽然，眼下一瞥，看见了故土，仆人和马儿都停下脚步，要他做主。他仰天长叹，说："算了吧！那个国家，还有人知道我吗？我又何必怀念它呢？美政已然无望了，我还是到彭咸那里去吧，他在等我啊！"

一篇《离骚》，一会儿神话，一会儿历史，一会儿现实。

这一切，统统围绕着他的自我意识——美人而旋转起来。

他是那么美好，即怀内美，又重以修能，不光以大地之鲜花、香草为佩饰，连天上的日月星辰也成了他的跟随，云蒸霞蔚只是其风采的一部分，高山流水是大地为他的美而摆设，还有神，也都情愿被他驱使。有了始基对应自我，神算得了什么？其美经天纬地，他拥有一个审美的国度，那是他自我意识的领地，是他个体人格的理想国。

可美女另有欢喜，他无限风光追寻而来，黯然神伤别离而去。

他从现实回到历史和神话，历史难以安身，神话又焉能立命？没有美政的现实，他待不下去；没有美德的历史，他不想去；没有美人的神话，去了也白去。他不仅唯美，还求完美，他知道自己，古往今来，只有一个地方可去："吾将从彭咸之所居"。

彭咸是何人？王逸《楚辞章句》说是殷商时期的贤大夫，因谏其君不听，故自投水而死。朱熹认为，王逸之说无据，也有人说是"巫彭"与"巫咸"二人。

屈原在《楚辞》里多次提到彭咸，除了在《离骚》中提了两次，另外在《九章》的《抽思》《思美人》与《悲回风》中，也都提到了彭咸。《抽思》曰："指彭咸以为仪。""仪"，就是榜样。《思美人》曰："独茕茕而南行兮，思彭咸之故也。"

《悲回风》一章，是他的绝命诗，其中，提到彭咸有三处。

其一，"夫何彭咸之造思兮，暨志介而不忘"。为什么那个彭咸能如此牵动人们的思念啊，就因为他品格高尚，令人念念不忘。其二，"孰能思而不隐兮，照彭咸之所闻"。谁能把对彭咸的看法公开表达，让天下人都来效法他呢？其三，"凌大波而流风兮，托彭咸之所居"。他要在大风大浪中，顺流而下，将自己托付于水，投奔彭咸。

彭咸在历史上本来寂寂无闻，连"殷贤大夫"一说也被人怀疑。

可他对屈原，却是如此重要，其重要性，唯有"美人"堪比。

有人说，屈原以"美人"喻楚王，大家都跟着这么说，从古说到今，将一个形而上学诗人，说到忠君的"美人、香草"里去了，对诗的评价也就大打折扣。

当然，他曾用"美人"的标准寄望于君王，期望君王能行"美政"，做"美人"，可现实的君王实在令他失望，他那不成器的"美人"之君楚怀王，竟然为了贪图一块不属于自己的土地，而被囚死于秦壤他乡，还有什么能比这样的结局更荒唐？

有啊，还有那怀王的儿子，号称顷襄王，比他老子更荒唐！

本来前车之覆，后车之鉴，可儿子不以为鉴，宁愿重复。

荒唐之中尤为荒唐，是这父子俩，不约而同，都将他流放。

冷酷地放逐了他的“美人”政治理想，令他由失望而绝望。

屈原的“美人”政治理想，并非后世所谓“致君尧舜上”，尧舜虽有美德，但那毕竟都是些传说，用了历史的尺度来衡量，就难免要打打折了。例如，他在《天问》就问舜：年纪那么大了，为什么还不成家？又责问尧：为何不经人家同意，就将二女嫁过去，这样做岂非太冒失？连尧、舜都有瑕疵，忍不住要微词，更何况其他人了。

屈原用“美人”的标准，对照着历史与现实一问再问，用层出不穷之问，把历史问得满目疮痍，套用一句现在流行的话语，那就是，他居然颠覆了历史。

看来，那让他倾倒的“美人”，既不是现世之君，亦非历史之王，而是关于人的绝对理念和普世理想，人之所有好的德行，皆统合于美，而为“美德”，能具此完美之“美德”者，即为“美人”，由“美人”发而为政，那就是“美政”了。

而芸芸众生中，现世之“美人”，唯他一人而已，历史上，则有彭咸，其自我意识——美，不光是绝对理念的感性显现，还是普世价值的个体化形式。

当他以个体化的审美姿态莅临神话时，那可真是“万物皆备于我”啊，他一出场，不仅花草芬芳，还有日月放光，不仅风云际会，还有龙凤呈祥。

众神皆为他的理念美人开路，可美感女神却不买账，理念美人与美感女神不一样，后者可以没有美德而风流乖张，而前者却要矗立在美德的基础上。

柏拉图的理想国驱逐了荷马的史诗，那是因为在史诗里，人所具有的道德缺陷，神都有，而且比人犹有过之。而屈原在神话里也发现，神亦淫乱。

柏拉图的理想国，会因此而驱逐屈原吗？不会。因为屈原之诗，虽然自我意识极强，但其道德自律亦极严，同柏拉图一样，他也发现，神在道德方面有缺陷。

因此，他从神话走向道德哲学，而彭咸就是他的先行者。

彭咸以其一死，捍卫了道德的纯洁性，而在屈原的追随里，则带了一种哲学，那是关于存在与本体、宇宙与始基的哲学，是与美的理念相关的诗化哲学。

彭咸之死，那是道德抉择，他往水里去死，那就蕴含了哲学。

没有生死，只有“源于水而又复归于水”，这是彭咸的原则。

用“大一生水”来校读《楚辞》，就能解开屈原生与死的结。

《楚辞》与《诗经》异趣，其根本之异，在于无我与为我。

“我”在《诗经》里是要“克己”的，如隐在戏剧里的潜台词，或如演出时在幕后的念白和提词，其温柔矣，敦厚矣，而归于礼，虽有我而趋于无我矣。

而《楚辞》却高扬了自我意识，在《天问》《九歌》里，“我”还没有正式出场，只是作为背景而存在，而自《离骚》以下，“我”已如旭日，冉冉升起，跃出地平线，跃上天际线，从有我走向为我，似杨朱，虽无歧路之泣，却难免为我而悲。

汉文化，是由楚人带着楚文化进入中原形成的两河流域统一之文化，正如当年良渚文化北上而有夏，楚文化北上而有汉，在“汉承秦制”的统一性主导下，汉儒欲使《楚辞》与《诗经》也统一起来，所以，有人提出《离骚》似《小雅》，“怨而不伤”。

对此，明代诗人袁宏道在《叙小修诗》中，指出：《离骚》“忿怼之极”，对楚王“明示唾骂”，“安在所谓怨而不伤者乎？”《离骚》之诗，“劲质而多怼，峭急而多露”，恰如项羽用兵，一往无前，而有“剽疾”之势，不可一世，而有霸王之气。

“楚辞”原出《史记·张汤传》，本为楚地歌辞，宋人黄伯思《校定楚辞序》说：“盖屈、宋诸骚，皆书楚语，作楚声，纪楚地，名楚物，故可谓之‘楚辞’。”

西汉末年，刘向辑录屈原、宋玉及汉人作品为《楚辞》，虽已亡佚，但东汉王逸编辑《楚辞章句》是以《楚辞》为底本的，这就是今人所见的楚辞。

《离骚》是“为我”之诗，“我”从哪里来，往何处去？

请看他骄傲的履历：“帝高阳之苗裔兮，朕皇考曰伯庸。”

楚人是颛顼的后代，颛顼为高阳氏，楚始祖熊绎，西周时，与周公的儿子鲁公伯禽、卫康叔子牟、晋侯燮、齐太公子吕伋，俱事成王。春秋以后，诸侯皆叛周室，相侵，或相伐，熊通欲助周室，请王室赐尊号，王室不听，故怒曰：“吾先祖鬻熊，文王之师也，成王封我先公以居楚，蛮夷皆服，而王不加位，我自尊耳。”遂自立为楚武王，始开濮地而有之。后来，他将儿子瑕封于屈地，瑕以封地为姓，是为屈瑕，屈原为屈瑕之后。

据说，屈原出生时，太岁行于斗、牛之间，位于摄提格，这是太岁纪年的一种说法，在春秋战国时期很流行，是假设有一颗岁星行于二十八宿的斗宿和牛宿之间，而其时，正是天干地支合为庚寅之时，他在这样的时间和空间里出生，命中注定他身上要发生一些大事，他要么成为“龙光射斗牛之墟”的斗士，要么成为“徘徊于斗牛之间”的达人。

他的父亲大人伯庸，估摸他要出生了，就给他起了一个美好的名字，其名“平”，是基于正义原则——公平，缘于普世理想——平等，抑或出于安全考虑——平安？其字“原”，或如《大一生水》所言，为本体之源，为始基之源，抑或为认祖归宗之溯源？

他天生美质，不饰金玉，而饰以花草，以人生配以花期。

春夏之交，他去江边采江离，往幽处觅白芷，而为披衣。

秋季，兰花开了，他以兰草为佩饰，使秋之芬芳沉郁。

有那些应时而发的花草缀饰，还有那些应时的纯天然饮食，“朝饮木兰之坠露兮，夕餐秋菊之落英”，修饰他的外表形式，更滋养其生命的本质。

可美的存在是有时间性的，他能穿透时间化为美的理念吗？

这正是他所思所念的，诗人叹曰：时光如水一样流走，我就跟在它的身后，它哪里会等我呢？我只怕自己的年岁不够，方见草木零落，便觉美人迟暮了。

屈原在《离骚》里，表示“吾将从彭咸之所居”，便与《远游》所言“与泰初而为邻”一致，他在诗里，将生与死，转化为存在与本体，宇宙与始基了。

能转化的，当然是人之神，或曰灵魂，而非人之形，人之神一转化，便“倏忽而不反”，进入神仙世界去“远游”了，而人之形，则“枯槁而独留”。

《远游》的思想，显然是属于道家的，与庄子的《逍遥游》有相似处，都是指人之神游，而非人之形游，能神游者，自然就是神仙了。《逍遥游》里也有神仙思想，可程度不及《远游》，《远游》里的游仙场面，有许多可以从《离骚》看到，有些句子，显然是由《离骚》移花接木而来，正如《离骚》是“为我”之诗，《远游》也是。

《远游》与《逍遥游》的根本区别就在这里，一个有我，另一个无我。在庄子的叙述中，“我”无动于衷，而屈原之“我”，却无量宣泄，应有尽有。

庄子表明“无我”，是要使本体自然显现，而屈原强调“为我”，则强烈地要求着主体与本体的统一性，而游仙，便是主体“我”通往本体的转化之路。

赋能于生死的，是“我”身体之形，而非“我”生命之神。生，为“我”之神所寄托，寄寓于形也；死，为“我”之神所弃，乃遗弃形体，转入本体。

“我”之神，其实，就是自我意识，一旦觉醒，即为灵魂。

觉醒的灵魂，自由驰骋，上天下地，述说不已，表白无尽。

屈原上访于天，说："我自幼就无比清白，至今行仁义未绝，心中充满了美德，可小人却喋喋不休，对我进行指责，使我心头苦涩，如果上天都不了解我啊，我内心的愁苦还能向谁诉说？"

天帝没有接见这个自由的灵魂，而是召巫阳来，对她讲："现在呀，有人受尽悲苦在下方，他的灵魂啊，离开了肉体跑来天上，你去替他招魂，让他的灵魂返回故乡，不要四面八方游荡，不要老在天上嚷嚷。"

巫阳答道："我试试吧！我的本分是占梦，可您这样说了，我当然就服从，但他早已丧失了魂魄，我怕他命在旦夕，万一他死了，招来鬼魂，又有何用！

"灵魂啊，你快回去吧！别在外面流离，别去打扰天帝。

"快快回到你的故乡去，回到你的身体里，你在里面可以休息。

"东边不要去，那里太热了，炎热会将你熔解为沸腾的液体。

"南方不要去，那里是蛮荒地，会有野人和毒蛇无情地吞食你。

"西边不要去，那里流沙千里，爬着巨大的食人蚁，把你充饥。

"北方不要去，那里冰天雪地，会把你冻成冰块一样的尸体。

"天上不要去，那里有野兽咬你、吃你，因为天帝不想见你。

"地下不要去，那里有魔王捉你的灵魂去，扔在锅里涮了吃。

"灵魂啊快回去！回到故乡去，故乡有家室，有山水楼台、高堂深院逶迤，有美女如花，开在珠光宝气里；还有美食，连天鹅与野鸭、鸿雁和海龟都一起来到餐桌上，更不必说犍牛和肥羊，干杯！痛饮玉液琼浆，然后放声高唱；珍馐未尽，而钟鼓已列，新曲方奏，而歌舞又起，吴歌郑舞，皆以美女；歌声绵绵，舞姿翩翩，解了礼仪的纽扣，她们都很妖艳，你一杯来，我一曲，男女之乐，莫过于此；美玉为筹码，象牙做棋子，弈一盘啊，赌一局，拥美人而赌啊，攘臂而大呼，纤手一掷，用了犀牛角做的骰子，欢乐已极，诗兴又起，高举酒杯，齐声吟咏，共敬先人，同祝祖宗。漂泊的灵魂啊，还不快回去！”

这哪里是楚人为他招魂？分明是替天帝打发上访的精灵，只是用了楚辞的口吻。先是恐吓，告诉他，天上地下不能去，四面八方不要去，然后言广宅美女，酒色财气，恣肆而富丽，此为诱惑，亦为承诺，我们可以这样认为，只要他的灵魂回去，天帝就可以让他过上这样美好的日子。看来，连天帝也不能理解他，只想把他打发回去。

巫阳图省事，当然就更是如此，用死亡来恐吓他，可他怕死吗？用富贵引诱他，用食色挑逗他，可他贪欲吗？他既不怕死，也不贪欲，只是深深地怀念一事。

当年啊，他意气风发，驾了四匹黑马，跟随君王，驰向云梦大泽。

那时，战车滚滚，旌旗猎猎，火把齐明，在黑夜里，照亮了云梦。

君王驰骋，挽弓射猎，只一箭就穿透了犀牛，那犀牛啊，皮硬如铁。

更有时间之矢，射退茫茫黑夜，无边火炬里，升起一轮红日。此情此景，真是刻骨铭心，连无情者都要动情，更何况他是那么多情？故国之思，留此一念足矣！

天上不能去，地下不能去，哪儿能去？唯有水！

极目千里，无限春江花月，那是他灵魂的去处。

魂兮归来，归于水；魂兮归来，哀江南矣……

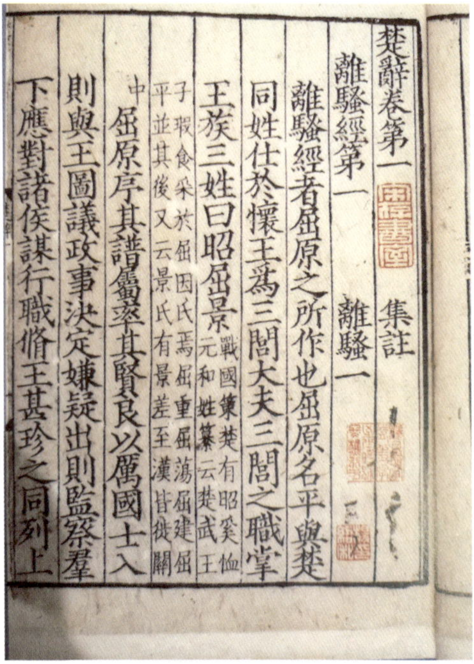

楚辭卷第一　集註
離騷經第一　離騷一
離騷經者屈原之所作也屈原名平與楚
同姓仕於懷王爲三閭大夫三閭之職掌
王族三姓曰昭屈景戰國策楚有昭奚恤元和姓纂云楚武王
子瑕食采於屈因氏焉屈重屈蕩屈建屈平並其後又云景氏有景差至漢皆徙關
中屈原序其譜屬率其賢良以厲國士入
則與王圖議政事決定嫌疑出則監察羣
下應對諸侯謀行職脩王甚珍之同列上

宋版书《楚辞》，国家图书馆藏

宋代学者朱熹撰《楚辞集注》八卷，辩证二卷，后语六卷。半页九行，行十八字，白口，左右双边。框高 22.2 厘米，宽 16.7 厘米。

湘君和湘夫人，为传说中尧的两个女儿娥皇与女英，姐妹同嫁帝舜为妻。

舜至南边视察九嶷山战乱，死于苍梧。二妃寻至洞庭山，知舜帝已死，日日扶竹而泣，竹上泪迹斑斑，遂有“潇湘竹”和“湘妃竹”美称。

二女投湘水而亡，仙化为湘水之神。屈原《湘君》和《湘夫人》，是最早歌颂二妃的美丽诗篇。

楚王好细腰

楚王好细腰

楚王好细腰，是《墨子》中的一则寓言。说春秋时期，那个荒唐的楚灵王，喜好细腰的大臣，于是上下争相减肥，挨饿以求细腰。

不过，从出土的文物来看，楚国人确实以细腰为美。大概楚灵王好细腰的传统留下来了。

湖南长沙仰天湖楚墓出土的彩绘木俑，衣袍一气斜向开料，即便于活动，又能充分显示细腰；出自长沙战国彩漆酒卮上的缨帽狐裘人，如细腰模特，腰肢招展；而出自江陵楚墓的木俑，可谓“愤青木俑”，他那无视当下的表情，真是旁若无人，不是世界不在他眼里，而是他愤怒得连眼睛都没了，当年屈原很可能就是这样一副表情。从《楚辞》和传世之画来看，屈原也是细腰。

湖北江陵纪南城是楚国最强盛时期的郢都所在地，从春秋早期到战国末期，楚国在长江流域，是可与北方抗衡的强国。楚人浪漫唯美，同时也自由豪气。他们开疆拓土，陈兵洛阳，问鼎中原，大展霸业宏图。直到公元前278年，郢都为秦国大将白起攻陷，屈原闻讯，投汨罗江，以身殉楚。楚顷襄王虽迁都陈地，继续抗战，但衰势不可逆，公元前223年为秦所灭。

楚人有崇拜凤凰的浪漫传统，楚庄王就自比凤凰，“三年不飞，飞则冲天；三年不鸣，一鸣惊人”。所以人们把郢都称作“凤凰涅槃的地方”。

考古学者在纪南城发现了郢都故址，高大的城墙、宽阔的护城河、密布的宫殿、水井、窖址以及铸造作坊，还有城周边大量的楚墓。纪南城周围已发掘三千多座楚墓，既有封君、大夫等高级贵族墓，也有贫民墓。在贵族墓里出土了大量的青铜器、玉器、漆木器、礼乐器、兵器、竹简、丝织品等等，精美灿烂，华丽无比，风格自由神秘，完全不同于中原。郢都正是楚国最强盛之际的国都，这些墓葬文物几乎完整地呈现出楚国彼时各方面的场景。屈氏家族作为楚国的望族，祖上追随先王迁徙至郢，繁衍生息。屈原生于斯长于斯，钟鼎礼乐熏心，锦绣华章浴口，身披丝玉，腰悬剑珮，随王左右，山川寓目，楚辞如万里霞锦，只为铺陈一个独立不依的自由精神。

变体龙凤纹绣被纹样，湖北江陵马山遗址出土

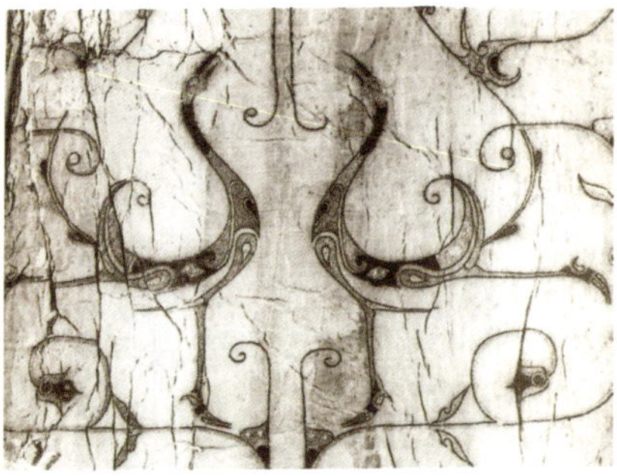

对凤丝绣，湖北江陵马山 1 号墓出土

漆耳杯，湖北江陵马山遗址出土

彩绘木雕动物纹小座屏，高 15 厘米，宽 51.8 厘米，湖北江陵望山 1 号墓出土

第3章

诸子时代大结局

01

天地一指

——老子与孔子

郭店竹简里还有一部《老子》，分了甲、乙、丙三组。

这应该是目前所见最早的《老子》了，是楚人的《老子》。

长沙马王堆出土的帛书《老子》，是汉人的《老子》，而今本《老子》，则是魏晋以来的《老子》。不同时期的《老子》，确实有所不同，这很明显。

例如，帛书《老子》与今本《老子》不同，今本《老子》，又叫《道德经》，是"道"在前面，而帛书《老子》却反过来，是"德"在前面，叫《德道经》。

简书《老子》与帛书《老子》及今本《老子》都不同，简书之文分三组，而非分作上下、甲乙两部，甲组论圣人，乙组述修身，丙组言治国，比较完整。

可见，这本楚人抄的《老子》，应该就是春秋时的《老子》。

老子本是春秋时人，据说孔子是见过老子的，此说见于《史记》。

司马迁之于先秦诸子，最崇尚黄老，但他也居然对老子的身世存疑，以至于在一篇不太长的老子与韩非的合传里，出现了多个传主以外"或曰"的老子。

作为传主的老子，是楚国苦县厉乡曲仁里人，姓李，名耳，字聃。

老子与孔子一样，也是出生时知其母不知其父，故亦有种种传说。

他为什么姓李？司马迁没怎么说，可"索隐"者却喜欢找一个多少有点儿神秘的说法，或以为是“李氏女所生，因母姓也”，又说是“生而指李树，因以为姓”。

历史上，大凡是个人物，似乎都有些来历不明，神乎其神，例如“天命玄鸟，降而生商”，踩了雷神脚印受孕，这些都带有神话成分，它们使历史有了神韵。

姓氏本来很神圣，但它一开始，就充满了不确定性，老子如此，孔子亦如此，指着李树就姓李，指向山洞就姓孔，倒是符合了汉字六法里的“指事”一法。

姓可以这么一指，名也同样可以这么一指。当李母用手指着老子的耳朵问，这是什么。老子一回答，就名“耳”了，再强调一下耳朵之大，老子就字“聃”了。同样，孔母指向山丘，孔子就名“丘”，那山名尼山，孔子又排行老二，所以就字“仲尼”。

文明之初，虽不至于知其母而不知其父，但父亲缺席，有时也难免，因此，在文明的形成中，母亲那一指，往往就有了某种决定性的意义。试想一下，如果没有李母、孔母那一指，老子和孔子如何问世？中国文化将从何谈起？禅宗有位俱胝和尚，凡有所问，俱竖一指，他知道，就这一指，便使原来不确定的确定下来了，可他这一指，怎及母亲那一指来得亲切与自然，来得率性和方便？庄子说“天地一指”，唯母亲那一指，能称之。

老子“名耳，字聃”，是因其生来就耳大，耳大则圣，殷人多有这样的说法。在金文里，“圣”字，从耳，从口，作一特大其耳的人形。或曰，书契未备时，求知以耳，以多闻传承文明，所以，到了孔子时，还有“六十而耳顺”一说。在福建泉州清源山上，就有这么一座老子像，那是北宋时期的雕塑，矗立在半山上，用了整整一大块岩石，仰观之，其耳特大，其神尤悯，这显然就是“耳顺”的“李耳、老聃”了，也许还是老莱子。

《史记·老子韩非列传》里，还有另外两位“老子”，一位是楚人老莱子，亦“著书十五篇，言道家之用，与孔子同时”；《仲尼弟子列传》中，同时提到了老聃和老莱子，认为他们都是孔子拜访过的老师，而另一位则是“自孔子死之后百二十九年”的周太史儋，他西行见了秦献公。司马迁时，就有人说太史儋是老子，也有人说不是，众说纷纭，恐怕连老子的后代也说不清了。据说，老子有后裔，曾仕于汉文帝，其后未绝，司马迁作《史记》，对老子这么重要的人物，应当访问过他的后人，也许他们也没有说清。

还有一种说法，说老子的寿命很长，有人说他“百有六十余岁”，也有人说他“二百余岁”，而长寿的原因，就因为他“修道而养寿”。如此说能成立，那么孔子死了以后，老子应该还在，而这位太史儋，很有可能就是当年孔子曾经问礼的那位老子。

历史人物的寿命，大致以七八十岁为限，一旦超限了，还想在历史的舞台上混，是混不下去的，再怎么表示“鞠躬尽瘁，死而后已”也没用。反倒是有另外两句话管用，一句是孔子在《论语・宪问》里说的“老而不死是谓贼”，另一句是《释名・释长幼》说的“老而不死曰仙”。一句是“谓贼”，一句是“曰仙”，老子西行，自动退出历史舞台，所以，没有混到“谓贼”的份上，而是被孔子及其后人抬到“曰仙”上去了。

老子一退，孔子就出头了。老子是知道后生可畏的，鲁迅在《故事新编・出关》里，就写了这一点。不过，孔子懂礼，你让我一尺，我还你一丈，因此，孔子对老子佩服得不得了，夸老子“犹龙”，使老子仙化了。孔子问礼，现在看来，是一桩雅事，不带火气，可当时并非如此。那时，孔子已“立”，立于什么？立于礼！他去“问礼”，这“问”，不是请教的意思，也不是像苏格拉底那样为了证明人无知，而是去过招，争第一。

孔子学礼已成，为了证明自己，特来向当时的礼学权威老子“问礼”。

那一天，孔子坐着马车来了，光芒万丈的样子，很有气势，可没想到他一来问礼，就问出了天上的日食，天人感应如斯，这使他难免迟疑，于是，老子说道：

“你所问的那些礼，都是死人说过的东西，说过的人连骨头都烂了，就留下这些话，只有你还能记得，真不容易。可君子啊，你要注意，不要时运来了，就驾着车子来去，很风光的样子，而不走运的时候，就像蓬蒿一样，被风吹去，一副倒霉的样子。我听说啊，真有本钱的人，好像什么都没有，从来不拿本钱吹嘘，所以，没有人知道他有本钱；真有德行的人，从来不表白自己，而是一脸朴实憨厚的样子。可你啊，对自己要求太高，又怕世人不知道，所以，总想表现自己。这些都是你身体上的浮光，闪耀在你的外表和行为上，会对你不利。”

其时，老子任“周藏室史”，掌管王朝历史。须知，史在王官之学里，居于中心位置，先王之礼皆史，问礼，亦当由史而问之，后世“六经皆史”，所言非虚。

孔子问礼，以“野人”自居，本欲发难。不料，老子“以自隐无名为务”，使孔子不争而胜。于是，相争变成了相揖、相惜，孔子对老子也不由得佩服起来。

从老子那里回来以后，孔子对弟子说：“天上飞的，水里游的，地下跑的，我都能对付，只有龙，乘风云而变化，我不知该怎样来对付它，老子就像这龙一样啊！”

老子走了，给孔子让出了一条由礼而圣的“圣化”之道，使孔子终于成为中国文化的圣人；而孔子则以师事回敬老子，尤以龙喻之，赞叹不已，以为仙矣。

从此，他们两位，就成了中国传统政治文化两条路线的代表，孔子代表入世的“圣化”路线——“周孔之教”；老子代表出世的“仙化”路线——“黄老之道”。

汉初，行黄老之道，使得汉文化亦有了神仙风味，《史记》里，就写了一批神仙人物，如张良从黄石公学，从赤松子游，还写了秦始皇和汉武帝的游仙与政治。

张良不仅本人“仙化”而去，其仙风道骨遗传到第八世孙张道陵，遂以老子为教祖，将“仙化”更加神秘化和体系化，并加以仪式化和组织化，成为道教创始人。

老子“仙化”之缘起，却在《史记·老子韩非列传》里，始于孔子问礼。

正是孔子的“犹龙”说，使老子仙化，从历史人物变成了神仙中人，其历史性，如无孔子为参照，则根本无法确认。作为历史人物，老子犹如月亮，需要向孔子借光，没有孔子反光，其存在遂为虚妄。“圣化”是历史化，而“仙化”则是非历史化，司马迁以非历史化来写历史人物老子，实为不得已，老子虽然长寿，于历史却无迹可求。

历史人物，多半不宜长寿，寿命长了，反而会非历史化。

因为，历史的本质不是时间，而是时间性的思想和事件。

就老子而言，除了思想，其历史性事件，唯有孔子问礼。

有关孔子问礼于老子的时间，已有不同说法，言之如下：

《史记·孔子世家》“索隐”说在鲁昭公七年，孔子十七岁时，近人高亨亦如是说，并举出《左传·昭公七年》有日食记载，以为证。阎若璩《先圣生卒年月考》说在鲁昭公二十四年，孔子年三十四岁时，他根据《礼记·曾子问》提到孔子见老子时“日有食之”，而《春秋》“昭公二十四年夏五月乙未朔”有日食记载，断言此即孔子问礼时。

而在《庄子·天运》篇里，则有“孔子行年五十有一而不闻道，乃南之沛见老聃”一说，清人梁玉绳认同此说，其《史记志疑》认为《庄子》所言“庶几近之”。

《古史辨》第四册里，载有黄方刚著《老子年代之考证》一文，文中提出“孔子两见老子”一说，第一次孔子五十岁，第二次孔子五十七岁，第二次出现了日食。

孔子见老子，很可能确有两次，第一次是问礼，第二次该是问道。问礼那一次，就是已过“而立”之年的孔子，到洛阳去拜访老子，那一次，出现了日食，被曾子问入《礼记》，被司马迁载入《史记》。而另一次，也就是庄子所说的孔子“知天命”之年的那一次，这一次是问道，是往南去，去一个名叫“沛”的地方，专门拜访老子。

两人一见面，老子就问孔子：“我听说，你现在是北方的贤者了，已经得道了吗？”孔子回答说：“还没有得道。”老子又问他：“那你是怎样求道的？”孔子回答说：“我求之于‘度数’，求了五年，都没有得道。”老子继续问他：“那你接着又怎样求道？”孔子回答说：“我求之于‘阴阳’，求了十二年之久，还是没有得道。”老子叹曰：“道就是这样子的。”

阎若璩考证，老子、孔子第一次相见时，孔子三十四岁。相见以前，孔子以为最高的学问就是礼，见了老子以后，才知道还有更高的学问，那就是道。两人分手以后，孔子由问礼而改为求道，求之于“度数”五年，求之于“阴阳”十二年，一共花了十七年时间，到他再次见到老子时，刚好如庄子所言，已是“行年五十有一”了。孔子在人生的不同阶段有不同的觉悟，他“三十而立”——立于礼，所以来问礼，“五十而知天命”——得道，所以来问道。

老子告诉他，礼是先王遗迹，尚有文献可求，你来问礼，我可以把文献给你，你来问道，我不能把道给你，因为道不是东西，不能拿来送人。如果道能拿来，人们早就把道拿来侍奉双亲了；如果道能送人，人们早就把道献给他们的君了；道也不是知识和经验，不能传授于人，不能作为财产。如果道能传授于人，人们早就把道告诉他们的兄弟了；如果道能作为财产，人们早就把道传给他们的子孙了。为什么这样说呢？道理很简单，因为道本来就是内在的，就在你的生命里，是自然的，你觉悟了，它就在你心里，同万物相印证，你不觉悟，它就不会留在你心里，也不会出来印证自己，外面的道就不来找你。

道从生命中来，不是从外面来，这就是圣人自在，所谓圣人，就是道，就是你自身，这叫作“圣人不出”；从外面进来的，不能主导你的生命，因为道是你的圣人，已经成为你自身，这叫作“圣人不隐”。名，是外在的东西，是所谓“公器”，不能多取，取多了，会将自身的道遮蔽。仁义，让先王歇歇脚，住一夜也可以，但不能久居。

你老在外面跑，而忘了回到自身，这样求道，当然不成。放不下那些从外面来的名器，道就会被遮蔽，你只晓得在外面历练，却不知道圣人就是自我开显。

孔子第一次问礼，老子教他如何看待古文献——死人之言。

孔子第二次问道，老子教他如何求道得道——认识你自己。

老子和孔子相会画像砖，山东嘉祥县出土

老子和孔子相会，内蒙古和林格尔东汉墓壁画

老子，就像他的“道”一样，难以理喻，不可言说。连司马迁都说有三个老子——老聃、老莱子、太史儋，时间跨度，从春秋到战国。

我们试取其一言之：老子姓李，名耳，字伯阳，谥号聃，又称老聃，楚（今河南鹿邑东）人，任周守藏室史，掌管王室图籍，著《老子》。

以“道”为天人之本，以“无”为中国文化“留白”。他深知周室衰而不可复兴，便骑着青牛出关隐遁了，不像孔子“明知不可为而为之”。

孔子拜见老子两次，这在思想史上是件大事。

后人对这一伟大的相会，心驰神往，各怀揣想。

1786年（乾隆五十一年）冬，钱塘人黄易在山东嘉祥武氏祠石墓内，

西方人眼中的孔子老子会面图

发现孔子见老子画像石，孔子手捧贽礼，谒见老子。孔子前一小儿，或谓项橐，或谓问日童子，或谓汉画像石习惯补白画法。今藏山东省济宁市汉碑馆。

内蒙古和林格尔东汉墓壁画，老子居左面右，孔子居中，弟子于其身后依次排立，面向老子。孔、老之间有一童子。孔子前躬，双手作礼。

1977 年，在山东嘉祥县齐山发现汉画像石，画面长展。

1978 年，在嘉祥县宋山，又发现了汉画像石，共八方。

其中，第五石第三层，孔子、老子相对施礼。左边孔子袖中似有贽礼，身后有四弟子相随；右边老子身后亦有一人抱简相从，中间一小儿。

我们发现，司马迁对老子的来历说不清，可对孔子拜见老子却未有丝毫疑问，从这些汉画像石来看，这在汉代是一个普遍的看法。也许这是黄老思想的产物。独尊儒学以后呢？汉儒怎么看，汉朝怎么看？先把问题种在这里……

02

帝王学在秦岭—淮河那一线

此次孔子由鲁至“沛”，是周游列国私人行程的一部分。

上次问礼，鲁国国君还派了车子，千里迢迢，送到洛阳去。

“沛”离鲁国很近，孔子要往楚国，路过沛地，刚好老子在此。

他便顺道来看望老子，有了上一次经历，孔子没特别讲究礼仪。

“沛”这个地方，看来很值得一提，它靠近老子故里，位于南北交界、东西相接之地，淮河自西向东，流经于此，而有泱泱“沛泽”，昭示“上善若水”。

孔子往楚国去，庄子说他“南之沛”，可见那时的“沛”，有可能还不是楚地。春秋时，“沛”属于宋国。战国时，庄子居于宋国蒙地，与“沛”为邻居。

陈国的苦县，宋国的沛、蒙之地，都在淮河流域的下游那一边。

在自然地理上，秦岭至淮河一线，是中国南北分界线——冬季零度等温线，暖温带与亚热带分界线等。在人文地理上，这一线是长江与黄河流域的结合部。

三代时期和先秦时期，中国思想与文化的统一性在这一线初现。

秦、汉两代王朝，都在这一线出现，秦朝诞生于西边秦岭那一端，而汉朝则孕育于东边淮河下游那一段，汉家天下的根底，就在老子当年隐居的沛县。

就那沛县，黄老思想在此生根。汉朝的开创者们，多从这里走出来，以刘邦、萧何为首，几乎是清一色的平民化的黄老之徒，汉初黄老之治，当起源于此。

而司马迁看老子，则看秦岭那一端，孔子问礼，老子出关，还有太史儋入秦，故事都发生在秦岭那一边。司马迁是秦人，言老子立足于秦，放在秦岭那一端。

而淮河下游那一段，有关于老莱子的故事流传，与老子有何关联？

与孔子周游列国不同，老子活动在秦岭—淮河一线。当时，也许有这样的可能，在秦岭那一边，秦人称他老聃，或太史儋，淮河下游那一边，楚人称他老莱子。

据说，孔子死后不久，陈国就被楚灭了，那时，老子可能还在世。

后来，齐灭宋，刚好庄子去世，楚得沛、蒙之地，设县而治，老子和庄子，从此入了楚籍，对楚国来说，得区区陈、宋之地，不如得老、庄二子的死魂灵。

如今，陈、宋之地，已无人谈起，可一提起老、庄，谁人不知？

历史偏袒强权，不管二位意下如何，他们都被历史载入楚籍。

老子变成了楚人，也许楚人就称老子为老莱子，何以如此称呼？

诸子皆以姓氏称，如孔子、孟子、庄子、荀子等，老子姓李，按惯例，也应该称为李子，却被人以寿考称作老子。而老莱子，其实，也就是将老子与李子合称。

“子”，本来就是尊称，加上姓氏，称李子，再加上寿考，称老李子，便是尊上加尊，很可能是孔子带头称老子，使得先秦诸子中，唯老子能独享此殊荣。

李零撰《重读〈老子韩非列传〉》，发现“老李子和老莱子”是同一人。

他提出的根据，是《说文》中的“李”字，在楚简里就是“莱”字，其考证文字，见于《郭店楚简校读记》中的《老李子和老莱子》。李零确信，这位老莱子，就是那个出函谷关、为尹喜“著书上下篇，言道德之意五千余言而去”的“老李子”。

可老莱子，另有著作十五篇传世，他们各自的著作，司马迁都见过的，看来不太一样，所以，李零也只好存疑。其实，上、下篇是老子在秦岭那一边的著作，而十五篇则是老子隐居在淮河下游这一段的著作，同为一人所作，在不同之地，会有不同思想。

《老莱子》十五篇“言道家之用”，和《老子》上、下篇的思想应该大同小异，其差异性，很可能类似今本《老子》与郭店楚简本《老子》。今本《老子》，写于函谷关，传承还是比较清楚的，其缘起为孔子问礼，多针对儒家思想而言。老子在秦岭那一边，对儒家思想，尤其是礼与仁，进行了批判，因为那里离儒家远，他可以放言。孔子也曾想入秦，但终于未能成行，其活动范围，主要在淮河下游一带，老子隐于此，言论有所收拾。

有人将《老子》竹简本与今本对比，发现其中没有与儒家思想冲突的文字，今本中有“绝仁弃义”“绝圣弃知”，而竹简本为“绝伪弃虑”“绝智弃辩”，今本否定礼与仁、圣与智，倡导愚民和权术，这些可能都与秦风有关，而竹简本却没有这些。

这样看来，司马迁说“世之学老子者则绌儒学”，老子与儒家“道不同不相为谋”，是据今本《老子》而言的，竹简本《老子》有所不同，表现为儒道互补。

风土不一样，人情不一样，同一人，也会产生不同的思想。秦地民风，多戎狄之俗，重朴而尚武。重朴，所以要“绝圣弃知”；尚武，所以要“绝仁弃义”。

而东方之民风尚礼，尊智而崇文。然，智之弊也在于伪，文之弊也在于辩，所以，要“绝伪弃虑”“绝智弃辩”。老子之言，也是“维民所止”，没有拘泥。

东方儒风很盛，仁义流行，老子不反对，秦风“绝仁弃义”，他也顺应。后来，法家在秦国崛起，就学着他的样子，以“绝仁弃义”“绝圣弃知”为根底。

老子的思想，在秦岭—淮河一线，朝着东西方两个方向发展，发展出两条思想路线。向东方发展的一线是庄子，他接着老子在淮河下游一带隐居，发展了老子的隐士路线，通往神仙；向西方发展的一线是韩非，他发展了老子的史官路线，走向王权。

司马迁很有眼力，他看出了老子思想在东西方发展的两条路线，但他在《史记》里不写《老庄列传》，而写《老子韩非列传》，可见他的立场，还在秦岭那一边，以秦地为本根。当然，他也没有忘了庄子，他把庄子夹塞在老子与韩非之间。

你庄子不是要当隐士吗？那就让你隐于《老子韩非列传》。

老庄并称，从魏晋以后才兴起，秦汉时期，史称“老韩”。

韩非也是秦岭—淮河一线人物，处于秦岭与淮河交接的中原——新郑，这里曾是子产故土，出土过莲鹤方壶，我们称之为“睢壶”，还尝试过一次贵族政治民主。

不过，这次政治民主试验，有如昙花一现，虽被孔子称为“仁政”，却未能挽救郑国的命运，子产去世以后，郑国终于被韩国灭了，而韩非就是韩国人。

韩非为世人所知时，韩国亦岌岌可危，据说，秦王嬴政读了韩非的文章，非要见一见他本人，就发兵去攻打韩国，要韩国交出韩非。就这样，韩非被交给秦国了，本来他奇货可居，结果却变成了货到地头死。思想者是稀有动物，整整一代人里，也许就出那么一两位，如果只有一位，他便是孤独者；如果还有几位，那便是他的知己和天敌。

对韩非来说，嬴政算什么？是知己，还是天敌，抑或兼而有之？

嬴政跟历代秦王不一样，是一位思想者王，是秦自开国以来唯一具有文化抱负的君王。也许他的血液里，真有东方文化的基因，他对东方文化的向往及其文化抱负，使人联想起那个关于吕不韦的传说。与《史记·秦本纪》里的列祖列宗相比，嬴政似乎更像吕不韦的传人，不管他的血缘遗传来自哪里，他的文化慧根一定来自吕不韦。

他是吕不韦的儿子吗？郭沫若认为，那是汉初吕氏集团为了篡汉而造的政治谣言，如嬴政为吕不韦子，那秦便是吕家天下，吕氏篡汉，也就是物归原主了。

但是，不管怎么说，嬴政作为王者和思想者，是吕不韦一手造就的。吕氏本为商人，视国家为商品，把王权当作一单生意来做，他成功了，他的“奇货”为王。

可这还不够，吕不韦还要让“奇货”流通天下，将买卖越做越大。这就要求货色，不光是王家品牌的王者，还得是具有天下观的思想者。唯其如此，方能货卖天下。

世人皆知，其时一统天下，已非秦莫属，但秦迟迟未能统一，其主要障碍，不在军事上，而在文化上，文化发展不平衡，是导致山东六国合纵抗秦的主要原因。

武力只能兼并，统一要靠思想，吕不韦罗致天下才士，编纂《吕氏春秋》，欲以天下学养，培育思想者王，如古希腊征服波斯之前，以亚历山大为思想者王。

亚历山大以亚里士多德为师，可秦王何曾想过要以吕氏为师？

吕氏书成，悬于城门，声称能增损一字者获千金，竟无人能响应。

对此，汉人以为高妙，谓“其文约艳”，简约到连一字也改不动了。

而宋人则不以为然，反视为贱，曰："秦之士其贱若此，可不哀哉！"

然其意，不过欲效商鞅徙木立信，商鞅立信，因有王权支持，旨在推行法令，而吕氏欲以千金立信，却无人响应，何也？吕氏欲以立信来推行他的思想，此为士人所不齿，亦为王权所不允。以今日俗语言之，"炒作"二字庶几近之，商人底色曝光矣。

《吕氏春秋》为十二纪、八览、六论，共二十六卷，一百六十篇，二十余万字，包含了儒、道、墨、法、兵、农、纵横、阴阳等各家学说，被后人列入杂家。

杂家的"杂"，有一个好处，那就是各家并存，对诸子一视同仁，无所主宰，对学术来说，这是好事，因为"天下无粹白狐，而有粹白之裘，掇之众白也"。

吕氏原非治学之人，于诸子之学，虽能略知一二，但哪有贯通鉴别的眼光？哪儿来仲裁取舍的手段？可他却迫不及待地把《吕氏春秋》悬挂出去，这样就露馅了。

他从统一思想出发，结果却适得其反，反而走向了集思广益。于是，人们难免要问：如各家可以并列，岂非各国亦能共存？如各家不定于一，那还统一思想做甚？如各国不定于一，那还统一天下做甚？这一问，就问到了根本，《吕氏春秋》经不起这一问。

《吕氏春秋》一书，非出自吕氏本人，而是各家学说的汇编。

战国末年，诸子纷纷入秦，连荀子也来了，他赞扬秦国士风：入其国，观其士大夫，出于其门，入于公门；出于公门，归于其家，无有私事也。这样的士风，就是三代以来的古风，在山东六国已经看不到了，当年孔子就说，秦国"虽王可也，其霸小矣"。

荀子以为秦的霸道可以通向王道，但他尚有遗憾，那就是秦无儒。没有儒就没有文化，没有文化就不能实现真正的统一。秦欲兼并天下，以耕战之力，用术士，行霸道即可；如欲大一统，就要用儒生而行王道。荀子主张文武并举，礼法并用，王霸并行。

其实，荀子做“无儒”之叹，带有甚深的门户之见。孔子弟子中，秦祖、壤驷赤、始作蜀等人都来自秦国，与商鞅辩论的甘龙、杜挚亦颇知儒术，赵良以“恃德”劝商鞅，堪称通儒。荀子叹秦“无儒”，是用他自己的标准来衡量，并非秦真的“无儒”。

反倒是荀子的学生，在秦国随机应变，跟着潮流转化为法家术士了。

既然霸道可以通向王道，那么由王道也可以进入霸道。荀子在霸道和王道之间建立了通道，他的弟子们，便在这通道里走进走出，在投机中走丢了儒家本色。

李斯跟他学帝王术，学成后，来与老师告别，说：“我听说啊，机会来了，就不能懈怠，要抓住时机。当今之世啊，各国相争，游说者主事，尤其是那秦王，老想吞并天下，称帝而治，为我们这些布衣之士，提供了游说的机遇。最不齿于人的，莫过于卑贱了，最令人悲哀的，当然是贫穷了，我不能老是处于卑贱之位、困苦之地，我将西行矣。”

李斯入秦后，初为吕不韦门下舍人，以他的才学，他应该参与了《吕氏春秋》的编撰，当吕氏悬书于咸阳城门，以一字千金标价时，他预感到了危机的来临。

吕氏以权要身份，拿来诸子各家各派的学说，又欲以重金为饵，在秦国启发学术争鸣。这一套，原是东方政治文化的玩法，是对荀子所言“秦无儒”的回应。

可秦王嬴政却另有眼光，其眼光，不愧为思想者王。他没有看上《吕氏春秋》，而是看中了韩非，除了政治原因，还有思想原因，因为吕氏并非真正的思想者，不能建立本土化的思想。兼并东方，要靠秦国本土力量；统一思想，也要用秦国本土思想。

“秦无儒”，那有什么关系！不是还有法，还有道吗？东方有孔子，我们西方不是还有老子吗？老子出关时，留下五千言而去，更何况，他还做过孔子的老师。

在东方，老子之学，为“隐学”——隐士之学。在秦国，我要让它成为显学，老子之学是兵法，是权术，本于道。那韩非不是写了《解老》《喻老》吗？写得多好！

秦国道统，从老子开始。老子不是教导我们要“绝仁弃义”“绝圣弃知”吗？这才是秦国思想的根底——回到道那里去。我们走在“道”路上，使天下“定于一”。老子不是出关了吗？那就让他一直往西去，不要让他回东方来，要让他销声匿迹，不知所终，使孔子情不自禁地赞叹：“老子犹龙！”他为什么要往西去？因为黄帝的老根在那里。黄老之治，乃道统与帝系合一，使秦统一，不仅在道统上有合理性，在帝系上还有合法性。

老子出关西行而去的故事，很可能就是在这样的王权背景下出笼的。

韩非的出现，宛如一柄利剑，刺穿了《吕氏春秋》的拿来主义，各家学说杂陈，在韩非看来，不过“五蠹”而已，而且“儒以文乱法，侠以武犯禁”，理应驱逐之。

由此，秦国在思想上亦一跃而为强势，一种新的君道同体的王权主义诞生了——以道为体，以君为用；以君为体，以民为用；以民为体，以耕战为用；以耕战为体，以兼并为用；耕战合一，全民皆兵；法术势合一，集诸子思想之大成，执诸子牛耳矣。

这样的国家哲学，当然要凌驾于诸子思想之上，俨然为思想者王。孰能为之？舍韩非其谁也！舍秦王其谁也！然，此二人者，彼此间，为知己耶？乃天敌也！

秦王能知韩非，出于李斯推荐，而李斯推荐韩非，并非要推荐人才，为韩非着想，而是推荐其思想，把他的思想献给秦王，为秦国的统一，提供一种思想武器。

韩非口吃，可思想锋利，其思想方法，有如一把西方人惯用的“奥卡姆剃刀”，能把千头万绪的现象之皮削去，削到本质的骨子里去，将复杂的、难以言喻的“非常道”，化作简洁的、可以操作的思想工具——法、术、势，而其操作性，则胜过了马基雅维利。

一国之君，为了求得一位思想者而出兵，这在历史上绝无仅有，因为战争的目的只是为了占有土地以及土地上的财富，而非占有思想。可不占有思想，怎当思想者王？占有了韩非的思想，他就是思想之王！王是一把刀，把思想也变成刀，有了韩非这把剃刀，《吕氏春秋》就不值一“剃”，不是“剃”掉一两个字，而是“剃”掉其思想体系。

思想斗争，是政治斗争的深入，不能光靠权力，还要用思想武器。但此次斗争的关键人物，不是韩非，而是李斯。他先是背叛吕氏，作为吕氏门下舍人，他本应该为吕氏引荐韩非，可他并没有这么做，转而为秦王嬴政引荐韩非，用韩非的思想，摧毁了《吕氏春秋》的体系；接着，他又陷害韩非，为秦王嬴政实行“以法为教，以吏为师”。

司马迁说，韩非与李斯都是荀子的弟子，而李斯自以为不及，故妒杀之。

此言只知其一，还有更深层次。政治博弈，李斯如卧槽马，登吕氏堂，入韩非室，秦王用他将死了吕氏和韩非，而自为马后炮，马后炮往往引而不发，却含有杀机。

王者兼并了思想者，成了思想者王，有了思想者王，还要什么思想！

既然韩非都这样说了，秦王就拿他实施，就以吏为师，以法为教了。

商鞅曾经作法自毙，韩非呢，也只能如此。用思想者本人的思想来杀死他自己，让思想者死得其所，这在王权主义里，也算得上是一种礼遇，这等于让他自杀而死。

卸磨杀驴，本来就是历代秦王的拿手好戏，自商鞅至范雎、吕不韦，就连后来的李斯，哪一个能得好死？更何况那韩非的思想，不正是要取消思想的思想？连思想都取消了，还要思想者做甚？作为思想者就要为自己的思想而死，韩非终于死于自己的思想。

至于韩非出于荀子门下，除了司马迁那么一说，我们没有别的依据，在思想上，我们也能看出他与荀子多少有着内在的联系。可如果说他师法老子，为老子私淑弟子，证据倒绰绰有余，怪不得司马迁《老子韩非列传》说他“原于道德之意，而老子深远矣”。

老子之学，行于秦岭—淮河一线，其渊薮虽在淮河下游，然其兴起却在秦岭，是作为帝王学的老韩之学，因了秦王嬴政推动而兴起。秦岭，乃中国两河流域分水岭。山之北，有渭水入黄河，行于关中之地；山之南，有汉水入长江，流经汉中之地。一南一北，一山之隔，两片天府地，开出两个雄伟的王朝——秦朝在关中崛起，汉朝在汉中孕育。

两个王朝，奉行一种思想，那就是老韩之学、黄老之治。明乎此，才算是读懂了《老子》和《韩非子》以及《老子韩非列传》，而知先秦诸子的缘起与结局应然于此。

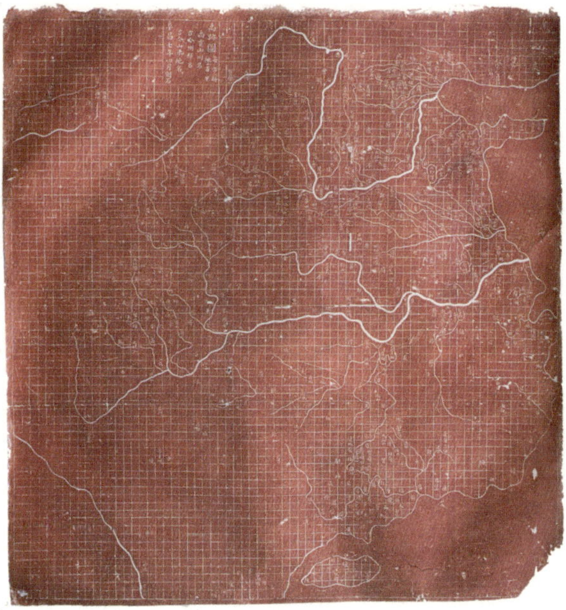

清代禹迹图

秦岭—淮河一线

秦岭—淮河一线，将中国划分为南北。

它是气候上的分水岭，地理上的分界线。

秦岭，横亘于中国中部，为东西走向大山脉，西起甘肃临潭白石山，以迭山与昆仑山分界，向东经天水南部麦积山入陕西，分三支入豫。北支为崤山，余脉沿黄河南岸向东延伸为邙山，中支熊耳山，南支伏牛山。

秦岭山脉全长 1 600 千米，南北宽数十千米至二三百千米。

淮河流域，在中国东部，南北牵手长江、黄河，流域西起河南桐柏山、伏牛山，东临黄海，注入长江，河道全长约 1 000 千米。

秦岭—淮河一线为中国南北方分界线，是中国两河流域文明的汇合处。秦岭山脉中段，横卧陕西中部，自周代始，帝王之气便缭绕不息，周据丰镐，秦都咸阳；汉从淮河流域出发，西入秦岭，而取关中，大唐依旧。

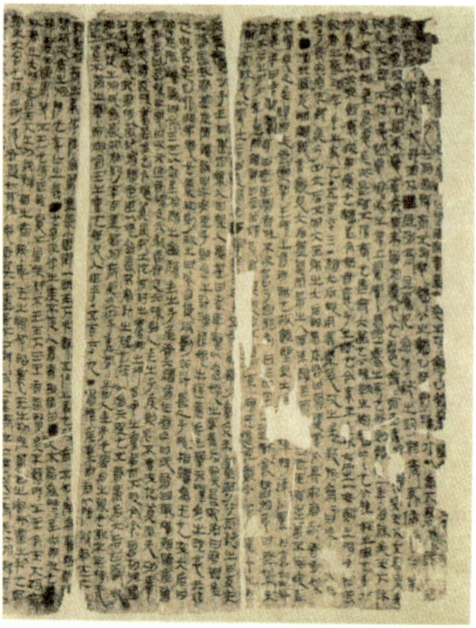

马王堆帛书甲种本

马王堆帛书乙种本

老韩之学

老子的思想，在秦岭—淮河一线，朝东西方两个方向发展。向东方发展的是庄子，他接着老子在淮河下游一带隐居，发展了老子的隐士路线，走向神仙；向西方发展的是韩非，他发展了老子的史官路线，走向王权。

司马迁很有眼力，他看出了老子思想发展的两条路线，但他不写老庄列传，而写老子韩非列传，可见他的立场在秦岭那一边，以秦地为根。

当然，他也没有忘了庄子，他把庄子夹塞在老子与韩非之间，你庄子不是要当隐士吗？那就让你隐于《老子韩非列传》。

老庄并称，那是魏晋以后兴起来的，秦汉时期，史称“老韩”。

郑令兹恒戈，通长25.5厘米，战国后期，河南新郑白庙范村出土，河南博物院藏

郑令兹恒戈是战国晚期韩国的兵器，内有铭文十九字，记载年代，官吏职位和名称以及工匠名。“十七年郑令兹恒、司寇彭璋、武库工师皇月冶狃。”郑令是韩都郑县县令，韩国也是韩非子生活的国家。在诸侯百家争霸、诸子百家争鸣独尊的之际，韩非子脱颖而出，受到秦始皇青睐，可以说，韩非子对秦始皇影响最大。

吕不韦少府戈，援残长 8 厘米，
山西博物院藏

八年吕不韦戈，援长 16.1 厘米，
陕西三原出土，宝鸡市博物馆藏

其次对秦始皇颇有影响的就是吕不韦，吕不韦不仅仅激发了秦始皇权力被架空的危机感，还启动了其死亡意识。秦始皇的死亡意识，从吕不韦开始。

吕不韦是帝王星探，他发现了子楚，还送美妾赵姬给子楚，然后以经纪人的身份，经营子楚父子两代，食邑洛阳十万户。

他吃饱了，养食客，食客吃饱了，替他著《吕氏春秋》。他也想学孔子，整理一套干政学？还广而告之这一部《春秋》是“吕氏”的；孔子述而不作，将他以前的典籍整理编撰一套儒学体系，奔车之上，如丧家之犬，周游列国，兜售治国理想，却没一位君主买单。而《吕氏春秋》不出国门，即可尾随秦国大军所向披靡。

看看吕氏的学阀霸气，他利用职权，把书挂到咸阳城门上，号称改一字，赏千金，当年，孔子可是饿得讨饭吃，不久后商鞅徙木立信，赏赐不过数十金，有人真的一试。吕氏赏赐千金，反而没人敢试，为什么？因他触犯了帝王死亡意识。

著了书，想以他庞杂的思想体系作为秦国意识形态，还自制兵戈，镌刻铭文“相邦吕不韦造”。这表明他还拥兵自重，来捍卫意识形态。

十五国风，卫风泼辣，敢裸奔。商鞅、吴起就是卫国人，两人变法，如裸奔，旁若无人。他也是卫国人，竟敢在千古一帝跟前裸奔。

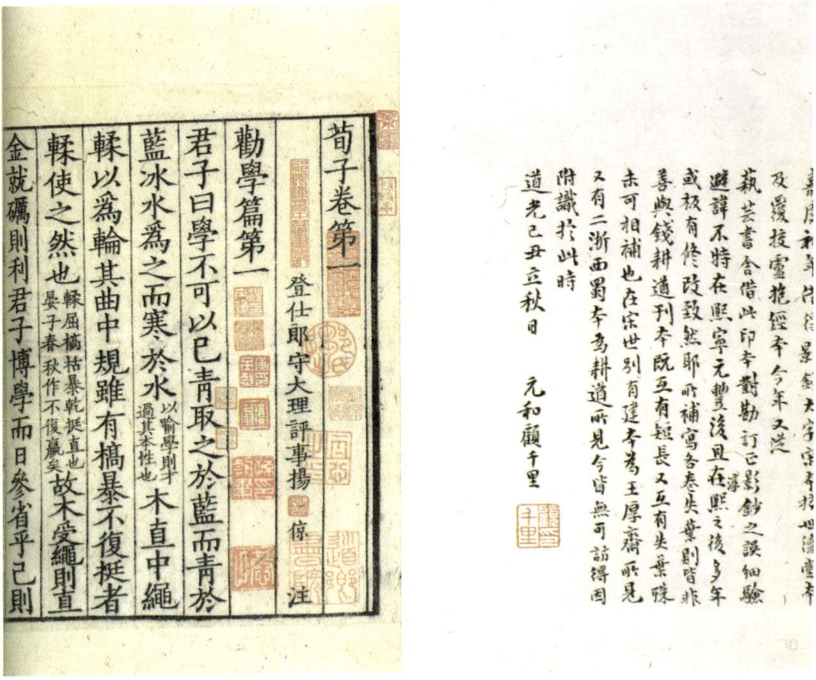

荀子卷第一　　登仕郎守大理評事楊倞注

勸學篇第一

君子曰學不可以已青取之於藍而青於藍冰水爲之而寒於水以喻學則才過其本性也木直中繩輮以爲輪其曲中規雖有槁暴不復挺者輮使之然也輮屈槁枯暴乾挺直也晏子春秋作不復羸矣故木受繩則直金就礪則利君子博學而日參省乎己則

及嚴按靈巖經本今年又從
蓺芸書舍借此印本對勘訂正影鈔之誤細驗
避諱不特在熙寧元豐後且在淳熙之後多年
或板有修改致然耶所補寫各卷失葉則皆非
善與錢耕道刊本既互有短長又互有失葉殊
未可相補也在宋世別有建本為王厚齋所見
又有二浙西蜀本為耕道所見今皆無可訪得因
附識於此時
道光己丑立秋日　元和顧千里

宋版《荀子》二十卷，国家图书馆藏

志于学者，皆知荀子，因荀子善劝学。荀子注重文献学习，汉学重荀子；孟子强调精神修炼，宋学尊孟子。宋代，有孟子升格运动——从子学升格为经学，而荀子，却未闻有升格，其趋势反而下降，至近代谭嗣同，一贬到底，斥荀子为“乡愿之学”。但宋版书还是漂亮，此为唐杨倞注《荀子》，看来收藏者不少，不知读者多不多？

03

儒家圣化模式和儒门王圣运动

韩非子的帝王学，从他老师荀子的“王圣”之学转化而来。

孔子以后，儒家有两条路线，一条是孟子的“圣王路线”，一条是荀子的“王圣路线”。所谓“圣王路线”，就是“以圣人为王”的路线，而“王圣路线”，则是“以王为圣人”的路线。这两条路线，一条从政治理想出发，一条是从实际政治出发。

从理想出发，我们不妨“以圣人为王”，可实际上却行不通。

孔子对圣人期许甚高，连尧、舜都“其犹病诸”，可见，历史上还不曾有过，他便这样来要求自己了。接下来，孟子就有话说了，说了两句，一句是“人皆可以为尧舜”，是从人性论上来说的，另一句“孔子贤于尧舜”，则从历史观上说。

从“人性善”出发，人自我就能圣化，所以说“人皆可以为尧舜”。

但历史观上却不能这么说，不能人人都来做王，只能有一个王者。

本来，孔子“祖述尧舜”，应奉尧舜为圣王，没想到，他会认为，连尧舜都差那么一截，既然历史上从未有过，那就从现实中产生一个。对于圣王，孔子是“从我做起，从现在做起”的，为此，他开创了一个新圣化模式，《论语·为政篇》曰：“吾十有五而志于学，三十而立，四十而不惑，五十而知天命，六十而耳顺，七十而从心所欲，不逾矩。”

看来，圣化是个“始乎为士，终乎为圣人”的“学习”过程，从“志于学”到“不惑”是“下学”阶段，从“知天命”到“从心所欲不逾矩”则是“上达”。

下学，以礼为准绳，造就君子；上达，以天命为归依，成为圣人。

“志于学”是对礼的认识，“立于礼”是对礼的认同，“不惑”是与礼同化；前者“克己复礼”，后者天人合一，其圣化过程，即从“克己复礼”走向“天人合一”。

孟子倒转了孔子的圣化模式，将孔子的终极追求转化为人的先天原则，从心、性、天入手，“尽心—存心”“知性—养性”“知天—事天”，开出“立命”新模式。

孔子自下而上，孟子自上而下，孔子由“知命”而“从心”，孟子由“尽心”而“立命”。孟子以孔子的终点作为起点，从“心”上立论，改“从心”为“尽心”，改“知命”为“立命”，将知命的对象化过程，改为立命的主体化行动，为圣化确立了主体性。不过，主体性的确立——尽心、率性、立命，须以人性善为前提，若人性恶，就难以自信了。孔子人性论有两句话，一是“性相近”，另一是“习相远”，孟子发挥了孔子的“性相近”，在心性上大做文章，而荀子则沿着孔子的“习相远”前进，特别强调了“伪”的作用。

“伪”，就是人为，要以人为的方式——“化性起伪”。“伪”之于人性，非以作为先验原则的“仁”来挂帅，而以作为现实王制的“礼”为归依，引导并改造之。

故其最高之理想，已非素王孔子，而是回到圣王之初的尧舜。孔子的地位从“贤于尧舜远矣”，降至“德与周公齐，名与三王并”。荀子弟子，听人言“孙卿不及孔子”，便说：“孙卿怀将圣之心……所存者神，所过者化，观其善行，孔子弗过，世不详察，云非圣人，奈何！天下不治，孙卿不遇时也。

德若尧舜，世少知之……呜呼！贤哉！宜为帝王。”

荀子圣化，以“化性”为本，分了内圣和外王。内圣，有学礼、修身、明心。学礼，作为圣化的起点，突出了知识理性的重要性，学习是个“始乎诵经，终乎读礼”的过程，“学至乎礼而止矣”。修身，是从知识理性进入道德理性的实践环节，“礼者，所以正身”，“以修身自强，则名配尧、禹”。明心，是以道德理性启迪先天理性的自明环节，“人何以知道？曰：心。心何以知？曰：虚一而静”。圣人不求知天，知天当知天之在人者，而天之在人者谓之“天君”——心，心之用，乃“天功”。能“全其天功”者，则能“官天地”，“役万物”，“制天命而用之”——人定胜天。“命犹道也”，故知“道”即知命。

孔子由知命而“畏命”，孟子由知命而“立命”，荀子由知命而“制命”。制命，是由内圣进入外王的关键环节，而正名与立制则构成了外王的两个基本点。

正名是解决如何认识世界的问题，荀子提出了一个认识的模式：“天官役物”—“心征知物”—“约定俗成”。模式分为两个环节，一是“制名”的认知环节，一是“定名”的化俗环节，它强调了人的先天感性、先天理性和人的社会性的统一。

名与实相符，其内在的根据，便是天与人的内在统一性，其外部条件，则是社会习俗中组织化的群体对个体的制约——“约定俗成”。俗成而名定，名定而制立，立制，当然非“王者之人”莫属，所以说，“圣也者，尽伦者也；王也者，尽制者也”。

立制应“复古”，声要古乐，色须旧文，械用旧器，违古者毁之。

“复古”乃返本，礼有“三本”：“天地者，生之本也；先祖者，类之本也；君师者，治之本也。”所谓“立制”，就要从根本上，立此“三本”。“三本”一立，外王就成，就能集天道、王道和孔子之道大成。孔门之道统，自七十子发端，经思、孟发扬，至荀子而毕其成。来世虽有损益，但已无能逾此规范，无怪后人惊叹：“两千年之学荀学也！”

由上述三个模式，我们可以看出儒家的圣化观念如何演进。

孔孟圣化模式以内圣为究竟，外王只是蕴涵在内圣中的可能性。

圣王从哪里来？是从圣人“外王”来，还是从王权“圣化”来？无论孔子以“三年有成”自诩，还是孟子以“运天下于掌”自负，都是一种圣人“外王”的自白，都缺乏现实性和可行性，孔子未以尧、舜为圣，孟子亦有“人皆可以为尧舜”一说，可他从未说过人皆可以为孔子，因为，他认为，“孔子贤于尧舜远矣”，且以“生民未有”称孔子。而荀子圣化，则以圣王为终极目标，故孔子由“生民未有”，变为儒家圣化谱系中承上启下、继往开来之一环，孔子不再是圣化的顶点，而是指出内圣外王这一圣化之路的先知。

事功优于学养，外王高于内圣，荀子这一取向，使儒家圣化模式隐含着一个倒转的契机——使圣王转变为“王圣”。以圣王为圣化之目标，理想虽高，但现实中却行不通，因为包括孔子在内的所有儒生无一能具备由内圣向外王转化的现实条件。

内圣如孔子，若非“得百里之地而君之”，王从何来？或曰，荀子“宜为帝王”，但“宜为帝王”不等于能为帝王，可能性不等于现实性。最有可能成为圣王的，不是“生民未有”的孔子和“宜为帝王”的荀子，而是处于圣化过程中的现实君主。

荀子强调“圣人之得势者”，主张现实的“圣王合一”，使儒家的圣化模式向着现实君主开放，他的法家弟子韩非就以王为圣化起点，使圣王变成“王圣”。这一倒转，虽非荀子促成，但其圣化观念早已埋伏倒转的因素，可见荀子亦有阳儒阴法。

孔子之后，儒家由分化而异化，衍生了诸子百家，当然，这绝不仅仅是儒学发展的内在逻辑使然，恐怕只有社会巨变才能带来“学术异化”的规模效应。

其时，法术之士和纵横术士已然命世，儒门虽有孟子造势，但亦仅能“辟杨墨”而已，难免“匏瓜”之讥，故有荀子出，于王制事功方面，详为阐发之。

孟、荀虽异，然两说并起，似鸟之两翼，车之两轮，载个孔子。

孟子之学言性善，倡仁义，养成内圣之学；荀子之学主性恶，重礼法，修出外王之道。所以，司马迁作《史记》，便将此相反相成之二人并列，合为一传。

然，唐宋以降，后儒抑荀，韩愈《原道》说“孔子传之孟轲，轲之死，不得其传焉”，朱熹说荀子“全是申、韩”之学，明儒胡居正说荀学“源头已错”。

荀子一生游学，遍及赵、燕、齐、楚、秦，曾主讲于齐国的稷下学宫，三任祭酒，传播儒学，应比孟子广泛，其影响，亦远在孟子之上。如果说孟子之于王权，尚未能找到真正的结合点，那么荀子以其礼法并用的新儒学，才完成了与王权的结合。

荀子“援法入儒”重建新儒学，有以下特征：第一“隆礼重法”；第二重“圣人之得势”者，而“势”是圣人向圣王转化的关键，这样就为法家向“王圣”过渡提供了桥梁；第三以王权“制天命而用之”，为韩非“君道同体”说确立了一个思想前提。

在儒学发展史上，荀子是从思想体系上开启异化原宗先河的人物。

他的一只脚，还留在儒学王道的门槛内，而另一只脚，已开始从王道走向霸道，他的学生因势利导，亦走出师统，彻底异化，韩非和李斯，干脆就成了法家。

尽管在《史记·老子韩非列传》中，只有韩非、李斯“俱事荀卿”一句话，但是，我们从中还是可以看出韩非的思想来自荀学的一些痕迹。如果韩非的思想需要有一个来源的话，那么有两个人值得一提，一位是老子，这有他本人的《解老》《喻老》为据，还有司马迁《史记·老子韩非列传》为证。另一位就是荀子，也还是以《史记·老子韩非列传》为证。

但司马迁说的是“俱事荀卿”，未说“师事荀卿”，即便我们认可了韩非“师事荀卿”，那也不能证明韩非是出于儒门，因为荀子讲学范围甚广，授课弟子众多，在稷下三为祭酒，而稷下并非儒门，所以，不能将荀子的学生，笼统地都视为儒门弟子。

不但韩非、李斯“俱事荀卿”不像儒门弟子，就连那些认为荀子贤于孔子而且“宜为帝王”的学生，恐怕也不能算是严格意义上的师法和家法中的儒门弟子。也就是说，荀子门下有一批受他影响却不受儒门师法和家法限制的学生，韩非或为其中一位。

虽然难以确认韩非的儒门身份，但是我们还是能够看出他与荀子的思想联系。如荀子认为，人性恶，所以要“化性起伪”，韩非则更进一步，以为人性好利，既不能改，也不必改，君主因之以治人，以恶破恶；荀子援道入儒，却非议老子，韩非《解老》《喻老》，则非“有见于屈而无见于伸”，而是以屈求伸，“无为而无不为”；荀学礼法并重，言礼颇近于法，韩非则越出雷池，弃礼扬法；荀学以孔子为“圣人之不得势者”，韩非则从荀学“王高于圣”出发，使荀学圣王转向君主“王圣”，建立了“以王为圣”的新圣谱系。

王道、霸道，从孔子那时，就一直在谈，并兼而有之，到了孟子之时，才被明确划分为两条政治路线。梁启雄《荀子简释·自叙》云：“孟子专尚王道，荀子兼尚霸道；二子持义虽殊，而同为儒家宗师。”孟子怒斥霸道，而荀学则尊王道，兼尚霸道。

荀子认为，霸不单恃“力”，还以“信”，单纯的“恃力者”，他叫作“强”。还说王、霸之道，可以相通，“上可以王，下可以霸”。《王制》

《王霸》还提到了“王者之法”、“霸者之法”及“亡者之法”，荀子指出：“义立而王，信立而霸，权谋立而亡”。

看得出来，荀子对霸道充满信心，他认为，只要补上“礼义”这一课，霸道亦能统一天下。但他反对以权术立国，可他的学生韩非，则从王、霸、强走向法、术、势了。荀子“性恶论”，是敢于直面人性丑恶的乐观个性表达。“起伪化性”，首先，就要以礼义引导今王，把今王纳入“王圣”轨道。所以，当秦昭王问“儒之用”时，荀子立即以“立仁与义”来回答。他认为，“儒之用”，就是为像秦王这般已然“赏罚以信”的霸主申之以“仁义”。

有鉴于此，他喟然而叹，虽然看到了统一的曙光，但也预见了缺憾。

事实已经告诉我们，他那意味深长的一叹，包含了多么深邃的遗憾，确有先见之明，秦的短命和汉的“霸王道杂之”，已为那一叹，做了儒学与王权相结合的注脚！

儒门“王圣”运动的第一个成果，就是秦王嬴政，有了君道同体身份。

像亚历山大那样，他成了哲人王，不是哲人成了王，而是王成了哲人。正如提倡哲人王的帝师亚里士多德没有成为哲人王，反倒是作为王者的弟子亚历山大成了，同样，“宜为帝王”的圣人荀子，不管他怎样内圣外王也没能成为圣王，韩非就更不用说了。

孟子说“人皆可以为尧舜”，但圣王只能为一人，这一人就是秦王嬴政。世界历史的统一性在东西方几乎同时醒来，各有其代表，西方是古希腊的亚历山大，所到之处，便有希腊化世界，而东方则有秦王嬴政统一天下，留下个两千年来的秦制中国。谭嗣同说：“二千年之制，秦制也；二千年之学，荀学也。”他这么一说，就说穿了秦制与荀学。

荀学传人，除了韩非、李斯，还有那些来秦国参政、议政的博士儒。《汉书·百官志》上说“博士，秦官，掌通古今”。秦置博士，并非摆设，而是给了很高的政治待遇，官属太常，秩比六百石，“不治而议论”，这样的安排，类似稷下学官。

秦统一后，博士儒第一次参政、议政，便是给秦王嬴政“议帝号”。

李斯说，古有三皇，为天皇、地皇、泰皇，泰皇最尊贵，臣等冒死上尊号，以为我大王应为“泰皇”。经审阅，去“泰”取“皇”，采用“帝”号，称“皇帝”。

对于《史记·始皇本纪》里这段记载，历代史家因过于熟悉，而忽略了其中的一个分歧，这分歧，是深层次的，很隐蔽，连李斯也没看出来。可秦王以他对权力的高度敏感，看穿了博士儒的“理性的诡计”，“泰”与“帝”字，差之毫厘，相去千里，取舍之间，用心颇深。博士儒以“泰皇”为最贵，既有阿谀之心，又有劝导之意，想劝秦王奉天法古，无为而治，而秦王只改一字，便表明了态度：他要占尽皇的高贵，又要绝对君主专制。

拿这样的决议案上奏，还说是“昧死上尊号”，可见李斯糊涂。

本来是要“议帝号”的，可议来议去，反而将“帝”字取消了。

“皇”字，在战国以前，多作形容词或副词使用，偶然也会用作动词或人名，但绝没有用作最尊贵的阶位名词。在甲骨文中，“皇”的象形，为天地之际日出之时的光芒景象，其意，训美，训大，“皇”字转化成为名词，那是战国以后的事。

当时，为了区别“人帝”，人们改用“皇”称“神”或“上帝”。帝，本为上帝，甲骨文中，便是神或祖的第一尊称。殷后期，王有称帝迹象，然帝业未成，而国已亡。周人鉴于此，称王不称帝。战国时，各国“相王”，称王已不足为奇，故称“帝”。

战国之世，“称帝”运动方兴，至秦统一，“帝”作为霸主的观念，早已确立，霸者皆欲称“帝”，彼此试应手，纵横捭阖，玩起了“称帝”游戏。秦昭王称西帝，尊齐愍王为东帝，愍王欲天下憎秦而爱齐，取消帝号，不得已，昭王也只好跟着取消帝号。

后来，齐愍王灭宋，苏代看齐太强，便劝燕昭王联合秦、赵，推秦为西帝，赵为中帝，燕为北帝，三帝攻齐，愍王败死，“三帝”虽已告终，但“称帝”却成为时尚。不久，秦欲帝，胁迫赵国尊之，鲁仲连义不帝秦，信陵君救赵，狙击了秦帝制运动。

与诸侯“帝制”运动并行的，是诸子“皇德”观念的兴起。诸侯争相称帝，诸子亦不示弱，当现实政治向帝制运行时，他们又让理论先行了一步，使“皇”从天而降，转化为人王，《管子·真法》云：“明一者皇，察道者帝，通德者王。谋得兵胜者霸。”

“皇”“帝”“王”“霸”之说，表明了一种历史的退化观念，以之观史，便是越古越好，“皇”最好，依次下来，才是“帝”“王”“霸”。同“皇”“帝”等名号一样，“泰”也先释之为天，继则释之以神，终归于“无”，若与“皇”并举，乃无为而治。

《庄子·在宥》曰：“得吾道者，上为皇而下为王。”

《白虎通义·号》云：“烦一夫、扰一士以劳天下，不为皇也。”

《风俗通义·皇霸》云：“三皇垂拱……有似皇天，故称曰皇。”

“泰皇”即“民皇”，在“泰皇最贵”的背后，就是“民为贵”。

“皇”“帝”“王”“霸”四等，分作无为与有为两个层面，“皇”最高，属于无为的层面，“帝”“王”“霸”属于有为的层面，在有为的层面，则是“帝”最高。

博士儒议决的“泰皇”，其实是一个无为而治类似于日本天皇的万世一系的偶像，与秦王大一统抱负相去甚远，故其不动声色，去“泰”取“皇”用“帝”。

中国历史上，士人对政治的追求，好言“复古”与“法先王”。过去，我们习惯于把它们看作一种寄托，把对未来的美好向往寄托在古人身上，现在，我们已经认识到，古与先王，都曾经是历史性的存在，是王朝中国形成之前的历史性存在，也就是我们在第一册《文化中国的来源》里提到的那个从良渚文化出发以“尧舜之道”为标志的文化中国的存在。

那是中国士人心头挥之不去的自豪，在博士儒那里，先王的最高标准就变成了所谓“泰皇”。嬴政不愧为思想者王，他一眼就看穿了博士儒的名堂，他不想为了满足儒生们的愿望去做那无为的“泰皇”，但他毕竟是有文化抱负的君王，也不想放弃对文化中国的向往，更何况他还想做君道同体的圣王，所以，他在无为的层面，保留了“皇”。

在有为的层面，也就是在对王朝中国的诉求上，嬴政选择了“帝”。

还记得当年商鞅怎样说服秦孝公吗？先以帝道说之，孝公没有反应；次以王道说之，孝公不以为然；再以霸道说之，孝公马上就拜商鞅为师，并请他来治理国家。

由此可见，秦国传统，本来是霸道，后来称王、称帝，并非要行王道和帝道，而是以霸道扩张，兼并帝、王，徒取其名，非用其道，嬴政之于帝道，也当如是。

但我们在此还是不妨试问一下，能与“皇”相匹配那个“帝”，究竟为道，还仅仅是做个名号？如果我们把“皇帝”的名号放到“王圣”运动中来考察一下，你就会发现，“皇帝”名号是对“王圣”运动的一个恰如其分的表达，因为嬴政不想只靠武力统一天下——秦国传统的霸道，他还要用思想来统一天下，还想在“王圣”运动中成为名副其实的圣王，所以，在他要求的“议帝号”里，很可能就包含了帝号所应有的帝道主张。

嬴政由霸而帝，已然超越传统，博士儒欲导以“泰皇”则过犹不及，嬴政取皇用帝，充分显示了思想者王的大手笔：要把对理想国的追求同秦国的传统结合在一起，把对文化中国的使命同王朝中国的现实结合在一起。但他没有走在通往尧舜之道的圣王路线上，而是走在以王朝为本位、以王权为本体的走向“德过三皇，功高五帝”的王圣路线上。

或曰，“皇帝”就是大帝，如同那时的西方人称古希腊的国王亚历山大为大帝，这比较符合秦王对自己的评价，他认为自己“功过五帝”，当然也就是大帝了。

“皇”的本义，除了“训美训大”，还如道如天，因此，“皇帝”并用，还含有君道同体、天王合一的意思。这意思，不光是从老子、韩非那里来的，同时，还是儒门“王圣”运动的一个结果。从“王圣”出发，秦王嬴政终于成为中国“始皇帝”。

博士儒第二次议政，要回答秦统一天下的权力合法性来源问题。

博士儒用阴阳五行，为秦朝“革命”，建立了合法性，或曰“周乃火德”，秦革周命，当立水德，水克火，“德”者，得也，秦得天下了，天下应为“水德之时”。

本来，孔子主张“吾从周”，儒家也跟着一直“从周”，而博士儒则用“五行相生相克”那一套，一改儒家历来“吾从周”的传统，反孔子之道而行“秦克周”。

战争中无所作为的儒生，这时都跑来，竞为博士儒，高唱“秦克周”。

当时，有两条路线，或“以圣为王”——圣王，或“以王为圣”——王圣，在圣王与王圣之间，博士儒选择了“王圣”，还有两个代表人物，那就是圣人孔子和秦王嬴政，在孔子和嬴政之间，他们都选择了嬴政，得意之余，竟然将孔子的圣人招牌摘了。

也许是有着稷下学宫的传统，也许秦王嬴政对齐文化特别青睐，齐儒对秦始皇的号召响应得特别积极，千里迢迢，络绎而来，在秦朝博士官中，占了大部分。

秦设博士制，很可能与荀子有关，荀子曾为稷下领袖人物，齐襄王死后，稷下散而荀子西行游秦，与秦昭王、范雎有过问答，而后，秦始有博士制。博士官中多齐儒，此亦似与荀子有关，因齐儒多为荀子弟子，“五德终始”

说就是他们从齐国带来的。

“五德终始”说，出自齐人邹衍，本于《洪范》“五行相生相克”，把改朝换代的历史现象，放到金、木、水、火、土五种物质属性上来加以诠释。该说认为，每一个朝代都有与其相应的物质属性——“德”，如周为“火德”，那么秦就应该是“水德”，因为，在五行相克的序列里水克火，所以，秦朝取代周朝，就应该是“水德”战胜“火德”。秦以“水德”立国，要通过文物制度表现出来。“水德”为顺，水因地而制流，其数在六，俗语六六顺，子曰“六十而耳顺”，故秦国之数“以六为纪”，冠冕六寸，车舆六尺，乘六马，而其国之色则尚黑，“衣服旄旌节旗”皆黑色。何以尚黑？因周为火德，其色尚赤，与之相对，秦必反之，故尚黑也。其为政，亦反周而行，周以礼，秦以法，周以德，秦以刑。

就这样，革命进入了阴阳五行的程序，将“天地革而四时成”转化为“圣人革而五德易”。但作为思想者王，嬴政并未在此停留，他一旦用“五德终始”解决了权力来源的正当性与合法性问题，就开始走出“五德终始”，他不能让自家的王朝待在“五德终始”里，等着别人来革他家的命，因此，他从革命走向反革命，欲以“万世一系”——传宗接代的方式，解构五行相生相克程序，终结五德终始，不仅做天命承担者，还做天命终结者。

“五德终始”对他而言，乃说明历史，而非预设未来，谁能来革他的命？观念已然如此，但他还要举行个仪式，面向天下，广而告之，那就得举行“封禅仪”。“封”，是“封泰山”，“禅”，是“禅梁父”，乃“易姓而王”者，必须举行的受命于天的仪式。

齐桓公当年“九合诸侯，一匡天下”，欲行封禅仪，却被管仲制止。

齐乃霸者，霸而欲封禅，不合适，故封禅之事休矣，唯余说法而已。

此后，封禅之事在很长一段时间里再也无人提起，至秦统一后，博士议政时，又被重启为议题，正好迎合了皇帝心思，便征集博士七十人，往泰山去行封禅仪。

封禅时，皇帝向博士咨询仪式，诸儒莫衷一是。所谓封禅仪，本来就是想象的成分多，是对古史的一种向往和寄托。连孔子都未见过受天命者，后儒焉知也！

博士们说来说去，只道是：在泰山顶上“筑土为坛以祭天，报天之功曰封”；在泰山脚下“小山上除地，报地之功曰禅”。可齐儒也好，鲁诸生也好，又都煞有介事，各个自以为是，他们争吵不休，连皇帝都听烦了，便丢下他们，径自带着侍从上山了。

关键时刻皇帝顿悟：我已君道同体，还受天命做甚？我就是天命！

于是，嬴政按照秦国礼仪，封泰山，禅梁父，立石颂德，自行其是。

想想那些被弃之山下的博士的尴尬吧，岂不成了王权的“敝屣”？

皇帝置酒咸阳宫，博士七十人，那些“敝屣”都来为皇帝祝寿。

博士长周青臣，首先致辞，赞美皇帝“以诸侯为郡县，人传之万世”。

齐人淳于越不以为然，说：“今陛下有海内，而子弟为匹夫，一旦出现了田氏代齐、三家分晋那样的事情，用什么来相救呢？事不师古而能长久，我从未听说过。”

此前，丞相王绾，曾经提议：“诸侯初破，应封子弟为王。”但这一提议遭到当时还是廷尉的李斯的坚决反对，李斯认为设郡县易治，分封子弟为王是分权，不利于集权，西周就是教训。皇帝认可其言，故此次，皇帝一下其议，丞相李斯即斥之：“今陛下创大业，建万世之功，固非愚儒所知。”他先把博士定性为“愚儒”，然后历数罪状：不师今而学古，批评当世，蛊惑人心，还各自以私学议政，入则心非，出则巷议，诽谤君上。

接着，李斯还特别强调：若不禁私学，则君主威势下降，遍地结党。

最后，他建议，史官之书，不是秦国史记，皆烧之。除了博士官的藏书，天下所有私人藏书，都要烧掉。有敢谈论《诗》《书》者处死，以古非今者灭族。当官差的人如果知道了而不举报，与犯人一同治罪。令下三十日，还没有烧书，在脸上刺字，罚筑长城。但是，医药、卜筮、种树一类的书，可以保留。想从政，要以法为教，以吏为师。

真是风云突变！李斯变出如此杀气，须知“议帝号”时，他曾经同博士儒一致，那倒不是他有什么立场，皇帝脸色好看，他就捧着，皇帝脸色难看，他就大动干戈。

何以这一次皇帝的脸色突然变得难看了？还是因为那一次泰山封禅仪。

儒生最看重封禅仪，总在那里提倡，皇帝亦欲以封禅成就圣王，于是，隆重推出，浩浩荡荡。结果，那些喊得最响的博士儒却被皇帝弃置于山脚下，在封禅的皇家大宴上，他们本来是凤毛麟角，是山珍海味，应该皇帝品尝，人人点赞，不料，却被当成了被人咬一口就扔掉的窝窝头，真是羞愤交加，要有欲死之心了，《太史公自序》中，司马迁提到父亲司马谈，当武帝封禅时，他被阻滞在洛阳，“不得与从事”，一气，一急，竟然以一死了之。

皇帝自去封禅，中途忽遇暴雨，就被他们当作口实，予以讥刺。此事非同小可，它表明，在此“奉天承运”的神圣时刻，诸儒竟然嘲讽秦应天命之举，说明诸儒并未认同秦之易姓革命，不甘心做被王权抛弃的“敝屣”，他们没想到正是此讥语埋葬了自己。

禁私学，焚私书，断了儒者后路，李斯看准皇帝脸色，杀手本色毕露。

皇帝倒有大国之君的自信，凡有国是，必先请博士议论，再经丞相审议，最后由他来定夺，看上去或多或少还有那么一点儿民主协商的作风，但李斯对“封建”审议，却刺激了皇帝那根专制神经。加上博士议政，总有私学之流跟他捉迷藏，他很烦。因此，他批准了李斯审议，用秦国传统来兼并东方文化。从焚一国之书到焚天下之书，从向往东方文化到兼并东方文化，皇帝发生了一个根本转变，促成此转变的契机，就是李斯审议。

李斯审议，集中反映了军功官僚集团与博士儒集团的斗争。面对这两个集团的斗争，秦始皇帝的选择是不言而喻的，他的个人兴趣要服从国家利益。经此打击，博士儒顿时败下阵来。

不过，这位秦始皇帝，也用博士儒跑龙套，让他过了一把思想者王的大瘾：以王圣造就皇帝，以封禅终结革命。过把瘾就死，可死的却是那些跑龙套的儒生。

秦雍城宗庙里的金异兽

金异兽的爆发力

亚历山大的老师是亚里士多德，如果亚历山大有君道同体的野心，那是他与古典自由主义精英哲学的同体；秦始皇的老师是韩非，没有如果，秦始皇就是想与韩非法家赤裸裸的集权之道同体。君道同体，他就掌握了宇宙真理。雍城，秦人宗庙里，有一金异兽，曲伏引亢，其筋骨肌络，似有神秘爆发力。春秋，秦始迁雍（今陕西凤翔），雍城从此成为秦人宗庙，嬴政加冕大礼，便在雍城祈年宫举行。金异兽初醒，似嬴政。儒士们以圣人为王的“圣王运动”，从三代到孔子走不通了，孔子最多只能做个“素王”，后来者荀子毕竟有了前辈铺垫供他前瞻，他开始改弦易辙，修正儒学，以现实的新权威王为王圣，终结了古典儒学。在造出一个千古王圣秦始皇之后，儒学也最终完成了它的体系建构与宗旨——儒学的使命就是为帝王师，为政治确立意识形态。儒门“王圣”运动的第一个成果，就是秦王嬴政，有了君道同体的身份。

因此，在战国七雄中，秦始皇能统一六国，不仅仅是因为秦国的兵强悍，还有王圣运动所给予他的哲学家王身份，这为他扫平山东六国铺垫了合法合理性。

明人绢画“焚书坑儒”

王权黑了

秦人尚黑，焚书坑儒——突破底线的黑！

不知儒服是否屈服于黑色，但那下面鲜活的肉体，却被黑土吞噬了460具。17世纪，明人绘制的绢画讲述一段黑色的历史，画面却金碧辉煌。那些头戴方巾的儒士，分明是明人模样。草根皇帝朱元璋发明文字狱，有明一代，“横竖”风险，“撇捺”无常，一点一钩，皆有杀机。可见汉字翻云覆雨的功夫。

秦始皇用博士儒议政，但思想要用法家的度量衡，言论要纳入王权的“方升”中，不入者，焚之坑之。丞相李斯献计：凡史官非秦记皆烧之。非博士官所职，天下敢有藏诗书、百家语者烧！有敢偶语诗书者弃市！